筑摩選書

竹内 洋
Takeuchi Yo

教養派知識人の運命

阿部次郎とその時代

教養派知識人の運命　目次

教養派知識人の運命

阿部次郎とその時代

凡例

一、引用文のうち漢字は原則として新字を用い、引用出典が旧仮名遣いの場合はそのまとした。また、ルビを適宜補った。

二、引用文献については、本文中では新聞・雑誌についてのみ掲載紙誌の発行年月日、発行年月号を記載している。書籍については、原則として書名のみの記載とした。引用書籍については、巻末の主要参考文献一覧で出版社、発行年を確認できるようにしている。

三、阿部次郎の作品の引用は、『阿部次郎全集』全十七巻（一九六〇〜六六年、角川書店）を主とするが、その場合は「集・一」のように略記する。漢数字は巻数を示す。

四、阿部次郎の日記と阿部次郎発書簡については年月日の記入にとどめている。日記については集・十四、集・十五、書簡については集・十六が引用元である。

序章

阿部記念館

……三太郎の日記は内生の記録であつて哲学の書ではない。もしこの書に幾分の取柄があるとすれば、それは物の感じ方、考へ方、並びにその感じ方と考へ方の発展の径路にあるのであつて、その結論にあるのではない。「合本三太郎の日記の後に」

（『合本　三太郎の日記』『阿部次郎全集』第一巻、以下の各章のエピグラフの出所も同）

二〇一四（平成二十六）年七月某日。わたしは、ＪＲ酒田駅から列車に乗った。羽越本線を日本海沿いに南下した。酒田から四つ目の駅、山形県東田川郡庄内町にある余目《あまるめ》駅に降りる。阿部次郎の生家跡の阿部記念館を訪ねるためだった。

二〇一四年が『三太郎の日記』刊行百周年であることから著者の生家を訪ねてみたいと思ったのである。二〇一四年は、阿部次郎が師とした漱石の『こゝろ』刊行百周年でもある。奇しくも丸山眞男生誕百周年でもあった。

阿部次郎は明治十六（一八八三）年に生まれる。わたしが育った郷里佐渡島出身の北一輝と同年生まれである。二〇一四年は阿部次郎生誕百三十一年めにあたる。丸山は大正三（一九一四）年三月二十二日誕生だから、その丸山が産声をあげた翌月、『三太郎の日記』が刊行されたことになる。当時、阿部次郎は慶応義塾大学講師（非常勤講師）で美学を教えていた。『三太郎の日記』は次郎三十歳での刊行である。同じ年に学習院で「私の個人主義」を講演し、『こゝろ』を刊行した漱石は、四十七歳だった。

いまさら〝阿部次郎〟ですか？

ところで本書を手に取った読者には、「阿部次郎って……そもそもどんな人？」と思う人は少ないだろうが、「『三太郎の日記』の著者で人格主義をとなえた阿部次郎ね」と言う人でも、「いまさら阿部次郎ですか」と訝《いぶか》る人は少なくないはず。

たしかにそう訝るのもわかるところはあるが、阿部次郎は大正教養主義の代表者であり、著書『三太郎の日記』は知的青年の必読書として大正時代から戦後もずっと読まれてきたのである。

いまから半世紀ほど前、わたしが大学生頃の昭和三十八（一九六三）年の関西大学の読書調査（『関西大学学生生活実態調査報告書　昭和三八年度』）がある。それをみると「感銘を受けた本」のベストテンには『徳川家康』や『人間の条件』、『おれについてこい』などの当時のベストセラーも入っているが、『赤と黒』（三位）、『学生に与ふる書』（天野貞祐、岩波新書、一九三九）（四位）とならんで『三太郎の日記』は六位にランクインしている。

一九六〇年代までは、新学期になると、大学近くの書店には『三太郎の日記』が平積みされていたものだと聞いたこともある。『三太郎の日記』は刊行後半世紀経っても大学生の必読書のようになっていた。昭和四十九（一九七四）年刊行の『現代教養全集』（角川書店）の第一巻の巻頭に『三太郎の日記』が収録されているから、このあたりまで、読まれていた、あるいはとりあえず買うという人は多かったとみることはできよう。

としても、そこから数えても四十年以上は経っている。いまの若い世代で『三太郎の日記』というベストセラーがあったことを知っていたとしても、文学研究者でもなければ、これを読んだという人は少ないだろう。ましてかれの主著である『人格主義』や『倫理学の根本問題』、晩年の『徳川時代の芸術と社会』となると、読んだという人はほとんどいないのではないか。その点、第一高等学校と東京帝大で次郎の五学年下で、次郎に兄事した和辻哲郎の『風土』をはじめとする著作が現在でも文庫本になり広く読まれていることと大きな違いがある。「忘れさられた」思想家と「忘れさられない」思想家の違いがある。たしかに「いまさら阿部次郎ですか」である。

阿部次郎はおもしろい……

「いまさら阿部次郎」ということに関連して先年、わたしにこんなことがあった。ある出版社の編集者と会ったときのことである。

編集者からこんな質問をされた。若い編集者が『三太郎の日記』の復刻版を文庫で出したいというのだが、読者がつくだろうか、というものだった。『三太郎の日記』の復刻を発案したこの若い編集者には当時、『三太郎の日記』刊行百年が目睫の間に迫っていることが頭にあったかもしれない。

わたしは、この編集者にこう言った。「でもいま角川学芸出版の『新版合本 三太郎の日記』がありますよね。二〇〇八年に出たもので」。「角川のは選書だから、ハンディな文庫本で（出したい）と思っているのですよ」と編集者から答えが返ってきた。「「悩める系インテリ必読書」という帯の惹句を添えてね」と茶々を入れる。編集者から「元祖ブログ哲学とか」と応酬され、「そうそう」などと言い合った。

そのあとで、わたしはさらにこう言った。「あれだけ、日本の学生やインテリに読まれたのだから資料としては重要だけど、今、襟を正して読んでみたいという人がどれくらいいるかとなると……」。

これではあまりにそっけないと思って、少しとりなすような話も加えた。『三太郎の日記』の背景や阿部次郎の人物像を主にして『三太郎の日記』原文のほうは抄出して、それぞれに解説を加える形はどうだろうかと提案した。『三太郎の日記』の本文も丁寧な解説がないと読めない時代になったことと、『三太郎の日記』がどう読まれたかや阿部次郎の人物や来歴はおもしろいと思ったからである。

というのは、わたしは二〇〇三年に『教養主義の没落』をまとめたときに、阿部次郎についていくらか調べたことがあるからだ。『人格主義』や『秋窓記』なども読んだ。阿部次郎について書かれた論文にも目を通した。『阿部次郎全集』所収の日記や書簡も部分的に読んだ。阿部は明治三十四年から昭和二十八年まで、五十冊の日記を書き残した。

もっとも阿部の日記すべてが公刊されているわけではない。部分的に抜けているものがある。もともと阿部がその部分をすでに棄却していたのか、編纂にあたって省いたのかはわからない。それにしても大部な日記が復刻されているのは貴重である。阿部の生活が具体的に描かれているからである。

『三太郎の日記』をはじめとする著作の印税も書かれている。拙著『教養主義の没落』のあとに刊行した『学歴貴族の栄光と挫折』のコラムには、阿部の日記から受験生のように時間割をつくって勉強した様子を引用したが、引用した部分の前の頁には収支を詳しく書いた経済生活状況一覧までである。日記と書簡には、和辻哲郎をはじめとする当時の多くの知識人との交流が描かれている。喜怒哀楽の思いも書かれている。阿部次郎の個人的評伝にとどまることなく、阿部を中心としながら、知識人群像や知識人社会をみていけばおもしろくなると思っていた。

しかしどうして阿部次郎がおもしろいのかということを編集者はつっこんではくれず、話はそこで途切れた。原本（『三太郎の日記』）は抄出で圧縮し、解説のボリュームを大きく、では、本末転倒で復刻の趣旨にあわないだろう。いまもってこの出版社から『三太郎の日記』の復刻版は刊行されていないから企画そのものがお蔵入りになったのかもしれない。

「フジ三太郎」

ところがわたしのほうは、『三太郎の日記』はともかく、そうだ、阿部次郎とその時代を書いてみたいと頭の奥にしまってあった書きたい本の記憶が蘇ってきた。物事の進み方は不思議なものである。そんなわけで、仙台市の東北大学片平キャンパスの近くにある阿部次郎記念館を訪問し、その足で生家の阿部記念館を訪問することになったのである。

余目駅に降り立ってからのところに話を戻そう。余目駅は『三太郎の日記』が刊行された大正三（一九一四）年の九月に新庄酒田線の駅としてできた。駅の西側には商店街などがあるが、阿部次郎の生家は線路を挟んでその反対側である。阿部記念館のあたりを酒田市地図でみると、余目駅から北東十キロメートルはある。駅から歩いていける距離ではない。阿部次郎の父富太郎が余目高等尋常小学校（年度により尋常高等小学校となる）校長のとき、実家から離れて余目に住み、週末に実家に帰宅していたというが、なるほど徒歩では相当時間がかかる。

そもそも駅が余目にできたのが不思議ではある。新庄から酒田への鉄道線路なら、最上川右岸のほうが近道である。鉄道が最上川の左岸に大きく迂回してしまったことにはなにか理由がありそうである。その理由をさぐってみると、当初新庄酒田線の計画は清川から旧松山町に寄り、酒田に行くものだった。ところが鉄道線路は最上川左岸になり、余目を通り酒田に行くことになったのは、地元民の鉄道敷設反対によるものといわれている。おかげで駅が阿部の生家の山寺や隣接地の松嶺と遠くなった。

帰りのタクシー運転手が地元（旧松嶺町）の人だったので、この点について水をむけてみた。「そうなんですよ。話に聞いたところでは、鉄道がくると田圃がなくなると言って反対したらしいです」「余所者がくるから困ると」「おかげで駅に出るのが遠いです」。

住民の鉄道忌避は、田畑の消滅の危惧よりも、鉄道の敷設にともなう築堤による農業水利の悪化への懸念のほうがその理由だったかもしれない。いずれの理由も鉄道忌避根拠の可能性はあるが、旧松山町が鉄道から遠くなったことは事実である。

タクシーにのる。窓の両側に庄内平野がひろがる。一面田圃で青々とした稲田が続く。やがて阿部が愛した最上川にでた。七月の最上川はゆったり静かに水が流れている。

庄内橋をわたると人家が多くなった。ここは、かつては松嶺町。旧藩時代は、庄内藩酒井家の分藩松山藩。版籍奉還後、松嶺藩となった。藩名の改称は、新政府が松山という同名の藩がほかにも存在するから改称せよとの指示によるものだった。城下町といってもいまでは松山城大手門が残るのみだが、過ぎし世の風情はある。松嶺町は昭和三十年（一九五五）に阿部の生家がある上郷村、そして内郷村と合併し、松山町となった。さらに二〇〇五年の市町村合併で酒田市の一部となる。阿部次郎の生家はこの旧松嶺町に隣接した南側の農村地帯にある。

旧松嶺町に入るとすぐに、「青春のバイブル『三太郎の日記』阿部次郎生誕の町　松山」と大きな鉄柱の看板が目に入った。この文言を読んでいて、そうだ、「フジ三太郎」があったと思い出した。

「フジ三太郎」は、昭和四十（一九六五）年四月一日から『朝日新聞』夕刊で始まった四コマ漫画である。フジ三太郎は日本一の山、富士山から姓を、『三太郎の日記』から名をとった三十二、三歳のサラリーマンである（サトウサンペイ「作者のことば」『朝日新聞』一九六五年三月三十一日夕刊）。「フジ三太郎」の連載が始まった昭和四十年には、『三太郎の日記』を読んだことのある年長世代も多く、読んでいなくとも、名前がすぐに浮かんだはずである。そんなことからの命名であろう。

「フジ三太郎」は平成三（一九九一）年九月三十日まで続いたが、そこから四半世紀以上たっている。だから今の若い世代は、「フジ三太郎」についてさえ知らないかもしれない。そんなことを考えているうちに、旧松嶺町に隣接する山寺地区の旧街道沿いにある阿部記念館に着いた。

阿部記念館と阿部次郎記念館

阿部記念館を訪問するまで、わたしにはちょっとした疑問があった。生家が阿部次郎記念館ではなくて、阿部記念館という名称なのが不思議だったのである。

阿部次郎は東北帝大教授を定年退職後、昭和二十九（一九五四）年六月に、東北大学の近くに阿部日本文化研究所を設立したが、そこが仙台市の阿部次郎記念館になっていた。生家のほうは、仙台の阿部次郎記念館と混同されないように次郎をとって阿部記念館としたのだろう。そんなふうに思って、とりあえず納得していた。

しかし、開館の年度をみると仙台の阿部次郎記念館ができたのは平成十一（一九九九）年で、生家に阿部記念館ができたのは平成三（一九九一）年である。阿部記念館が阿部次郎記念館より後にできたわけではない。先にできている。私の推測は辻褄があわない。

そんな疑問がでてきたので、阿部記念館を訪問したときに係の人に聞いてみようと思っていた。しかし、係の人に聞くまでもなく記念館正面の説明で疑問はすぐに解けた。そこにはこう書かれている。

阿部記念館

「三太郎の日記」で広く青年に感化を与えた阿部次郎とその兄弟、そして甥の生物生態学者阿部襄の業績を讃え、生家の保存と活用を図りながら地域の教育・文化の発展に寄与するため、ご遺族から寄贈を受けて平成3年に開館しました。

（以下略）

阿部次郎は次男だが、長男一郎の子ども、つまり次郎の甥にあたる阿部襄《のぼる》（生物学者）の記念館でもあり、祖父母や両親、次郎の兄弟姉妹を含めた阿部家の記念館であることがわかった。だから阿部次郎記念館ではなく阿部（家）記念館なのである。

展示品は阿部次郎関係のものが多いが、襄関係のものもかなりある。襄は、明治四十（一九〇七）年生まれ。次郎の生家に育ち、東北帝大理学部生物学科を卒業後、満州で教鞭をとり、戦後、山形大学農学部教授をつとめ、ここを住まいとしていた。阿部次郎とは親子ほどちがう二十四歳も年下だが、生物学者になったのは、十六歳上の阿部家の四男余四男《よしお》、つまり襄の叔父が生物を専攻していたことの影響と推測される。

阿部記念館にはあらかじめ電話をしておいたこともあって、係の人に親切に応対していただいた。明治初期の建築という。間口五間、奥行十間の五十坪。桟瓦《さんがわら》ぶき平屋建てである。入ると通り土間があり、半農半商で煙草や肥料の商いをしていた店であり、座敷、茶の間、納戸、奥の間、台所などがある。

展示物には次郎や襄関係以外に、次郎兄弟のものもある。両親の写真や祖父母の肖像画などもある。次郎が東北帝大教授のとき、学生たちが自宅を訪ねてきて、火鉢のまわりに集まったが、その次郎愛用の赤茶色の直径四十五センチの陶製火鉢もある。

高等遊民と借金関係

やがて、展示品の中に、次郎からの小宮豊隆宛書簡をみつけた。巻紙に毛筆で書かれてある。漱石でなければ、夜も日も明けず、漱石神社の神主といわれた小宮は、一高と東京帝大で阿部次郎の一年下でのちに東北帝大教授となるが、展示されている大正五（一九一六）年四月十六日付の書簡の頃は慶応義塾大学の嘱託講師をしていた。帝国大学を卒業して九カ月ほどたった後に、慶応義塾大学の文学科が文学・哲学・史学の三専攻制に拡充されることになった。そこで漱石のつてで講師となったが、いまでいう非常勤講師である。小宮が海軍大学校嘱託教授になって定職らしきものを得るのは、この書簡より四年後の大正九年である。つまり、小宮はまだ非常勤講師の定職がない高等遊民生活だった。

次郎は『三太郎の日記』でスターダムにのって文筆家として活躍しだしたが、生活に余裕があるわけではない。当時の高等遊民という知的青年たちの金欠生活が生々しくて思わず全部をその場で読んでしまった。

しかし、いくらかの周辺知識をもっているわたしにとっては、これは阿部次郎とその時代を考えるうえで貴重な書簡にみえてきた。この小宮豊隆宛書簡は、『阿部次郎全集』第十六巻の書簡集に収録されているだろうとは思いながらも、万一のことを考えてデジタルカメラに収めた。帰宅して、全集の書簡集をみると、案の定収められている。以下のような文面である。

御手紙拝見　皆様がそんなに病気ぢや困るね　金の事は実は今月は僕の方でも足りないので他から融通して貰はうと思つてゐるところだから自分の手ではどうにも出来ないが和辻の方に少し余裕がある筈だし岩波にも頼んだら貸してくれるだらうと思ふからどちらかに話して見てやつてもいゝ　僕は自分が直接に岩波から借りるのは一寸いやだから和辻に頼まうと思つてゐるが君のために岩波に話してやるのはちつともいやでないから君さへ差支がなかつたら明日にも話しに行つてやらう、いやかいやでないか折返し返事をくれ　和辻の方は僕が借りればもう余裕がない筈だし、僕が借りなくても百円は困りさうだから君のあてにはならないだらう。

岩波から借りるとなれば原稿の方に引かゝりを拵へぬ方が両方の便利だらうと思ふから君の手紙通り五月と六月に返すことにして話さうと思つてゐる（後略）

四月十六日　次　郎

小　宮　君　（集・十六）

小宮から借金の相談に対して阿部が書いた返信である。文中にでてくる和辻も帝大卒業後四年目で、職についていない。東洋大学で教鞭をとるのは、この書簡のときから四年後の大正九（一九二〇）年である。したがって二人とも東京帝大文科大学を卒業した高等遊民の境遇である。

しかし、和辻は実家からの送金や妻・照《てる》の持参金などがあり、経済的にいくらか余裕があった。だから、次郎は借金依頼の書簡をしばしば和辻に書いていた。岩波はすでに岩波書店を起こしていたから、岩波に頼むこともできるが、原稿依頼と引き換えになったりするから面倒とも書かれている。

借金の相談は相当親密であることが条件であるが、阿部は和辻の家に頻繁に出向き、宿泊するほどの仲だった。定職がない和辻であるが、照の持参金などで余裕があることから、次郎もしばしば借金をしている。だから、小宮からの借金の相談のときにも阿部は和辻の名前を出したものと思われる。

この書簡の顚末はどうなっただろうか。それは、阿部の日記にみることができる。四月十八日の日記には「夜小宮のために借金の話をすべく岩波を訪ひ」とある。上述の書簡を投函した二日後に岩波茂雄に相談している。そのときは、岩波から返事がなかったのだろう。四月二十二日の日記には「岩波より小宮の事につき返事なければ午後その催促に行く。（中略）岩波から小宮を訪ひ共に銀座を散歩して隠豪屋に晩食、九時過帰宅」と書かれている。この日、岩波から首尾よく借用が成り立ち、それを肴に阿部と小宮は食事をともにしたようだ。

しかし阿部の小宮への書簡集をみていくと妙なところもある。借金依頼の相談をうけた阿部自身がこの書簡を投函する二十日ほど前の三月二十七日に、小宮に「ゲルト（お金――引用者）の方は他から融通の路がついたから何卒御心配なく」という手紙を送っている。阿部から逆に小宮に借金依頼していた気配が濃厚である。さきに引用した書簡の中の「和辻の方は僕が借りればもう余裕がない筈」という文言をみると、和辻に借りたようだ。日記でたしかめると、三月二十一日の日記に「和辻の妻君より申し出して金の融通をして貰ふこととする」とある。書簡集をみると、阿部はその後も和辻にたびたび借金を依頼していることもわかる。文化人類学で言う「冗談関係*」ならぬ「借金関係」が親密圏のあらわれとして成立している。かれらの場合には「借金できる関係」が親密度をさらに強める役割を果たしているわけである。

謎

この書簡を読んで別の疑問が湧いた。そもそも安倍能成《よししげ》宛や和辻哲郎宛の書簡でもなく、なにゆえ小宮豊隆宛の書簡が展示品として選ばれたのだろうかという疑問である。

むろん小宮は次郎のもっとも親しかった友人のうちの一人だった。小宮は次郎の一学年下。阿部と小宮とは漱石門下の仲間として若いときからつき合いが深かった。後年、阿部次郎が東北帝大教授（法文学部美学講座担任）に就任予定が決まる。新設の法文学部だったことから阿部は文学系教授の選任をまかされた。阿部は小宮に同学部教授就任を促した。ドイツ文学専攻だったことから小宮は西洋文学第二講座担任となる。

こうして二人はまた仙台で同僚として、また「芭蕉俳諧研究会」の仲間として交際を重ねた。阿部次郎が永眠したのは、昭和三十四（一九五九）年十月二十日だったが、その四カ月前の六月に最初の仙台名誉市民となった。その関係で阿部次郎の葬儀は市葬として、十月二十六日午後二時から仙台市公会堂でとりおこなわれた。そのとき小宮は阿部次郎追悼講演をしている。そんな二人の交友関係から、小宮宛書簡が展示品として選ばれたとみれば、不思議ではないともいえる。

しかし、次郎が小宮に勝るとも劣らないつき合いがあり、学者としての知名度の点でも小宮をはるかにうわまわる和辻哲郎や、戦後は文部大臣や学習院大学学長・学習院院長などを歴任した文化界のドンだった安倍能成ではどうしていなかったのか。そういう疑問を抱くことも許されるはずである。この二人を差し置いてどうして小宮宛の書簡だったのか。展示したのは遺族や次郎の関係者であるが、和辻や能成は、はなから考慮の外であったのだ。そう私は推測するが、それは本書第12章と第14章で明らかになるだろう。

社会史的評伝

本書は阿部次郎を中心にして論述していくが、同時代の知識人たちとの関係、そして知識人が組み込まれている教育制度との関係でみていくことで評伝と知識人の社会史、さらに教養主義の普及やその意味の変遷を考えていきたい。

「作品中心主義」（textual）的アプローチではなく、「文脈主義」（contextual）の社会史的分析を目指している。阿部次郎の人と思想というより、人と時代に狙いがある。文学的・哲学的評伝ではなく、社会史的評伝ということである。そのために阿部次郎その人に迫る接写レンズとかれをとりまく知識人群像をみる広角レンズにより、そしてかれらをとりまき、影響をおよぼしている高等教育制度の中で彼らをみていきたい。

注＊　文化人類学でいう冗談関係（joking relationship）は、母方のオジや祖父母と孫のような特定の社会関係にある者は悪ふざけや冗談を言い合うことが許されているとするもの。個人的に親密であるから平気で悪ふざけにいたる冗談が可能というのではなく、仲の良し悪しに関係なく、悪ふざけや冗談が許されたり、期待されている関係性のことである。したがって、ここでいう借金関係と同列の関係性ではない。

第1章

前途暗澹

俺の頭は小さい時から理窟つぽい頭であつた。道理に従つて生活する事は幼年時代以来俺の人格に固着した欲求である。

「遅き歩み」

今から百年以上前の明治三十三（一九〇〇）年十二月二十三日午前二時半頃。山形県上山《かみのやま》町の小高い丘の上にある時宗の名刹西光寺《さいこうじ》を背に、十七歳前後の少年三人が百八つある石段を降りる。そして、その頃出来たばかりの赤湯駅（現・南陽市赤湯）に向けて黙々と歩きつづけている。不安を押し殺すように強い意志で歩いている。曇り空だが、ときおり雪も降る。前日は、三人のうちの一人の実家、上山町にある西光寺に泊まった。赤湯駅で列車に乗り、上野に向かうためだった。東京見物にいくのではない。三人ともわけありそうな少年だった。少年の一人が次郎（以下、阿部次郎については次郎とする）である。

三人ともこの数カ月前に山形県の名門山形中学校（現・山形東高校）で放校という厳しい処分を受けたからである。あと三カ月で卒業のはずなのにである。

かれらは素行不良による退学ではない。三人とも風紀を取り締まる常務委員をするほどの優等生だった。米沢を経由して上野駅には十三時間半たった頃、つまり翌日の朝につくはずである。

放校になったのでは中学校卒業資格がない。東京の第一高等学校や仙台の第二高等学校などの（旧制）高等学校の入学試験受験資格がないから試験さえ受けられない。中学校卒業資格による私立専門学校の無試験入学もできない。高等学校などの上級学校進学を考えていた三人は進退きわまった。こうなれば、次郎たちは別の中学校に転学編入して中学校卒業資格を得なければならない。転編入には在学証明書や成績証明書がいる。ところが、自主退学ではないことはもちろん、復学が認められない放校処分である。

それでも地獄に仏があらわれる。かれらの在校した学校の書記官のはからいで、成績証明書は得ることができた。また、この頃、かれらをなんとか転編入させて卒業させてやりたいと、東京の私立中学校転編入の道をつけてくれようとした人もいた。

冒頭にふれたように、三人が、赤湯駅から福島、宇都宮を経由して上野駅に向かったのは、そんなかれらをひろってくれる中学校に転編入するための上京だった。当時の中学校は、自己都合で中退するものが多かったから、高等学校進学などを望まない限り、あきらめもつく処分ともいえる。しかし三人はあくまで卒業証書を得たかった。中学校の卒業資格がないかぎり高校入試が受けられないからである。

東京の私立中学校に話はつうじていて内諾を得ていたとはいえ、正式の入学許可が下りているわけではいない。この三人のほかに、次郎の同級生があと一人、四年生が一人、あわせて五人もいたわけあり中学生を本当に受け入れてくれるのだろうか。それに高等学校入学試験までに半年ほどしかない。当時の（旧制）高等学校は七月入試、九月新学期である。受験勉強もしなければならない。なれないところでできるのだろうか。

彼らのうち藤原正《ふじはらただし》は名利西光寺の住職の子弟。母の実家から学資が出ることになっていた。もう一人の会田敬三郎は、広い山林を持つ旧家の子弟。次郎の家は半商半農の庄屋格の家とはいえ、次郎の下には中学校に進学したい弟たちが控えている。姉ますの夫から援助してもらえることになっていたが、学資は続くのだろうか。不安がつのるばかりだった。

いったいなにゆえかれらは山形県の名門中学校を放校処分となってしまったのか。転入先の中学校に無事受け入れられたのか。そして無事卒業し、高等学校を受験できたのか……。

ここで冒頭の場面の十七年前にさかのぼって、そこから放校事件とその顛末にふれることにしたい。

ルーツは戦国武将

赤湯駅にむかっていた次郎は、この十七年前の明治十六（一八八三）年八月二十七日に山形県飽海《あくみ》郡上郷村大字山寺に呱々《ここ》の声をあげた。阿部家の家系略図は、図1―1のようである。次郎は、名前が示すように阿部富太郎・ゆきの六男二女のうちの次男。長女ます誕生の五年後、長男一郎誕生の三年後に次郎が生まれた。序章でふれた阿部記念館には往時の煙草販売の看板や薬種箱などが展示されているが、阿部家は小地主で山寺の街道筋で雑貨商を営んでいた。半商半農の庄屋格の家だった。

次郎の父富太郎はとみのと与吉の子どもで家督を相続するはずだった。ところが、家督相続者だったとみのが富太郎を生んだ翌年に没したため、入婿の与吉は実家に帰る。とみのの弟七郎右衛門が跡をつぐことになった。七郎右衛門とわかの夫婦には子どもがなく、次郎の父富太郎は叔父七郎右衛門の跡目養子になるという迂路を経て阿部家の跡を継いだ。

次郎が生まれた阿部家は、老舗の呉服商で松山藩の御用商人だった阿部喜兵衛から分家した四

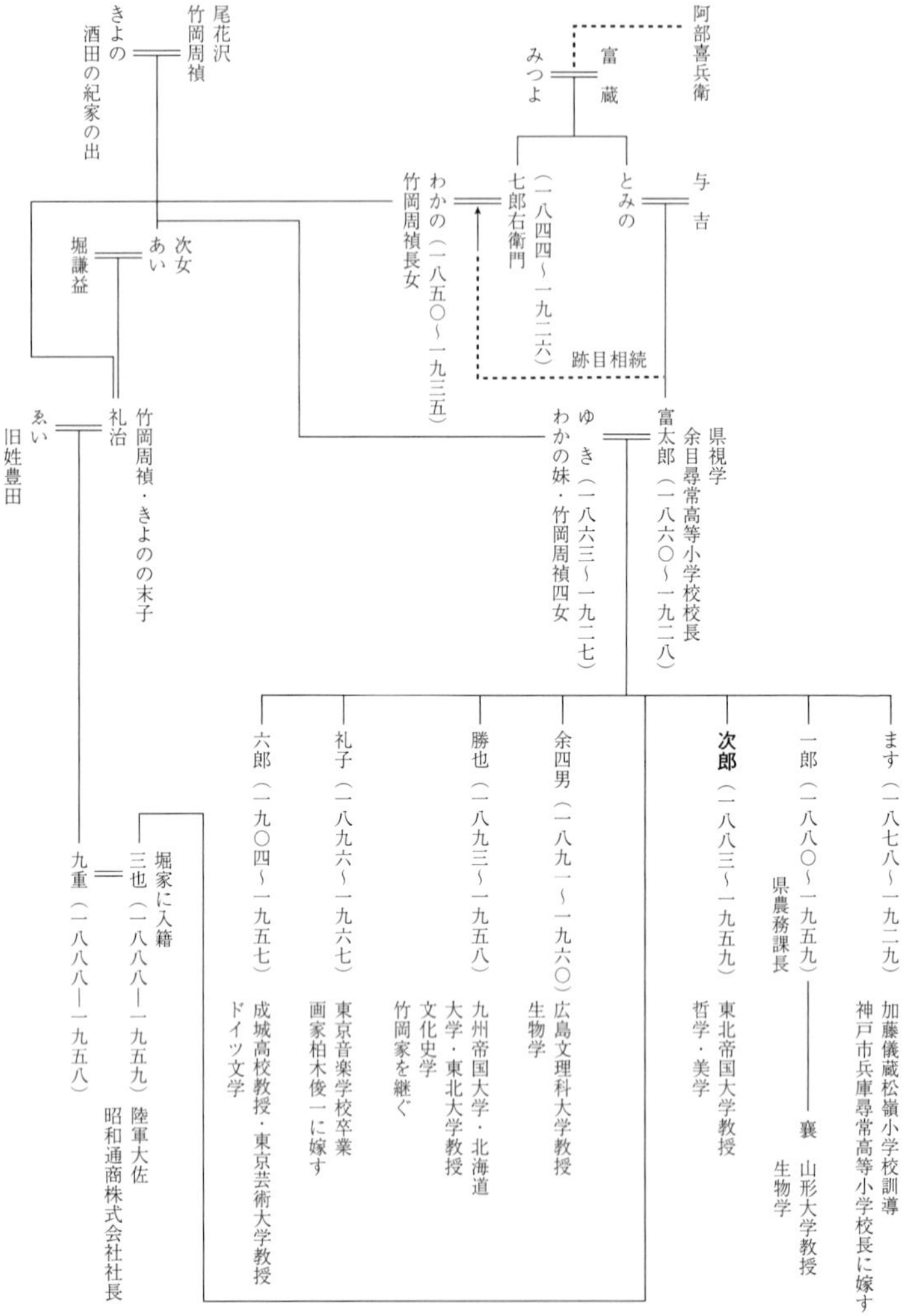
阿部喜兵衛
富蔵
みつよ
与吉
とみの
七郎右衛門（一八四四～一九二六）
わかの（一八五〇～一九三五）
竹岡周禎長女
跡目相続
尾花沢
竹岡周禎
きよの
酒田の紀家の出
次女
あい
堀謙益
県視学
余目尋常高等小学校校長
富太郎（一八六〇～一九二八）
ゆき（一八六三～一九二七）
わかの妹・竹岡周禎四女
竹岡周禎・きよのの末子
礼治
ゑい
旧姓豊田
ます（一八七八～一九二九）
加藤儀蔵松嶺小学校訓導
神戸市兵庫尋常高等小学校長に嫁す
一郎（一八八〇～一九五九）
県農務課長
襄
山形大学教授
生物学
次郎（一八八三～一九五九）
東北帝国大学教授
哲学・美学
余四男（一八九一～一九六〇）
広島文理科大学教授
生物学
勝也（一八九三～一九五八）
九州帝国大学・北海道
大学・東北大学教授
文化史学
竹岡家を継ぐ
礼子（一八九六～一九六七）
東京音楽学校卒業
画家柏木俊一に嫁す
六郎（一九〇四～一九五七）
成城高校教授・東京芸術大学教授
ドイツ文学
堀家に入籍
三也（一八八八―一九五九）
陸軍大佐
昭和通商株式会社社長
九重（一八八八―一九五八）

図１－１　阿部家家系略図

代目である。本家の阿部喜兵衛宅は山寺につながる街道沿いの松嶺荒町にあった。阿部次郎の家から数百メートル街道を北にいったところである。明治九（一八七六）年の松嶺町割絵図をみると、このあたりは町家が並んでいるが、本家阿部喜兵衛の家は周囲の町家の数倍の大きさで、豊かな商人であったことがわかる。

さかのぼれば、阿部家の先祖は戦国時代に山寺にある楯の腰に城を構えていた安保一族に源があり、安保が阿部になった。次郎の評伝をまとめた新関岳雄（『光と影——ある阿部次郎伝』）はこう書いている。たしかに、次郎は、帰郷したおりの日記（明治三十五年八月九日）に、弟たちと楯の腰に登り、「此地（楯の腰——引用者）ハコレ我祖先ノ城セシトコロ」と書いている。弟余四男も「伝説によれば、吾々の父方は此の館の頭首の一人で、最上義光に滅ぼされた時一族が山奥に逃げかくれた。その遺流であると号して却々乱暴な方である」（「野の人」『根芹』）とある。当時は、戦国時代の館を偲ばせる堀や石垣が残っていた。次郎兄弟は、ここに遊び、ルーツをリアルに確認したことだろう。

新関岳雄は、前掲書で次郎兄弟のこのような記述と『飽海郡誌』から安保が阿部になったのかもしれないとしているが、「大した根拠もない話」として、それ以上立ち入っていない。

ややトリビアルであるが、この新関の指摘を手掛かりに、『松山町史』『松山町史年表』『余目町史』『余目町史年表』『余目安保氏関係資料』などをみていった。これらの史料はいずれも新関の『光と影』（一九六九）以後に刊行されたものである。これをみることで阿部家のルーツにもう少し近づけるかもしれないと思ったからである。

なるほど『松山町史年表』の天正十九（一五九一）年十二月二十九日のところに、「夜山寺館落城館主土門、熊坂、阿保、八鍬退散」とある。しかし、安保ではなく阿保である。年表の阿保は安保の誤植であろうかと思って、山寺館の首領を書いた『飽海郡誌』（巻之五）をみるがこれも「阿保」である。『余目町史年表』のほうをみると天正三年ないし天正八年に、つまり阿部家のルーツである楯の腰の阿保が退散する十一年前以上も前に「余目館主安保太郎、最上義光に滅せられる」とある。史料をみていくと安保を阿保ともいったというからややこしいところはあるが、余目館主の安保（阿保）氏と阿部家のルーツである山寺館の首領の一人の阿保氏とは一門であっても別の一族だったことになりそうである。

さらに『余目安保氏関係資料』をみていくと、安保氏は余目を中心に最上川の南を支配していたから、山寺方面は勢力範囲ではなかった。『松山町史年表』に戻ると、阿保氏など四騎が退散したと書いてあるが、誰によって退散されたのかは書かれていない。「最上義光に滅ぼされた」と次郎の弟余四男が書いたのは、阿部家のルーツである阿保氏と余目安保氏とを混同した伝説によっているように思われる。山寺館（楯の腰）にこもった阿保氏の退散は余目安保氏の殲滅よりも十一年も遅いからである。

『松山町史年表』には阿保氏などが館を退散した二カ月前の同年十月二十日のところには、「荘内に上寇起、上杉景勝鎮圧に努む」とある。天正十六年には最上勢は、上杉景勝の支援によった本庄繁長などに大敗し、庄内は上杉の勢力範囲となっている（伊藤清郎『最上義光』）。退散を余儀なくさせたのは余目安保氏を殲滅した最上義光ではなく、上杉景勝の軍によってであろう。

阿部家のルーツである山寺館の阿保一族は闘いに敗れて外山《とやま》の山陰に落ち延びたことも家族の伝説になっている。落ち延びた外山は旧松嶺町の東側にそびえる海抜二七〇メートルの小高い山。眼下には蛇行する最上川を、眼を挙げれば、月山、鳥海山を一望できる。次郎兄弟は子どもの頃よくここに登って遊んだ。いまこのあたりは、眺海《ちょうかい》の森といわれ、キャンプ場やスキー場になっている。山頂には「眺海の森さんさん」という宿泊施設がある。私も阿部記念館を訪れたときにここに宿泊した。「眺海の森さんさん」の近くに次郎の文学碑がある。次郎の著書『秋窓記』からとられた次のような一節が刻まれている。

まさに海に入らうとする最上河《ママ》と
その周囲に発達せる平野は
鳥海山や月山の中央山脈の
山塊を盟友として幼い私の魂を
その懐の中に育ててくれたのである

一家の矜持

阿保一族が落ち延びた外山の山陰を当時河内といった。そのことから本家である阿部喜兵衛宅は「河喜」という屋号を、次郎の家は「河七」を名乗っていた。阿部一族は一郭一城の頭目の末裔であることを矜持にしていた。また祖母わかのは尾花沢の医師竹岡周禎ときよのの長女だったが、母方は酒田の紀《きの》家の出だった。そのことから祖母は口癖のように「いいか、ばばちゃの家（酒田の紀家――引用者）はな、昔紀貫之という偉い学者が京都から酒田に落ちのびて来た、そのあとでのう」と言っていた。次郎の母（ゆき）はわかのの妹だったから、それも一家の矜持であり、支えだった。

山寺村の阿部家を街道沿いに少し北に進むと小川にかかる八つ口橋がある。その八つ口橋からは旧松嶺町である。松嶺町は小さな城下町で、中心部には藩士が多く住んでいた。かれらは明治の世でも「旦那様」と呼ばれていた。明治になっても士族と平民では身分の懸隔が大きかった。にもかかわらず、半商半農の庄屋格の阿部家の者にとっては、ルーツにおいても文化的にも藩士たちになんら劣るところはないという自負心があった。そのぶん、ライバル心が生まれやすい。阿部家の者が戦国武将につらなる家系を矜持にした所以である。

次郎は地元の山寺尋常小学校補習科二年を終えると藩士の子弟が多い松嶺町にできた松嶺町尋常高等小学校の高等科三年に編入する。学校は能力主義という業績主義（何ができるか）を旨と

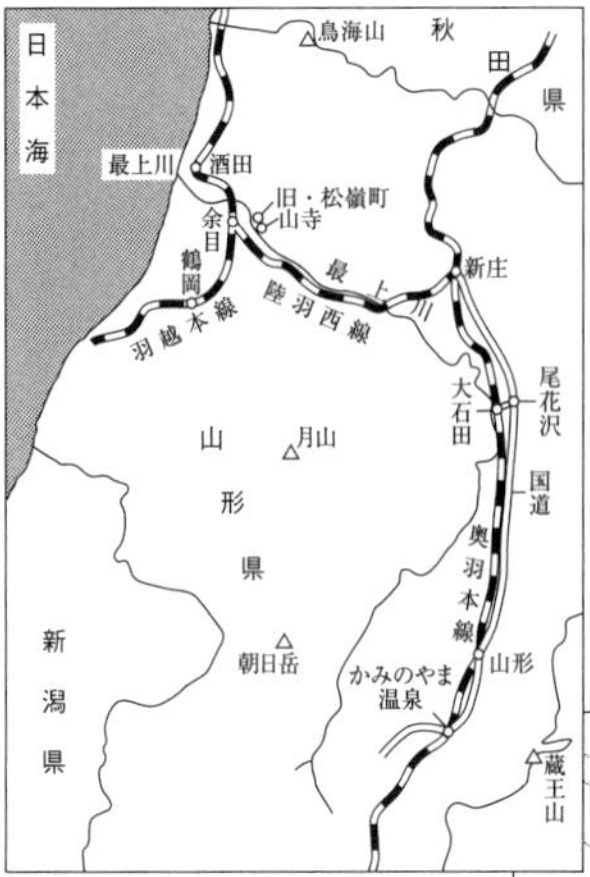

（左）山形県略図
（下）旧松嶺町近辺図

するが、生徒が背負う身分門閥という属性主義（何であるか）がまだ大きく作用している。松嶺藩士の子弟との接触によってなおさら対抗意識がうまれたはずである。

のちに次郎は、「これらの士族やその子弟の自から高ぶらぬ親しい態度にもかゝはらず、私の心ひそかなる反抗心を煽つた」と書いている。「平民階級のチャンピオンになる」（「哲学志望」集・十）とも書いている。さらに後年次郎は、弟たちへの手紙で、「べんきよーにても、けんかにても、松嶺のあをたふくべにまけぬよーにせらるべく候」（明治三十六年四月三日山寺ご家内宛、集・十六）と叱咤激励している。ここでいう「あをたふくべ」とは、上品ぶった松嶺の士族の子弟をなじった言葉で青白い、できそこないのひょうたんという意味である。

海の向こうでも

次郎の不満と意地は接触効果による対抗的卓越化《ディスタンクシオン》というべきものであるが、同じようなことが、次郎の時代よりも一世紀前の海のむこうで、みられたのである。フランス革命前後のプロイセンの学識層（Gelehrte）にである。少し横道に入ることになるが、海の向こうの場合をみておこう。

プロイセンでは十八世紀から高等教育を受けた学識層が過剰生産され、官職や聖職に就任するのに時間がかかるようになった。そこでかれらは貴族や富裕なブルジョアの家庭で家庭教師（Hofmeister）をしながら、官職や聖職へ就任するまでの待機をするのが常態化していた。こうした家庭教師を経て学識官僚や哲学者になった者は、カント、フィヒテ、ヘルダーリン、ヘーゲルなど枚挙に遑《いとま》がない。カントはケーニヒスベルクの郊外での家庭教師を手始めに、三カ所ほどで約八年、貴族や牧師の家庭で教師をつとめた。ヘーゲルはベルンで三年、フランクフルトで四年を家庭教師として送った。

学識層が家庭教師になることによって貴族階級の洗練された作法が学識層に浸透し、逆に貴族やブルジョアに読書への敬意と関心を向けさせた。前者は学識層の貴族化を、後者は貴族層の学識化をもたらした。しかし、自由と平等を旗印にしたフランス革命の時代のあとでの学識層における貴族の子弟への家庭教師経験は、奴僕としての地位の悲惨さを際立たせるものだった。

『青年時代のヘーゲル』を書いたヴィルヘルム・ディルタイはこう言っている。「家庭教師時代！それはこの当時未来の聖職者、教師の等しく嘗めねばならなかった一つの悲惨な運命であった」（甘粕石介訳）。学識層の隷従状態の悲惨さについては、ブレヒトの戯曲『家庭教師』が有名であるが、それはヤーコプ・ミヒャエル・ラインホルト・レンツ（一七五一～九二）の笑劇『家庭教師』を改作したものである。レンツは、カントの教えを受け、ゲーテにも兄事したが、生涯のほとんどの糊口の資を家庭教師によって得ていた。レンツの「家庭教師」はそんな自らの経験をもとにした戯曲であり、当時の家庭教師がいかに卑屈な立場かを劇中でこんなふうに語らせている。「奥様の目配せにびくびく、旦那様の顔色におどおど」「家庭教師は何をされても黙っていなければなりません」（佐藤研一訳『家庭教師／軍人たち』）

そんな接触効果によってもたらされた緊張によって学識層は、人間の価値を社会的身分という状態ではなく、各人の個性の自発的な発展と完成という営為にみるビルドゥング（陶冶・教養、Bildung）と親和的だった。生まれつきの貴族がくりだす属性本位による卓越化《ディスタンクシオン》＝差異化戦略をリセットする対抗的営為本位の卓越化＝差異化戦略となりえたからである。それが教養であり、その教養を身分の契機にしたもの（「教養ある人々」Gebildete）が教養市民層（Bildungsbürgertum）だった。

教養市民層とは十八世紀末から十九世紀はじめにかけて成立した特殊ドイツ的社会的身分概念である。ギムナジウムと大学で新人文教育（古典ギリシャ文学からゲーテなどの近代古典）を受けた者で、中核は、高級行政官僚、大学教授、裁判官、ギムナジウム教師、プロテスタント聖職者であり、そのまわりに医師、弁護士、文筆家、芸術家、ジャーナリストが属した。

次郎も接触効果をつうじて聖人願望や哲学志願が芽生えたが、そのきっかけを思えば、次郎の聖人願望や哲学志願にドイツの学識層と相似した反ディスタンクシオンや対抗ディスタンクシオンが含まれていたことは否めない。

次郎の父母

阿部家に戻る。次郎の父富太郎は万延元（一八六〇）年生まれ。十八歳のときに山寺にできた小学校の教員（授業生補）になる。学制によって小学校が義務教育となり、小学校教員資格は、師範学校卒業証書を有する者と教員検定による教員免許状による者との二本立てで規定されていた。しかし、この規定にそっていては教員需要をまかなえない。事実上、教員資格はなきに等しかった。富太郎が就いた授業生補とは、教員資格をもたない補助教員である。

明治十三（一八八〇）年、富太郎は小学校訓導学力試験に合格して明治十三年から同十六（一八八三）年まで同学校訓導・首座教員となる。訓導とは資格をもった小学校教員の呼称である。この時代は授業生（補）などの無資格教員が八割から九割を占めていたから、富太郎はエリート小学校教員だった。次郎が生まれたのはこの頃である。

このときの富太郎の年俸は百八十七円（明治十四年）～百九十二円（同十六年）。月額に直すと十六円前後となる。月俸二円の授業生補だったときより、格段の昇給である。明治十二年の山形県の小学校教員は一六〇二人いたが、月俸三、四円が多く、十五円以上は、一四人（上倉祐二編『山形県教育史』）、つまり全体の〇・九％にすぎない。

ほぼ同時代を描いた二葉亭四迷の小説『浮雲』にでてくる本田昇は月給三十円から三十五円に昇給するところだった。一方、先の見えない内海文三は准判任御用掛で十五円。訓導の富太郎と同じ収入である。十五円は判任官（下級官吏）の中でも給与の低いほうだったとはいえ、阿部家は半商半農であり、まだ子どもが小さく上級学校進学の時期ではない。給料だけしかあてにできない文三とはちがうから、阿部家にとっては、家計を十分潤す現金収入だったとはいえる。

明治十七（一八八四）年、次郎が誕生した翌年、富太郎は山寺から最上川を渡り、西南にある余目《あまるめ》の千河原小学校訓導となる。ところが、まもなく養父母に無断で、上京する。当時富太郎は、訓導のかたわら、松嶺にできた学術研究会の中心メンバーとなって、演説青年として活躍している。そんな富太郎であるから、草深い田舎から東京に出たいと思っていたからである。富太郎の叔父で養父七郎右衛門は、天保十五(一八四四)年生まれだが、「明治青年」(明治の世に青年期を迎えた世代)の富太郎からすれば、養父は大志も出奔とも縁の薄い「天保老人」である。富太郎は話しても無駄と無断出奔した。

しかし、このときは一年たらずで帰郷し、余目高等尋常小学校校長に就任した。ところが再度上京し、東京法学院(中央大学の前身校)などで政治経済や雄弁術などを学んだ。この二度にわたる富太郎の上京は、当時の知的明治青年に澎湃《ほうはい》としておこった政論熱と経世願望によるものだろう。

富太郎は二度目の上京から帰郷し、明治二十三(一八九〇)年十月再び余目高等尋常小学校の校長となる。その七年後、次郎が中学生のときの明治三十一(一八九八)年、富太郎は山形県視学(指導主事)となる。学識の持ち主であることが知れ渡っていたからだろう。

長男の一郎は家督相続者であるが、次郎は家を出ていかなければならない兄弟の最年長者である。若き日の父の二度にわたる出奔と志を遂げられなかった思いは、無意識裡に次郎に伝達されたはずである。次郎は祖母に育てられたことと、あとにみるように父とはさまざまなことで確執が続いただけに、次郎の著作には祖母わかのについての記述が多く、父について書かれることはほとんどない。しかし、実のところは父の激しい血をもっとも受け継いだのが次郎だった。

「西郷隆盛のやうな人間になりたい」

父富太郎が二度目の上京遊学の機会をうかがっていた頃、次郎は、明治二十二（一八八九）年に山寺尋常小学校に入学した。小学校二年生のときは七二四点（満点八一〇点）、三年生のときは五四三点（総点六〇〇点）。いずれも首席である。読書は満点に近く、作文もすぐれていた（『松山町史』下）。小学校補習科二年をおえ、隣町の松嶺町尋常高等小学校高等科三年に編入した頃（明治二十八年五月）は、父が余目から帰宅すると村人にしていた論語講義を隣の部屋から聞いたり、父の書架から井上円了の『哲学要領』や「論語孟子大学荘子等」を取りして拾い読みしたりしていた。そして「西郷隆盛のやうな人間になりたい」（「西郷隆盛の話」集・十）という思いが心のなかに深く植えつけられた。

西郷隆盛は次郎をふくめて庄内藩の人々にとっては、崇拝すべき思い入れの強い人物だった。といっても次郎たちの住む庄内藩は戊辰戦争で東北雄藩とともに西郷率いる官軍と熾烈な戦いをしたのだから、西郷は宿敵のはずである。佐幕派の庄内藩士が西郷贔屓になったのは次のような経緯による。明治元年九月（一八六八年十一月）、庄内藩は降伏し城を明け渡した。江戸薩摩藩邸を焼打ちにした庄内藩は、官軍から厳しい処分が下されると思っていた。あにはからんや、西郷によって寛大な処置がなされた。西郷は庄内藩再建にも有益な助言をくれた。仇敵から敬愛すべき西郷になった。

かくて、明治三（一八七〇）年、庄内藩主酒井忠篤《ただずみ》は、藩士七十余名を引き連れて隆盛の教えを受けるために鹿児島に赴いたほどである。『南洲翁遺訓』という今日にいたる有名な書物は、そのときの教えをのちに旧庄内藩士がまとめたものである。

次郎が西郷を慕うようになったのは、松嶺町尋常高等小学校三年生のときの受け持ち教師赤澤源五郎が修身の時間に『南洲翁遺訓』を使用してその道徳思想を熱心に説いたことからである。『南洲翁遺訓』は庄内藩士赤澤経言《つねこと》が起草したものといわれる。次郎が習った赤澤源五郎も庄内藩士で、経言と同姓の赤澤だったから、『南洲翁遺訓』を起草した経言の縁者である可能性も高い。次郎の立志に西郷隆盛の思想は大きな影響力をもつ。のちの次郎の著書『人格主義』にも西郷の言葉が出てくる。

男子の中等学校進学率二・一％

次郎は明治二十九（一八九六）年七月、松嶺町尋常高等小学校高等科三年を修了する。同年八月、鶴岡の荘内尋常中学校（現・鶴岡南高校）に入学する。荘内中学校は鶴岡にあったから山寺からの徒歩通学は無理である。次郎は共同で家を借り自炊生活をする。翌年新築の寄宿舎に入る。南洲の道徳政治が哲学志望としてかたまったのが、この頃だった。次郎は後年、こう書いている。

私の哲学志望はこの聖人志望の随伴者であり、変形であり、諦念であつたにすぎないのである。私は聖人になるためには哲学を修めなければならぬと信じた。したがつて聖人になるために大学で哲学を修めることにきめた。（中略）洋行して聖賢になる！　これは明治初年においてはほとんど通念であつたらしい。さうして漢学によつて根をおろした聖賢の理想が、西洋の燦然たる文化に新しく接触した時期には、二つのものがかういふ形で結合して現はれるのも必ずしも不自然ではなかつたのである。その後更に十余年、明治廿年代の末になつても「聖人」の理想はいまだ我々の心から払拭されてはゐなかつた。私のあの幼い志望もまたさういふ時勢の中から無理なしに生まれ得たのである（「哲学志望」集・十、傍点引用者）。

聖人になるために哲学を学ぶという目標が中学一年生にして決まった。その頃（明治二十九年）の山形県には、中学校は山形中学校（現・山形東高校）と米沢中学校（現・米沢興譲館高校）、それに次郎が進学した荘内中学校（現・鶴岡南高校）の三つしかなかった。全国でも中学校は百校。生徒数が四万人の時代。中学校だけでなく実業学校や尋常師範学校も入れた男子の中等学校進学率（明治二十八（一八九五）年）は同年齢の二・一％にすぎなかった。同年の女子の中等学校（高等女学校・実業学校・尋常師範学校など）進学率は〇・二％（文部省『日本の成長と教育』）だった。

荘内中学校時代の次郎と同学年で首席を争い、のちに哲学者（京城帝国大学教授、成城大学学長）となる宮本和吉《わきち》などとともに『帝国文学』や鶴岡出身の高山樗牛《ちょぎゅう》の評論、和漢の古典から新

高等学校	19.5（1053）
専門学校	23.7（1285）
士官学校及兵役	8.9（481）
学校教員	7.3（397）
官公吏	1.0（52）
その他業務	6.8（369）
未就職未詳	32.4（1756）
死亡	0.4（21）
計	100（5414）

表１－１　明治34年の中学校卒業生進路（％、括弧内は人数）（出所）櫻井役『中学教育史稿』臨川書店、1975

刊の文芸書にまでわたる旺盛な読書をしていた。

明治三十（一八九七）年九月、父富太郎が余目尋常高等小学校校長から山形県視学となり、山形県庁に勤めることになった。そのため両親は山形市に住むことになる。そこで、次郎は、翌年（明治三十一（一八九八）年）九月、山形中学校に転校する。次郎はここで父母と五男の勝也や赤ん坊の次女礼子とともに暮らし、そこから山形中学校に通うことになった。

次郎より一年先輩の荘内中学校卒業後進路をみると、高等学校進学七人。卒業生は五十人だから、高等学校進学者の割合は十四％である。おなじことを山形中学校でみると、卒業生は百四名。高等学校進学者は十五名。ここでも高等学校進学者の割合は十四％である。

次郎の卒業年度（明治三十四（一九〇一）年）での全国の中学校卒業生進路の内訳は表１―１のようである。高校進学率は卒業者の十九・五％。この時代は中学進学率が低かっただけに、卒業生の中の割合でみれば、そのぶん高校進学率はかなり高い。しかし、この時代の中学校は家業従事、転学、疾病、転住などによる半途退学者が多かったことを考慮しなければならない。明治三十六（一九〇三）年から三十八（一九〇五）年の全国の中学校の半途退学率は、十九％にも達している。山形中学校の明治三十年代前半の半途退学率も在学生徒の十五～二十％。この半途退学者を母集団に加えれば、中学生に占める高等学校進学者の割合は十%程度だった。

学校騒動の伝染

山形中学校で次郎はこの時代に吹き荒れた学校騒動にまき込まれていく。一九六〇年代後半から七〇年代はじめにかけて高校紛争が吹き荒れたが、いってみれば、その元祖がこの時代の中学校の学校騒動だった。

学校騒動は、明治二十年代から中学校や師範学校を中心に全国的に頻発していた。新聞や雑誌などでもさかんに報道されている。一九六〇年代末からの大学紛争が全国の大学に次々と飛び火したように、このときも学校騒動が学校騒動を生んでいった。

山形中学校で騒動がおきかけたのは、明治二十九(一八九六)年秋から冬にかけてのことである。第八代校長中原貞一のときである。同校で、トラホーム(伝染性の慢性結膜炎)が蔓延し、三分の二の生徒が罹患するにいたった。集会の禁止や寄宿舎からの退舎などが命ぜられる。生徒たちから一月の試験延期の要望が出されたが、学校側は試験を予定通りおこなおうとする。このことから同盟休校(生徒たちのストライキ)の寸前にまでいたった。しかし、人望のある卒業生の仲介で、数名の生徒の停学処分にとどまり、同盟休校にいたらずにおわった。不発におわったが、学校騒動はくすぶっている。

中原校長が退任し、明治三十一(一八九八)年一月、新校長市瀬禎太郎が着任した。新校長は飲酒禁止など規則をきびしくいいわたし、厳罰主義をもって対処しようとした。この校長の方針が出るや、くすぶっていた学校騒動に火がつけられそうになった。前年には仙台の第二高等学校で同盟休校がおきていた。さながら一九六〇年代末の大学紛争が高校紛争に伝染したように、山形中学校への学校騒動誘発効果もあっただろう。市瀬校長は漢学者らしく、生徒の騒動は余の不徳の致すところとして、外部からの生徒の処分要請を頑として受け付けず、翌年七月に辞職する。再度、学校騒動は不発に終わった。次郎はこのとき四年生で、騒ぎを経験している。

首謀者となる

市瀬校長が辞職すると、翌月（明治三十二〔一八九九〕年八月十日）、札幌農学校を卒業し、いくつかの中学校を経て栃木県第一中学校（現・県立宇都宮高校）教頭をしていた加藤忠治が新しい校長として赴任した。明治三（一八七〇）年生まれの二十八歳。騒動は不完全燃焼でくすぶっている。そんな中に赴任した加藤校長には、期するところがあったのだろう。しかし、いかんせん若年校長のせいもあっただろうが、教員をまとめる能力に欠けていた。校長と教員との軋轢は生徒の間にも伝わった。

すぐに騒動の火種ができてしまった。校長が武道を奨励しようとして、銃剣、柔術をやる生徒には百点満点の操行点で五点を加算するとしたことから不穏な空気が醸し出された。加藤校長には、武道奨励をすれば、学校騒動にむかうエネルギーが削がれるという目論見があったのかもしれない。剣道部員のほうは、品行も立派であったが、柔道部員には無法者まがいが少なからずいたからである。

そのような意図があってもなくとも、無法者集団を擁護するような校長の措置は、多くの生徒に反撥をもたらしたことは言を俟たない。素行点と武道とは無関係ではないかという声が、次郎らの特待生かつ生徒指導の任にあたる常務委員の間に湧き上がった。

この頃頻発した中学校騒動は、三年生を騒動の発火点とすることが多かった。新入生はまだ学校になれていない、上級生（五年生）は卒業を目前にひかえているから面倒な事にかかわりたくない。それだけに学校騒動は「大人の」五年生が生徒側と学校側の仲介役に入ることで、寸前で止められることが多かった。しかし、次郎が首謀者の一人となった山形中学校の場合は、五年生が首謀者となり、あまつさえかれらは特待生や常務委員という生徒の模範指導役だった。騒動のとめ役に欠けていた。五年生の次郎たちは、前任校長のときの学校騒動も経験している。六〇年代終わりの全共闘運動のとき、六〇年安保闘争を経験した山本義隆（東大全共闘議長）などが大学院生として指導部にいたことと似ている。

次郎や次郎の親友であるのちの中国哲学者藤原正（北大教授、東京高等学校校長）など常務委員が、操行点は人格につけられる点なのに、武道をやっているだけで加点されるとは何事かと連日、校長に直談判した。校長のこの安易なやり方には許せないところがあった。

しかし、聞き入れられない。生徒が同盟休校をしようとすると、校長は突然生徒の主張を受け入れ、そのかわり全生徒を五日間の停学処分にした。そして、生徒を煽動したとして複数の教諭を解職や休職処分にした。明治三十三（一九〇〇）年十月九日のことである。この姑息な処分は、三年前からくすぶり続けた学校騒動に油をまいて着火した格好になった。翌日から同盟休校が始まる。十一月三日の『山形自由新聞』の「白眼録」は次のように論評している。

加藤の排斥運動も一週間の停学でどうやらこうやら方《かた》が付いたと思ひの外ツエ《ママ》二三日前に生徒は又々同盟休校《すとらいき》をやつたそうだ若《も》しもそんなことがあつたとせば洵《まこと》に困つた次第であるまいか▲于今《いま》になつて言ふぢやないが僕が前《さき》に『夫婦喧嘩が世間に知れて隣保《きんじよ》の仲裁が這入る様になつては中々面倒《なかなかめんだふ》なものだ』と事後を警戒してあつたが事実は不幸にも先見の名を成さしめたぢやないか▲同校教員山本石川の二人は頃者《さきごろ》突然其職を免《や》められたが聞けば生徒を煽動したとやら云ふことが其理由《わけ》だそうだ▲任免黜陟《ちつちよく》は極めて公明にやらねばならない。先度のさはぎなぞも竹俣の〇〇が其一因になつて居る如《やう》ぢやが又々こんなあやしい事をやツて仕舞つてはどうも後が案じらる丶ヨ（一部漢字不鮮明によりひらがなにしている）

この記事を読んだときに、記事のおわりにでてくる「竹俣の〇〇」というのはなんだろうかと思った。竹俣はどのような人を指しているか、〇〇とは何かが気になった。

『山形県中学共同会雑誌』のバックナンバーをみていたときに偶然その人物かと思われる記事を

見つけた。六十六号（昭和九年）に、明治三十（一八九七）年から大正七（一九一八）年まで、山形中学校教諭として奉職し、そのあと市立山形商業学校初代校長になった渡辺徳太郎の「回顧一端」という論説の中に出てきたのである。明治三十二（一八九九）年四月末、教員・生徒の北越旅行を記したところに竹俣先生という名がでてくる。したがって、「竹俣の〇〇」は、加藤校長のときの免職のことをいうのかもしれない。

　とすれば、こう言えるだろう。いままで山形中学校には明治二十九年（一八九六）から学校騒動がくすぶっていたと言ってきたが、具体的な徴表である不当懲戒というしこりがともなっていたことになる。いずれにしろ、「後が案じらるゝヨ」というこの論説の危惧は当たった。

　もやもやしていたマグマが爆発するように、同盟休校が実施された。同盟休校に対して学校側は寄宿舎を閉鎖したり、臨時休業にしたりした。学校騒動は一カ月もつづいた。

　明治三十三（一九〇〇）年十二月五日、加藤校長は依願免職となり学校騒動は終息するが、その前の十一月に生徒の大量の処分がなされた。同盟休校の首謀者次郎や藤原などは放校処分にされた。次

種別	第一学年	第二学年	第三学年	第四学年	第五学年	計
依願	8	9	12	15	4	48
下命　懲戒			10	11	10	31
除名	8	11	11	5		35
死亡	2					2
計	18	20	33	31	14	116

表１－２　阿部次郎放校処分年（明治33年）における山形中学校半途退学学年種別内訳

（出所）山形県教育委員会『山形県教育資料』統計篇　第六巻、1985より作成

郎たちが退学を余儀なくされた時代は、処分によるものだけではなく、家事都合、学資欠乏、病気、転学などの半途退学が多かったことはすでにふれたが、同盟休校があっただけに、このときの山形中学校生の半途退学は他校からみても多い。

半途退学を学年別種別にみたのが表1―2である。依願退学の中には、学校騒動で嫌気がさして退学したものも含まれているだろう。懲戒処分は三十一名にもなっている。その学年別内訳は三年生十八人、四年生十一人、五年生十人。五年生で放校処分を受けたものは、次郎や藤原正など五名である（猪股忠『明治の青春』）。半途退学には一カ月以上の無断欠席者三十五名もくわわった。ここにも学校騒動に関係したものがかなり含まれているはず。生徒五百十八人のうち半途退学者は百十六名。この年の半途退学率は二二％にも達した。同年のその他の山形県立中学校の半途退学率は、一〇％（米沢中）、一四％（荘内中）である。

半途退学では高等学校の入学試験を受験できない。高校進学は中学校卒業が要件だからだ。旧制高等学校などの上級学校進学を考えていた者は、進退きわまった。本章冒頭の赤湯駅に向かう次郎たちには、そのようないわくがあったのである。

第2章

捨てる神あれば拾う神あり

俺は謙遜によつて神に往くタイプの人間だ。砕かれて始めて
生きるタイプの人間だ。「郊外の晩春」

次郎は山形市内の父たちが同居していた伯母の家（八日町《ようかまち》）から学校に通っていた。同盟休校をめぐって父と次郎の間には相当な確執があったはずだ。

父富太郎は山形県視学であり、山形中学校は県立中学校である。立場上も苦しいものがあったにちがいない。父は、前章でふれたように上京遊学のため無断出奔を重ねた若き日の自分を学校騒動の首謀者の一人である次郎に重ね、次郎の行動を理解したところもあったかもしれないが、この時期の次郎の日記が刊行されていない——次郎によってすでに破棄されていたと思われる——のでそのあたりのことはわからない。

ところが因果の輪はまわるというべきか。ここから三十一年後、次郎はこのときの父の苦衷を長女和子の事件で反復することになるが、それは第11章でふれることになる。

成績証明書

放校後の次郎たちに戻ろう。すでにふれたように半途退学では高等学校の入学試験を受験できない。こうなれば、次郎たちは別の中学校に転編入して中学校卒業資格を得なければいけない。転編入には在学証明書や成績証明書がいる。

かれらは山形中学校の書記栗山判兵ヱのところにいき、在学証明書を出してもらうように懇請する。そのときのやりとりを次郎とともに行動した藤原正の晩年の聴き取りをもとにして、新関岳雄は次のように書いている。

「きみたちは放校になったのだから在学証明書は出せない」と判兵ヱは言った。「しかし」とそれから続けた。「きみたちの成績証明書を出してやる。きみたちのようないい成績の者なら、どこの中学にだってすぐはいれるものな。」そして、元気づけるように笑った。

彼らはこの好意を終生忘れなかった。(『光と影』)

栗山判兵ヱは、上山藩(現・山形県上山市)の藩校明清館で教鞭をとる十人扶持の儒者を父として生まれた。それだけに漢学の素養が深く、国漢の教師が判兵ヱのところによく質問しにきていたほどの学殖の持ち主だった。判兵ヱは大正八(一九一九)年に亡くなるまで山形中学校に勤めていた。『三太郎の日記』が一世を風靡し、次郎が時の人となったとき判兵ヱは五十歳をこえた晩年だった。そんな思い出があるだけに過ぎし日の次郎を追憶しての喜びは並々ならぬものであったろう。

明治三十年代の転編入事情

こうして次郎らは成績証明書を貰うことができた。放校の処分を受けた次郎たちが成績証明書をもらえたことで、どこかの中学校に転編入する道が開けた。成績証明書を得たのは僥倖であったが、転校先の中学校をみつけるのが大変である。

もっとも当時は転学者が多く、明治三十四（一九〇一）年の中学校半途退学者全体（二万一六六七人）のうち一九％も占めていた。とくに地方の中学生が東京の私立中学校へ転編入することは、よくあったことである。当時の東京の私立中学校は、一方で落第や退学などわけあり中学生の駆け込み寺的学校だったが、他方では地方の中学生が進学校として転学する予備校的存在でもあったからである。

　そのことは、この頃刊行された『東京遊学案内』（一九〇二）の記述にもみることができる。子弟の上京遊学のところにこう書かれてある。まずは子弟に地元の中学校などを卒業させ、本人の意志が確定されて「容易に動かざる後に」、上京遊学を考えるべきだ。そのあと「但《ただし》」として次のようにある。

> 府県立中学校は、東京にある私立の中学校に比較して、其設備は、概して確実なる基礎を有すれども、外国語の如きは、大都の諸学校に若《し》かざるものあるが故に、志望の如何によりては、早く上京せしめざるを得ざるものなきにあらず。

　次郎より二歳年長で、後年岩波書店を創設した岩波茂雄も、長野県の中学校から東京の私立中学校への転学組だった。岩波は高等小学校から新設された郡立諏訪実科中学校に進学したが、かねて憧れていた杉浦重剛を校長とする日本中学校に転学した。一浪して一高に入学し、次郎の同

学校	受験者数	入学者	入学率（％）
東京府立第一中学校	70	35	50
私立独逸協会中学校	190	34	18
私立開成中学校	75	32	43
東京府立第四中学校	42	23	55
高等師範附属中学校	51	21	41
私立京北中学校	76	21	28
私立早稲田中学校	82	19	23
私立東京中学校	63	16	25
私立正則中学校	43	15	35
私立麻布中学校	49	15	31
私立錦城中学校	57	15	26
私立京華中学校	64	15	23
私立日本中学校	49	13	27
私立郁文館中学校	64	13	20

表２－１　明治40年東京府中学校高等学校別受験者・入学者（入学者数上位14校）
（出所）『中学世界』10巻8号、1907より作成

級生となる。

　岩波茂雄や次郎の入学より六年あとのことになるが、明治四十（一九〇七）年東京府における高等学校受験者数・合格者数を中学校別にみたものが、表２－１である。入学者数や合格率で府立・官立中学校が上位を占めているが、次郎が転校した京北中学校や岩波茂雄が転校した日本中学校などの私立中学校も健闘している。府立・官立中学校が六校で受験者数二一〇人、入学者数九四人、入学率四五％。それに対して高校受験者を出している私立は二三校で受験者数一〇四六人、入学者数二五五人。入学率二四％。私立中学校は入学率では府立・官立中学校に劣ったが、入学者人数では私立のほうが二倍以上だった。東京の私立中学校は地方の中学校からの転学者だけでなく、府内の中学校からの転学も少なくなかったのである。

　このように地方から東京の私立中学校への転学はよくあったことであるが、落第や自己都合による退学ならともかく、同盟休校により退学や放校処分にされた生徒の受け入れとなると、問題

は別である。「前科」がある生徒を五年生四名、四年生五名、計九人も受け入れてくれる学校があるのだろうか。

井上円了に拾われる

ところが幸いなことに次郎たちを拾う神があらわれた。仲介者が哲学館（現・東洋大学）の創立者で京北中学校校長の井上円了に頼み込んだ。

この仲介者については、次郎年譜では「田中秀穂の斡旋により、京北中学校に入学する」と名前だけがあげられている。どのような人物かは次郎の著作からはわからない。しかし、この名前を手がかりに調査してみると、慶応元（一八六五）年山形県東村山郡に生まれた田中又五郎から、明治三十一年に秀穂と改名した人物と思われる。田中は上京し、尋常小学校準訓導の免許を取得し、本科正教員となるも、帰郷し、尋常小学校に勤務した。やがて再び上京し、次郎たちを京北中学校に仲介した頃は、日本学校（明治三十五年日本淑女学校と改称）を経営していた。校主田中秀穂の住居は、千駄木にあった。次郎が京北中学校に入学した直後の日記（一月二十日）に、「千駄木ニ行キ」田中先生に会うとある。このことからもここで想定する日本学校主田中秀穂と合致する。千駄木は哲学館にも近い。

田中は山形県で小学校の訓導をしたのち上京し、当時はすでに述べたように東京で日本学校を経営していた。次郎の父富太郎を含めた退学者の親や、次郎たち退学者に同情する者が奔走し、東京で学校経営している田中ならつてがあるだろうと依頼したと推測される。依頼を受けた田中が京北中学校校長の井上円了に事情を話して頼んだものと思われる。

受け入れを肯《うべな》った井上円了は、「おばけ博士」「妖怪博士」の別名で有名な仏教・印度哲学者である。自著『中等倫理』を教科書にして中学校の倫理の授業を担当していた。次郎たちの転編入願いが出されたのは、明治三十三年末だから、京北中学校開校二年目のことになる。次郎は父の書棚にあった井上円了の『哲学要領』を読んでおり、中学生の頃も愛読していたことはすでに述べたから、不思議な縁を感じたであろう。

こうして第1章の冒頭に述べたように、次郎、藤原正、会田敬三郎が上京した。三人は本郷追分町の下宿旅館鶴亀館に落ち着く。年末である。鶴亀館は一高のすぐそばにあり、京北中学校にも近かった。一月五日に京北中学校に入学願書を出しに行く。

すでに内諾を得ていたことから、次郎、藤原、会田、石塚（以上五年生）、渡辺忠吾（四年生）に正式の入学許可がすぐにおり、同月九日には「束脩《そくしゅう》　一円」をおさめている。束脩とは古《いにしえ》の中国で、初めて師を訪れるとき持参した物。転じて入学金のことである。時間割を書き写し、教科書やノートを購入し、翌日から登校する。そのかたわら、次郎は放校になった四年生四人の追加編入の斡旋も田中秀穂に依頼し、四人とも受け入れられる。こうして次郎たちは京北中学校に首尾よく転編入することができた。

たしかに井上は同盟休校によって処分を受けた者を九人もよく受け入れてくれた。次郎とともに第一回卒業生となった藤原正は、後年、感謝の言葉を次のように記している。

私たちは誰一人、先生（井上円了――引用者）を直接知るものはいなかった。私は、後年年齢を重ねるに従って、このことの意味の重さを痛感するようになった。（中略）私は井上先生に救われて京北に入れてもらったことを考えると、井上先生が京北を創られたのは、私を救うためではなかったかと考えている。人を救うということは、どれほど仏道の真髄に近いかを考えさせられてならないのである。（「学園の思い出」『京北学園九十年史』）

その思いは次郎ほかの生徒も同じだったろう。京北中学校は開校二年目だったから、生徒を確保したいということはあっただろうが、受け入れはそんな姑息な理由によるものではなかったと思える。そう思うのは、こんなこともあるからだ。次郎たちと同年の明治三十四（一九〇一）年に京北中学校に入学したある生徒をめぐる逸話である。

井上円了（1858-1919）

この生徒は足尾鉱毒事件で田中正造が明治天皇に直訴したことを知って、田中のもとに馳せ参じ、ともに被害民救済運動に邁進した。警察に逮捕され、拘禁生活を余儀なくされた。後の雪印乳業を創設した黒澤酉蔵《とりぞう》（一八八五～一九八二）である。田中正造は黒澤に、卒業だけはするように、と学資の心配もしてくれた。そこで出所後、復学する。長期欠席だったにもかかわらず、京北中学校は、学校を欠席しても試験に合格すれば、進学・卒業を認めていたので、そのお蔭で卒業できたという（黒澤酉蔵「思い出」『京北学園八十年史』）。この逸話は当時の哲学館事件のような教育界の厳しい状況をふまえて理解しなければならない。

哲学館事件

先に示した黒澤が卒業したのは、明治三十八（一九〇五）年である。そのときより三年前、次郎たちが卒業した翌年にあの哲学館事件がおきた。この事件については、松本清張『小説東京帝国大学』の冒頭にも出てきて知られているが、ざっとふれておこう。

明治三十五（一九〇二）年十月下旬に私立哲学館で哲学館主代理中島徳蔵講師の倫理科卒業試験がおこなわれた。臨席していた文部省視学官がある生徒の答案を読んで目を光らせた。

中島講師は、英国のムアーヘッド（J.H.Muirhead）の"*The Element of Ethics*"の翻訳書（桑木厳翼訳『倫理学』）を教科書に使っていた。試験問題は「動機善にして悪なる行為ありや」だった。ムアーヘッドが説くのは、結果だけで道徳的判断をしてはならない、動機も考慮しなければならないというものだったが、提出された生徒の答案に「動機善なれば君主を弑逆《しいぎゃく》するも可なり」とあった。視学官がこの「弑逆」（主君、父などを殺すこと）をとらえ、国体論に反するのではないかと声を荒げた。

視学官が試験答案までみることができたのにはわけがある。当時、中学校・高等女学校・師範学校の教員免許無試験検定の特権が東京専門学校（早稲田）や國學院、慶応義塾、青山学院など一部の私学にあたえられていた。師範学校・中学校・高等女学校の教員免許状は、高等師範学校や女子高等師範学校などを卒業するか、試験検定に合格するかで得られたが、文部大臣が指定した学校（大学および官立専門学校、高等学校など）と許可した学校（私立専門学校など）の卒業生の場合には無試験検定が適用された。文部省はその「特権」を私学にあたえるかわりに、文部省から派遣された視学などが卒業試験に立ち会うことができることになっていた。試験問題や答案を査閲し、試験問題が不適当と認めれば教員免許無試験検定を取り消す権限をもっていた。

中島講師をはじめとして哲学館側は指摘があった試験答案を「不穏当」とは認めなかったことから、哲学館に対し無試験検定許可学校取消の沙汰がくだった。明治三十五年十二月のことである。

そんなときであれば、井上が校長をしていた京北中学校も文部省からの監視の目を意識せざるを得ない。そういう中でさえ、さきの生徒黒澤酉蔵に対する寛大な措置がおこなわれたのである。だから、次郎たちの転編入受け入れも生徒数確保などの姑息な目論見からのものではないはずだ。井上円了の懐の大きさを示すものであろうと思う所以である。

哲学館事件の当事者中島徳蔵は、無試験検定許可学校取消の沙汰が下ると辞職する。無試験検定許可学校取消騒ぎのとき哲学館創立者の井上は海外に出張中だった。井上は、翌年七月に帰国し、八月に中島を復職させる。井上は、教員免許無試験検定取消にひるむことなく、特権に依存する心を去り、半官立の私立ではなく、自主独立の純然たる私立学校になること、さらに哲学館大学にすることを決意し、宣明さえしていた。

哲学館に対しての無試験検定学校取消は、当時別のことで取り下げられていた慶応義塾の三年四カ月などよりも一年間も長く、明治四十（一九〇七）年五月までそのままにされていた。井上円了が哲学館大学学長・京北中学校校長を辞して（明治三十九〈一九〇六〉年一月）一年数カ月たったあとに再認可された。事件にいささかもひるまなかった井上への文部省側からの懲らしめの意図が入っていた公算も大きい。

落第の悪夢と養子話

京北中学校での次郎の生活は明治三十四（一九〇一）年一月一日からの日記にみることができる。『中央公論』や『哲学雑誌』を読んだりしながら余裕綽々で勉強している。

三月中旬に学年末試験となる。ところが、日記には「代数ニテ散々ニ敗ラレ将ニ半ハ足ヲ落第ニ入レタル心地ス」（三月十四日）、「幾何ニ大失敗シテホトホト落第ニ足ヲカケヌ」（三月十五日）と書いている。父母に迷惑をかけて転学した身という自責の念から「落第」してはならないという思いが脳裏を去らなかったからであろう。

後に詳しく見る石塚庄五郎と同じように次郎も学資に窮していた。次郎が京北中学校に転学した頃の父は山形県視学になってはいたが、実家を離れて山形市内の堀家に家族ともども寄寓していた。堀家は次郎の祖母わかのの妹で、母ゆきの姉あいの嫁ぎ先だった。あいと堀謙益との間には子がなく、あいの末弟の礼治が養子に入った。礼治の妻ゐいは山形市八日町の資産家の薬屋である豊田家の娘だった。礼治の学資も豊田家から出されたものである。堀家は、ゐいの実家豊田家の筋向いに三百坪の屋敷を構えていた。

次郎のあとには三也や余四男の中学校進学も控えていた。県視学は高等小学校校長からの異動だから、当時の小学校校長の給与とほぼ同額か若干上回る程度とみると、二十〜三十五円の範囲と推測される。この頃東京で学生生活を送るには、食料六円、三畳の部屋代五十銭、日用品一円、書籍一円などで九円、それに学費などを加えると一カ月最低十三円は要した。となると、次郎の学資は父の給与の四割から六割になる。弟たちの中学校進学を考えると次郎の遊学費用の全額を捻出できる経済状態ではない。次郎が京北中学校への転学で上京するときにも次郎の姉ますの夫加藤儀蔵が学資補助を約束していた。高等学校や東京帝国大学進学となると、長期間にわたっての学資負担が増えることは目に見えていた。

だから父は学資のために次郎を祖母わかの、母ゆき（二人は姉妹）の末弟礼治の養子先である堀家の婿養子にして、堀家から学資を半分援助してもらう話をすすめていた。礼治とゐいの間には長女九重と次女千代子がいた。次郎の父は視学になってから、妻と幼子と屋敷の中に住んでいたから、次郎の婿養子話も進んだのであろう。

この年の二月には父から次郎宛に次のような手紙がくる。弟三也が本年中学に進学したいというが、このままでは経済的に無理だから経済的負担の少ない師範学校に入れようかと思う。ただし次郎が養子にいくとなれば三也の学資は「易々タリ」とある。決断に迷うも、翌日、思いを定めて「ヨキ家アラバ養子ニ行クモ差支ナシ只三也ヲ（中学校に――引用者）入レ下サセテ《ママ》呉レヨ」と返書を出す。しかし、この婚約を次郎は破棄することになる。それについては第4章でふれることにする。

進路における兄の力

ここで次郎の兄弟についてふれておきたい。長男の一郎は跡継ぎということで山形中学農業専修科を終えてからの進学はさせてもらえなかった。卒業すると、県の農業技師となり、そのあと山形県食糧営団理事長などを歴任した。三也の三つ下の弟余四男は生物学者、祖母と母方の竹岡家を継いだ勝也（五男）が文化史学者、六郎がドイツ文学者といずれも学究の道を進んだ。

三也だけが豊山中学校から陸軍士官学校、陸軍大学校に進学し、軍人となった。豊山中学校卒業後、陸士砲兵科第二十三期、明治四十四（一九一一）年卒業、大正十（一九二一）年陸大三十三期卒。陸軍士官学校ではのちに軍部独裁政権のための国家改造を唱える桜会を組織し、三月事件・十月事件を計画した橋本欣五郎（一八九〇～一九五七）と同期である。陸大卒業後、東京帝大経済学部陸軍派遣特別学生（大正十四年五月〜昭和二年三月）になっている。駐在武官補佐官としてフランスへ派遣され、中佐時代には関東軍司令部の参謀として経済課長をつとめた。砲兵大佐で将来を嘱望されていたが、東條英機に疎まれ、予備役となる。半官半民の軍需国策会社昭和通商株式会社専務を経て社長になる。

眼鏡をかけて小柄な兄弟の多い中では三也は大柄だった。学究肌の次郎とは真逆の実務家ハビトゥス（実践感覚となる性向）だったこともあるが、進路のきっかけは次郎との確執によるものだった。この確執については、次郎の婚約破棄とからめて第4章でふれる。

しかし、三也を除いて他の兄弟はすべて旧制高等学校から帝大のコースを経て学究の道に進んでいる。このようなこと、つまり弟たちが自分の未来の方向性について兄の影響をうけるということは、阿部家にかぎらず、よくあったことであり、いまでも兄弟姉妹が多い家族にはみられる。

社会学には社会移動（階層移動や学歴移動）研究というジャンルがあるが、そこでは、父を中心にする生育家族の経済状態や文化資本が子どもたちの階層移動や学歴移動の解き口に使われる。そして親に高等教育就学の経験がない子弟の高等教育進学への困難さが指摘されることが多い。高等教育の世界は親が経験していない場合には子どもにとってよそよそしい世界であるからだとされる。たしかにそうだが、兄の力も忘れてはならない。かつての子沢山の家族では、兄や姉がアスピレーション（欲望）モデルとなり、その生き方が弟や妹に大きな影響を及ぼした。阿部家の場合では一郎は家を継ぐ嫡子だから、家を出なければならない弟たちのキャリア・モデルとはなりにくい。一郎を除いた兄弟では次郎が長子である。かくて次郎こそがかれらの未来＝欲望のモデルとなった。

兄が高等教育を受ける道筋を辿れば、弟たちにとって高等教育はよそよそしい未来ではなく、身近なものになる。阿部家においてはその役割を次郎が果たした。階層・学歴移動研究において、父母との縦の関係だけではなく、兄弟という関係を考慮したモデル構築が必要であろう。とくに兄や姉が長幼の序として模範の意味をもっていた時代の日本の家族を考えれば、一層そう言えるはずである。

長男の一郎の子どもである襄《のぼる》が生物学者となったのは叔父にあたる次郎の弟の生物学者余四男の影響を受けたものである。従兄姉などの斜めの関係の影響力も大きい。没落階級の場合は父方・母方の祖父母がモデルとなることもある。

優等生で卒業

三月二十五日に学年末の成績発表があった。落第を心配していた次郎だが、六月八日午後一時半から倫理講堂でおこなわれた京北中学校第一回卒業式で、卒業生総代として証書を受け取る。

このとき次郎は制服を借りて式に臨んでいる。制服をもっていなかったのは、学校騒動で転学し、物心両面にわたって余計な負担を父母にかけたことから倹約につとめていたからである。母は次郎の上京後、急いで着物をつくって送ったのだが、これに手をとおさずそのままそっくり送り返し、今までの擦り切れた着物を紙縒《こよ》りで綴じて着ていた。母に心労をかけたという自責の念によるものだった。

次郎、藤原正、会田敬三郎など京北中学校第一回卒業生は六十六名。最優等生は、のちに次郎の誘いで東北帝大教授となる宗教学者鈴木宗忠ほか二名、優等生は九名。次郎は優等生で卒業した。各学科六十点以上、平均八十点以上、品行八十点以上の者が優等生だった。

山形中学校を放校された後、京北中学校に転編入した生徒たちは無事卒業することができたのか、四年生たちは進級したのだろうか。騒動の首謀者だった次郎はことのほか気がかりだった。次郎、藤原、会田の五年生は卒業し、四年生五人はいずれも進級した。ただひとり、石塚庄五郎を除いては。

石塚は次郎たちより後に上京し、次郎たちの住んだ下宿旅館鶴亀館の近くに下宿していた。しかし、石塚は卒業に至らず転学から半年足らずの四月に帰郷することになった。石塚は学資補助が十分見込める家庭ではなかったからだ。石塚はのちに東北学院に進学するも肺結核に罹り、明治三十六（一九〇三）年七月に亡くなっている。次郎はこの薄幸の青年と心かよわすところが大きかった。石塚が四月に帰郷するにあたっての切符代金の三円を工面している。学校騒動にも慎重だった石塚を首謀者の仲間に引き込み、上京までさせたという罪責感情もあっただろう。

秀才で、勉強は片手間だった次郎も卒業式のあとは、第一高等学校入学試験のための勉強の時間割をつくりながら励んでいる。七月三日から三日間にわたって第一高等学校入学試験がおこなわれる。

帝国大学と高等中学校

ここで、次郎が目指した第一高等学校に代表される旧制高等学校とはそもそもどのような経緯ででき、どんな学校だったかをみておこう。

次郎が三歳前後の頃の明治十九（一八八六）年から翌年にかけて全国に七校の高等中学校（第一～第五高等中学校、山口高等中学校、鹿児島高等中学造士館）が設置されたが、そのひとつが第一高等中学校であり、それが第一高等学校の始まりである。ではどうして高等中学校ができたのか。明治十九年に大きな学制改革がおこなわれる。初代文部大臣森有礼《ありのり》が当時有力なテクノクラート養成学校だった司法省の法学校や工部省の工部大学校などを東京大学（明治十〔一八七七〕年設立）に吸収し、法医工文理の五分科大学をもつ総合大学にしたことによる。これが帝国大学である。帝国大学はのちに東京帝国大学となるが、それは明治三十年に京都に第二の帝国大学ができたことにより、それぞれが東京帝国大学、京都帝国大学となったからである。明治十九年にできた帝国大学に戻ると、ならば、明治十年にできた東京大学と帝国大学は大きく変わるところはないだろう、と思うかもしれない。しかし、初代東京大学と帝国大学には平民と貴族ほどの違いがあった。

というのは、工部省や内務省、司法省などの現業官庁はそれぞれ独自の学校をもっていた。さきほどふれた司法省の法学校、工部省の工部大学校のほかに開拓使の札幌農学校や内務省勧業局直轄の駒場農学校などがこうした学校だった。省庁付属学校が乱立したのは、各省が早急に自前で法律家や技師などの人材を育成しなければならなかったからだ。

各省の学校が乱立した結果、高等教育システムにおいては、突出した学校がなかった。教育社会学者永井道雄（一九二三〜二〇〇〇）が文部大臣のときの昭和五十（一九七五）年頃に、大学間格差をなくすために、高等教育の階層構造として頂点がひとつの「富士山型」（日本）と頂点が複数の「八ヶ岳型」（アメリカ）の類型を示したことがある。それで言うと、大学予備門・東京大学、そして省庁附属学校が乱立した時代は、「八ヶ岳型」の高等教育の時代だった。いや、就職面からみれば、東京大学は、医学部を除いて他の高等教育機関より不利な位置を占めていたとさえ言える。有力な省庁がそれぞれに人材育成機関をもっており、東京大学は研究・教育職をふくめて文部省の役人や教師になるルートが主だったからである。

帝国大学は、それまでの有力な高等教育機関を吸収しただけではない。帝国大学法科大学・文科大学卒業生は「高等試験ヲ要セス」、つまり無試験で高級官吏になる（「文官試験試補及見習規則」）ことになったから、帝大は国家貴族（高級官吏）のための特権大学となった。帝大が「高級官吏製造学校」であるのに対して、その前身校である東大は「学術の府」にすぎなかったのである。

帝国大学創立にあわせて、その予備学校として全国に高等中学校がつくられる。これについては先ほどふれたが、敷衍しておこう。明治十九年四月の中学校令によって第一から第五まで全国を五区域に分割して、それぞれに一校、全部で五校設置されることになった。高等中学校は、設置・運営の資金を提供すれば管理を文部省に委ね、準官立学校として私人が設立することも可能だった。そこで同年十一月に山口高等中学校が、翌年十二月に鹿児島高等中学造士館の設置が決定され、高等中学校は全国で七校になった。

この学制改革が夏目漱石の大学予備門時代におきた。大学予備門は明治十年にできた東京大学への進学のための予備学校である。この「大学予備門」が第一高等中学校に改組された。かくて漱石の入学は東京大学予備門だったが、卒業は帝国大学進学の予科である「第一高等中学校」になり、「東京大学」ではなく「帝国大学文科大学」に進学することになる。

漱石は、帝国大学を選んだわけではなく「学術の府」である東京大学を選んで大学予備門に入学したのが、帝国大学入学と卒業の学歴がころがりこんだことになる。第一高等中学校卒業の学歴もそうである。漱石がこれを喜んだわけではないが、いってみれば、漱石は棚ボタ学歴エリートだった。

パターンセッターとしての第一高等学校

かくて高等中学校は帝国大学の後光効果によって、燦然と輝く学校になった。中でも帝国大学の御膝元の帝都にある第一高等中学校が高等中学校の首位に座った。高山樗牛は福島中学校を中退して東京英語学校で学び、仙台の第二高等中学校に入学したが、第一高等中学校を受験したものの不合格になり、仙台の第二高等中学校は第二志望だった。

樗牛が受験した翌明治二十二（一八八九）年の遊学の栞には第一高等中学校について次のように書かれている。

第一高等中学校の入学試験ほどむつかしき試験は少なし。（中略）毎年受験者は常に千人を越え、而して入学を許さるゝもの二百人に足らず、（中略）唯一度の受験にて滞なく志を得たる者は至て稀なり、一二度落第して入学を得る者は上出来にして、中には七八度も失敗して未だ望を達せざるものあり。（中略）受験応募者は校外に在て充分余裕の準備をなし、十の九迄失敗せざる覚悟をなして、然る後試験を受くべし。（「遊学の栞」『少年園』十六号、一八八九年）

高等中学校は明治二十七（一八九四）年の高等学校令によって高等学校と改称される。こうして第一から第八までの高等学校と山口高等学校（明治三十八年、山口商業高等学校に改組、大正八年、官立山口高等学校として復興）の時代になる。

大正時代に武蔵や成蹊のような私立高等学校や松本や新潟のように地名を冠した地名高が創設され、増加していった。完成期ともいえる昭和戦前期における全国の旧制高等学校は三十五校

（帝大予科を入れると三十八校）にふえているが、それでも同年齢男子のわずか一パーセントだけが進学する学校であった。

英国のパブリック・スクール（私立のエリート中等学校）が個別学校をこえてひとつのパブリック・スクール共同体を形成し、パブリック・スクール中のパブリック・スクールである歴史の古いイートン校やハロウ校がそのパターンセッター（先導役）になったように、旧制高等学校も共同体を形成したが、第一高等学校が旧制高等学校共同体文化のパターンセッターになった。帝国大学も昭和戦前期には国内七校、海外（朝鮮・台湾）に二校になったが、帝国大学のなかの帝国大学が東京帝大だったように、高等学校のなかの高等学校が第一高等学校だった。

英法科九番で入学

明治三十四（一九〇一）年七月の一高入試に戻ろう。次郎の日記（七月三日）には初日の数学の試験について「意外ニ易シキツモリシテ出来リシニ不注意ヨリ生ゼル誤三ツアリキ５―８即チ六十点位ノ点ヨリ得ラレジ」とある。京北中学校のときの落第のおびえの源が数学の科目だったから、数学は次郎のやや不得意科目だったようだ。そのときの数学の問題は表２－２のようである。

入学試験終了三日後の七月八日、朝五時の汽車に乗り、郷里にむかう。午後七時四十分山形着。山形の父母の家、つまり堀家の屋敷にしばらく滞在した。山形中学校の学校騒動で辞職した教師のところを訪問したり、婿養子話の相手だった九重と唱歌を歌ったりして過ごしている。

七月十三日、朝四時に上郷村大字山寺の実家にむけて出発。同じ山形県といっても、山形市から実家の山寺には、最上川を下らなければならない。大石田から船にて最上川を下る。午後四時清川につく。そこから徒歩で同日午後八時、山寺の実家に到着する。

▲數　學

(1)循環小數0.037ヲ分數ニ化セヨ、

(2)右ノ聯立方程式ヲ解ケ、

$3x^2-2xy+y^2=2,$

$2x^2+xy-y^2=2.$

(3)第6項ハ49, 第11項は51ナル等差級數ノ第17項ハ何程ナルカ、又夕其ノ初項ヨリ第何項マデノ總和ガ800トナルカ、

(4)二ツノ相似多角形ノ相應邊ノ比ガ3：25ニシテ、大ナル方ノ面積ガ一平方尺ナル時ハ、小ナル方ノ面積ハ何程ナルカ、

(5)一平面ノ外ニ在ル二定點A及ビBヨリ等距離ニシテ、且ツ此平面ノ内ニ在ル點ノ軌跡ヲ求ム、

(6)正初ガ夫々$\sqrt{7}+\sqrt{6}, \sqrt{7}-\sqrt{6}$ナル二鋭角ノ和ヲ求ム、

(7)四邊形ABCDノ三邊AB = a, BC = b, CD = cと、兩對角線AP = p, BD = qトヲ知リテ、邊AD = xヲ計算セヨ、

(8)次ノ値ヲ計算セヨ、
(a) log sin 47°20′, log tan 45°40′; (b) cos 40°, tan 40°.

對數表

角	sin	tan	cot	cos	
40°	$\bar{1}.808$	$\bar{1}.924$	0.076	$\bar{1}.884$	50°
42°	$\bar{1}.826$	$\bar{1}.954$	0.046	$\bar{1}.871$	48°
44°	$\bar{1}.842$	$\bar{1}.985$	0.015	$\bar{1}.857$	46°
	cos	cot	tan	sin	角

數	對數	數	對數
76	881	82	914
78	892	84	924
80	903	86	934
數	對數	數	對數

表2－2　第一高等学校の入試問題（数学より）
（出所）「受験案内　明治三十四年七月高等学校入学選抜試験問題」『中学世界』第4巻第10号、1901

七月二十一日、藤原正から次郎合格の報が届く。藤原のほうは不合格だった。八月十三日、合否確認のために役場に行き、官報を閲覧する。官報（第五四三〇号、明治三十四年八月八日）の「学事」欄に目を走らせる。合格とわかってはいても、緊張が走ったであろう。

官報には当時の高等学校である第一、第二（仙台）、第三（京都）、第四（金沢）、第五（熊本）、第六（岡山）、山口高等学校について「第一学年へ入学ヲ許可セシ者ノ族籍、氏名及志望別」が掲載されている。

次郎の受験した第一高等学校合格者三百二十人は、最初に掲載されている。中でも第一部英法科文科が先頭である。第一部は法科大学（法学部）と文科大学（文学部）志望者の学科である。第二部は工科大学（工学部）、理科大学（理学部）、農科大学（農学部）志望者の学科、第三部は医科大学（医学部）志望者の学科である。「山形県平民　阿部次郎」は最初の頁の上段にあったから、次郎は自分の名前をすぐに見つけただろう。

官報には部別に成績順に発表されているが、次郎は九番で合格している。一番は富田勇太郎、二番は鳩山秀夫。英法科文科は二クラスあったが、いずれも成績順に名簿が掲載されている。同年の『第一高等学校一覧　自明治三十四年至明治三十五年』をみると鳩山と次郎はともに二之組で、鳩山は二之組の一番目に次郎は四番目に掲載されている。

次郎は英法科文科七十九人合格者中の九位である。中学五年生のときは学校騒動にかかわり、年末に転学のため上京し、落ち着いて勉学できる環境になかった。にもかかわらず悠々と合格している。

このとき英法科文科に一番で合格した富田勇太郎は、東京帝大法科大学を卒業し、大蔵省理財局長、満州興業銀行総裁を歴任している。二番の鳩山秀夫は、のちに東大法学部教授（民法）になる。元首相鳩山由紀夫の祖父鳩山一郎（元首相）の弟である。

岩波茂雄は、一浪してこのとき、次郎と同じ英法科文科に合格しているが、六十五番目の合格である。のちに次郎と親交を深め、美学者・京城帝大教授となる上野直昭《なおてる》は五十七番目。キリスト教文化史学者・東北帝大教授となる石原謙はぎりぎりの七十八番目の合格である。

学校	受験者数	合格者数	合格率（%）
府立東京第一中学校	74	32	43
私立独逸中学校	130	28	22
私立開成中学校	62	22	35
府立第四中学校	76	20	26
私立早稲田中学校	33	17	52
私立郁文館中学校	76	17	22
私立大成中学校	65	13	20
私立京華中学校	22	11	50
私立日本中学校	47	11	23

表2－3　明治34年　第一高等学校への中学校別合格者数
（出所）「選抜試験の成績」『校友会雑誌』明治34年9月30日号より作成

進学名門校となる京北中学校

次郎の卒業した年の第一高等学校合格者数の多い東京府下の中学校を順にみたものが表2―3である。京北中学校は十六名受験して三名の合格だった。京北中学校ははじめての卒業生を出したときであったから、合格者が少なかったといえる。このときの不合格者には、次郎とともに山形中学校から転学した藤原正がいた。藤原は翌年、岩波や次郎が在籍する第一高等学校文科に入学する。

このときから六年後の明治四十年高等学校入学者数の東京府の中学校ランキング（表2－1、五八頁）をみれば、高等学校合格者数で京北は五位、私立では三位にあがっている。京北中学校が急速に進学名門校となったことがわかる。

京北中学校からは次郎以外に鈴木宗忠と井上琢丸（のちに宗願寺住職）が合格している。鈴木は次郎と同じ第一部英法科文科で次郎より二番下の十一番目の合格である。井上琢丸は仏法科合格四十一人中二十一位で中位の合格である。京北卒業時に鈴木は最優等生を、井上は次郎と同じく「優等生」を授与されている。京北中学校からの一高合格者で入学成績が一番よかったのが次郎、わずかの差で鈴木、つづいて井上だったことになる。鈴木以外の最優等生は、ひとりが第三高等学校進学で、もうひとりは、藤原正とおなじく一浪で一高に進学している。

このようにみてくると、次郎は京北中学校でも成績は首位かそれに近いものだったはずだ。その証拠に卒業生総代で卒業証書を受け取っている。にもかかわらず、鈴木宗忠ほか二名が選ばれた「最優等生」ではなく、それより一段階下の「優等生」だったことは、成績外の要素が働いていたのかもしれない。

鈴木宗忠は、在学していた岐阜市の妙心寺派普通学林に上級学校受験資格がないために上京し、京北中学校開校とともに四年生に編入している。他の二名の最優等生も四年生からの編入である。次郎は五年生編入で、しかも一月からの転学で、在籍期間は数カ月にすぎない。しかも前歴が放校である。最優等生とはならなかったのはここらあたりに原因がありそうである。

この年、山形県下一の名門山形中学校からは第一高等学校を一人しか受験していない。しかも不合格である。次郎や藤原など優秀な生徒を放校処分にしたつけである。荘内中学校は五人受験して一人合格、米沢中学校は十二人受験して四人も合格者を出している。

かれらのその後

では、放校後東京に向かった次郎以外の生徒の京北中学校卒業後の消息はどうなっただろう。石塚については卒業できずに四月に帰郷したことは先に述べたとおりである。会田敬三郎は並木と姓が変わっているから、のちに養子になったようである。新関岳雄は、会田について早稲田に進学し、のちに実業家になったと述べている(前掲書)が、早稲田大学校友名簿に名前はみあたらない。会田が京北中学校卒業後、高田村に住んでいたことは次郎の日記からわかる。だから聴講生を含めてなんらかの形で早稲田に進学したものの、中途退学したのではないかと思われる。京北中学校を卒業してからの進路は京北中学校名簿には空白だから、実業家になった云々も不明である。藤原正はすでにふれたように一浪して次郎の翌年に一高に入学、東京帝大文科大学哲学科を卒業する。のちに北海道帝大予科教授や東京高等学校校長をつとめる。読売新聞社代表取締役主筆渡邉恒雄(一九二六〜)が東京高等学校の生徒だったときの校長である。

四年生の中には、東京外国語学校を卒業して、北海道帝大予科教授となるものがいたが、おそらく、北海道帝大予科教授をしていた藤原正のひきによるものであろう。

四年生の渡辺忠吾は京北中学校を次章でふれる魚住影雄と同じ優等で卒業している。一年浪人して、明治三十六年九月に第一高等学校二部（理科・農科・医科）に入学している。渡辺は一高を卒業し、東京帝大農科大学に入学し、卒業後朝日新聞記者や京都府立京都農林学校校長、帝国農会総務部長、顧問を歴任した。

この渡辺には植物学者牧野富太郎の窮状を救ったという逸話がある。大正時代、牧野が膨大な植物標本の保管に困っていたことがある。神戸に住む篤志家の池長孟《はじめ》が現れて、数万円という金額を用意してそれを救った。また毎月の生活費用もまかなってくれた。そのきっかけをつくったのが渡辺だった。牧野の窮状を知った渡辺がこのままでは学術上貴重な標本が外国に売られることになりかねないと『東京朝日新聞』に記事として取り上げた。その記事が長谷川如是閑の目にとまり、如是閑が『大阪朝日新聞』で再び取り上げた。それを読んだ池長などが牧野と接触し、標本の散佚を防いだからである（『牧野富太郎自叙伝』、渋谷章『牧野富太郎』）。

第3章

運動部系vs.文藝部系

俺は中学校の終りに、学校の権威に反抗したために放逐された。高等学校の始めにあたつては、一つはその反動として、一つは清沢先生の感化によつて、一時非常に内観的になつたけれども、高等学校の末から大学時代の全体を通じて、俺の心には再び権威に反抗するの精神が燃え出した。社会と、先輩と、歴史とが、青年の自由な、みず〳〵しい発展を束縛する事実は——もしくは束縛すると感じた幻影は——事ごとに俺の心を痛めた。「自己の権威」を主張する事がこの時代における思想生活の全内容であつた。高等学校に在つては、三四の勇気ある友人の驥尾《きび》に附していわゆる「個人主義」の主張者となつた。

「遅き歩み」

次郎は受験後、帰郷していたが、明治三十四（一九〇一）年八月三十一日、上京。九月十一日、南寮に入る。一高の正門を入り、本館の左を廻り北にしばらく進むと西寮がある。その奥（東）の運動場に近いほうから南寮、北寮、中寮、東寮と四棟が並んでいた。

次郎は一年を南寮で、二年と三年の途中までを西寮ですごす。小さい部屋は四人、大きいほうは六人から八人の相部屋。一年生は、各部（一部は法科大学・文科大学、二部は工科大学・理科大学・農科大学、三部は医科大学志望者）の生徒がまじっており、二年以上は同じ部のものだけの相部屋となる。次郎は二年生のときに同学年の同じ文科の岩波茂雄ら七人と同室（西寮六番室）になる。

ここからは次郎の時代の一高をみることになるが、そこで着目すべきところをあらかじめ呈示しておきたい。

われわれは次郎の『三太郎の日記』がこのときより十三年後の大正三（一九一四）年に刊行され、ベストセラーとなったことを知っている。そこでピエール・ブルデューの次のような言明に注意したい。

　ある批評家が読者にたいして「影響力」をもつことができるとしたら、それはただ、読者の側がその社会的世界観、趣味、そしてハビトゥス全体においてこの批評家に構造的に一致しているからという理由で、この権力を彼に授与してくれる限りにおいてである。（石井洋二郎訳『芸術の規則I』)

ある書物がベストセラーになるには、人々にその本の読書ハビトゥスがあらかじめ準備されていなければならないということだ。『三太郎の日記』を争って読むような知的青年の心性ができていなければならない。『三太郎の日記』は偶然にそういう波に乗ったというより、実は次郎その人が一高のキャンパス文化を大きくかえることに一役買ったことで、波を作った張本人の一人だったといえる。つまり次郎はのちの自著における読書ハビトゥスをみずからつくって、事後的に『三太郎の日記』があらわれたのである。あとに詳しくみるように守旧的な明治時代の一高の生徒文化が持続していれば、『三太郎の日記』はベストセラーにはなりえなかったからである。一高の生徒文化は、知的青年のパターンセッター（先導役）だった。これを頭において次郎やその後輩たちの一高文化革命戦士ぶりをみていこう。

「狂暴無残な」寄宿舎生活

次郎が入寮した二日後、九月十三日には入学式と入寮式がおこなわれる。にもかかわらずその日の次郎の日記は実に素っ気ない。こう書かれている。

午前入学式入寮式漢文午後独逸語／放課後大学前迄行キテ買物シ夕飯後阿部文夫君ヲ訪ヒ

テ麦酒ヲ馳走ニナリ共ニ切通シノ辺マデ古本屋ヲアサル途次大平君ト逢ヒテ七時半頃帰舎シ独逸語ヲシラベタルコト少時帝国文学ヲ読ム

一高生が一丸となって選良意識と団体精神に酔う入学式や入寮式への関心らしきものがまったく書かれていない。寮の仲間と特別の感慨にふけるわけでもない。籠城主義どころか、外出して古本屋に寄っている。帰寮するとドイツ語の下調べをしたあと『帝国文学』を読んでいる。寮文化に違和感をもっているだけではない。馴染もうともしていない。文学青年が応援団や体育会系の文化に対してもつ違和感といったものがこの素っ気ない記述から読み取れる。

この頃の第一高等学校の公式学校文化は、籠城主義や勤倹尚武（勤勉倹約をもとにし武道を重んじる）が看板だったが、生徒はこの公式学校文化を後ろ盾にしながら東洋豪傑風筋肉文化《マッチョ》を謳歌していた。

そのような生徒文化の在りようは、生徒の団体である一高校友会の様態をみることであきらかになる。校友会組織ができたのは、明治二十三（一八九〇）年である。校友会は九部から成っていた。文藝部、撃剣部、柔道部、弓術部、テニス部、野球部、陸上競技部、ボート部、遠足部。九部のうち八部が運動部だった。校友会は「体を練る」ための組織とされたから、音楽部が校友会に正式に認められるには時間を要した。音楽部は明治二十五（一八九二）年に認められるが、その三年後には廃止させられる。庭球部は校友会結成時にはロン《ママ》テニス部として部のひとつを形成していたが、「女々しい」として明治二十八（一八九五）年に廃止された。弁論部は明治三十二（一八九九）年になってやっと正式の部として認められた。弁論は軽薄才子の所業とみなされていたからである。

次郎が、二年生のときの明治三十六（一九〇三）年一月に選任され、委員となった文藝部は、当初から校友会によって認められていた。といっても、文藝の価値が認められたからではない。校友会雑誌の編集発行の仕事を担っていたからにすぎない。だから文藝部がのちに文藝関係の記事を多くすると、文藝部には「雑誌編纂以外権能はない」、文藝を発達させたいのなら他の雑誌に投稿すべきである、という非難がでた。文藝部は「体を練る」校友会の脇役にとどまるべきだとみなされていたのである。

したがって、明治時代の第一高等学校をめぐる世間のステレオタイプ化されたイメージは、『三太郎の日記』の読者のハビトゥス＝人格・教養主義とは無縁のところにあった。私学のハイカラ（西欧気どり）風や長袖者（袖の長い衣服を着る公家、僧侶、神官、学者などのこと）流に対して第一高等学校は蛮カラの質実剛健（裏返せば粗野）を看板としていたからである。

明治四十二（一九〇九）年十二月に永井荷風によって小説『すみだ川』が発表されている（『新小説』）が、そこにこんな場面がある。下町の少年長吉《ちょうきち》は常磐津の師匠をしている母親から第一高等学校進学を勧められている。「色の白い眼のぱっちりした」柔和で繊細な長吉は高等学校に魅力を感じない。

されば長吉はその母親がいかほど望んだ処で今になつては高等学校へ這入《はい》らうと云ふ気は全くない。もし入学すれば校則として当初《はじめ》の一年間は是非とも狂暴無残な寄宿舎生活をしなければならない事を聴知《きゝし》つてゐたからである。

荷風自身を想定しながら描かれた長吉は、入学すれば、「鉄拳」や「柔術」、「日本魂」などの「狂暴無残な寄宿舎生活」がまっていると胆を冷やしている。これが第一高等学校についての世間のイメージである。イメージであるから誇張したものであるとはいえ、実態の反映は否めない。荷風は、明治十二(一八七九)年生まれで、次郎よりも四歳年長である。なお荷風は明治三十(一八九七)年に第一高等学校を受験して落第している。

対抗文化の台頭

長吉が思い描いた「狂暴無残な寄宿舎生活」は、明治二十年代末のものといえるが、このようなキャンパス文化がしだいに台頭する対抗文化によって相対化され始める。そうした対抗文化の芽生えを、『第一高等学校校友会雑誌』(以下『校友会雑誌』)に読み取ることができる。

その先駆けは明治二十七(一八九四)年十月二十八日号(四十号)に掲載されている「校友会雑誌第三十九号を読む」(我守愚庵主人《わがしゆぐあん》)である。運動こそ元気を振作《しんさく》し、校風の基礎となるという当時の第一高等学校における自明化された前提に疑問を呈している論説である。個人的で内面的な元気こそがむしろ重要だとする「非運動家」の立場からの慨嘆が次のようになされている。

運動を措て他に方なしと為し、非運動家を嘲《あざけ》て、因循姑息《いんじゅんこそく》と為し、自ら諛《へつら》て元気活潑と喜び、滔々《とうとう》末を追て、本を顧みず、徒《いたず》らに形式に流れて、精神を却し、甚しきは、運動即元気也と放言して、区々運動の地位を高めんが為めに、元気校風の真価を犠牲に供する者あるを致す

この論説の書き手が独自の括りをもたず、「非運動家」としてしか自己呈示できていないこと、しかも筆者名を固有名ではなく、皮肉をこめたとはいえ我守愚庵主人という筆名によって発表せざるを得なかったことに注意したい。運動家（運動部）が中堅会などとならんで自治の要であったこと、換言すれば、生徒文化がいかに運動家や団結主義を標榜する中堅会などのもとに掌握されていたかがわかるものである。

中堅会というのは、明治三十一（一八九八）年、二年生が中心になって各部の軋轢を調整する会として発足したが、寮規約励行の監視団体となり、違反者には鉄拳制裁をおこなう強面《こわもて》団体になった。鉄拳制裁は事前に回状により寮生に知らされた。夜九時運動場で、寮生監視のもとにおこなわれる。中堅会と墨で書かれた提灯をもった委員に連行される。低い壇の上にあがった中堅

会委員が鉄拳制裁宣告書を読み上げる。そのあと各寮の中堅会委員が氏名を名乗り、被制裁者の顔を平手で連打する。制裁がおわると、寮委員や中堅会委員が被制裁者の体を支えて寮につれていく。

そんななかで我守愚庵主人の論説は、翌号から次年度にわたって「常理を超過せる論」として反批判の攻撃を浴びることになった。しかし我守愚庵主人に味方する論客はあらわれない。校風振興における運動の不可欠性が強固なことがかえって読み取れるものだ。

運動家が生徒文化の覇権をにぎったのは全寮制という籠城主義や勤倹尚武という公式の学校文化を後ろ盾にしていたことによる。

この籠城主義や勤倹尚武に代表される武士的エートスは、そもそもは第一高等学校の前身第一高等中学校の校長木下廣次《ひろじ》（一八五一～一九一〇）が第一高等中学校生徒の倫理的品性のよりどころとして提示したものである。このような武士的エートスの学校文化への移植は表から見れば「倫理的品性」のよりどころだが、裏から見れば「文化的卓越化」戦略だった。学校文化を旧時代の支配層の文化から採取し移植することがスムーズになされたのは、初期の第一高等中学校の生徒は、士族が六一％（明治十九年）、六〇％（明治二十年）で、士族が多数派だったからである。

旧制高校文化に武士的エートスという最初の文化地層ができたが、我守愚庵主人の論説はその文化への懐疑の始まりを象徴する論説だった。こうして旧制高校の剛毅な国士風の学校文化に対抗する内省志向が芽生え始める。

そのことは旧制高校教師が武士的エートスの体現者である「古武士」タイプの教師から、土井晩翠、高山樗牛《ちよぎゆう》、西田幾多郎、厨川《くりやがわ》白村、桑木厳翼などに代表される「人生の師」という新しいタイプの教師が生まれてきたこととも関係している。夏目漱石もこの新しい教師群のひとりだった。北村透谷の「内部生命論」（『文学界』明治二十六（一八九三）年五月号）年や高山樗牛の「美的生活を論ず」（『太陽』明治三十四（一九〇一）年八月四日号）の影響も大きい。これまでの団結主義的な学校文化に疑問を呈す生徒の論文に透谷や樗牛の引用がしばしばなされているからである。

寮文化批判の烽火《のろし》

入寮から二カ月ほどたった時の次郎の日記（十一月十五日）にはこうある。

六時ヨリ茶話会アリ十一時半近クニ及ブ野次ハ何処ニモアルカハ知ラネド今日ノ会ノ有様自治ノ健児モ今ヤ末ニ瀬セリトゾ覚エシ（傍点引用者）

一高の伝統的文化である「自治ノ健児」もいまや「末ニ瀬セリ」というのは、願望思考めいているが、次郎だけではなく、一高生の間に皆寄宿制への疑問や運動部専横への批判が出始めているのだ。

翌年三月十二日には、次郎は皆寄宿制廃止を数名と談論し、総代会の議題に出すことを決める。次郎は、内輪で寮文化への疑問と不満を共有するだけではなかった。ほぼ同じ時期の『校友会雑誌』百二十六号（明治三十六年四月三十日）に、「校風と自治と」という論説を書く。正面から寮文化の看板である勤倹尚武を許すまじきことと批判している。勤倹尚武というような道徳の一カ条だけで、教育ある人士の心を支配しようとするのは、そもそも困難であり、個性の抑圧である、とする。

五月十九日の日記には、第三学期全寮茶話会が夜十一時まで開かれたことが書かれているが、演説に「自覚を説き乱暴を排する傾」がでてきたことを喜ぶべきことと記している。この全寮茶話会を報じた『校友会雑誌』百二十八号（明治三十六年六月十五日）をみると、次郎が言及した演説のひとつであろうものに、こう書かれている。放歌乱舞を以て活発なりとするものは誤った考えにもとづいている。「意気は精神にあ」るはず。「寮内寂として死せるが如くなるを愛す」。江《え》知勝《ちかつ》（一高生がよく通った牛鍋店）で呑んで泥酔し、寮生の安眠を妨げることに「何等の活発ありや、元気ありや」（「時事雑感」）。運動部や中堅会を中心とした国士風武士的エートスに公然と揺さぶりがかけられ始めたのである。

ここまでを勤倹尚武という一高文化への生徒の適応類型から整理しよう。そのために、アメリカの社会学者タルコット・パーソンズにしたがって、利害得失の関心から価値や規範に同調する方便としての「同調」（conformity as expediency）と、同調そのものがパーソナリティの構造の欲

	同調	内面化
確信	＋	＋
儀礼主義	＋	−
逃避	−、0	−
反抗	−	−
革新	±	±

図3－1　適応類型

求傾向になっている「内面化」(internalization)を区別する(佐藤勉訳『現代社会学大系14　社会体系論』)。ある価値や規範にコミットメント(加担)することは必ずしも内面化をともなうわけではなく、世渡りなどの方便として同調される場合もあるからこの区別は有効であろう。

　こうして適応類型を描くと、図3－1のようになる。「同調」しかつ「内面化」している類型は「確信」型である。しかし勤倹尚武文化に同調することは必ずしも内面化をともなうわけではない。「同調」するが「内面化」はしていない類型は「儀礼主義」型である。「同調」も「内面化」もしない類型の消極型が「逃避」型である。逃避の積極型、つまりメイン文化をあからさまに拒否するが、かわるべき代替文化を提示するまでにいたっていないのが「反抗」型である。メイン文化に同調も内面化もせず、同時にあらたな代替(対抗)文化を提示し、それにコミットする類型が「革新」型となる。「確信」型と「儀礼主義」型が同調派、「逃避」・「反抗」・「革新」が非同調派となる。メイン文化を内面化しているのに、同調しないというのは現実には考えにくいからこれは類型から除外している。

　メイン文化(武士的エートス)への適応に関する類型でみれば、運動家や中堅会系が「確信」型で、その消極的追従者が「儀礼主義」型となる。さきにみた我守愚庵主人は、「革新」型の芽生えだが、対抗文化をつくるにいたっていない「反抗」型に近い。次郎の高校生時代には、さきにみたように、メイン文化の担い手が演説をしても、反響が減っていたことは、「確信」型の同調派が減り、「儀礼主義」型や「逃避」型、「反抗」型がふえてくることを示している。そこに「革新」型が芽生え、旧制高校のメイン文化に対する対抗文化が輪郭をもってき始めたということになる。

「沈思家」

次郎はこのように旧制高校文化の揺らぎがみえ始めた明治三十四（一九〇一）年九月に第一高等学校に入学している。心配された学資も堀家からと実家からの送金でなんとかなった。日記をみると各月末に父からの為替が届いている。八円と記載されているものもある。次郎が一年生の終りの明治三十五（一九〇二）年八月に従妹堀九重と婚約し、婚約の条件に学資の半分は堀家から補助を得ることになっていた。

次郎より一年前の明治三十三年九月に一高に入学した森田草平によると、当時の学資は次のようである。寮費一カ月七十銭、食費一日十六銭、一カ月四円八十銭。以上の合計五円五十銭。月謝は一カ年二十円（三期に分割納付）で月割りにすると一円六十七銭。一カ月十円あれば使いきれない、としている（「向陵の想出」『中央公論』一九三五年八月号）。この頃の次郎は学資に窮することはなかった。

次郎と同級生で、西寮では次郎や岩波茂雄と同室だった工藤壮平（卒業後帝大法学部から宮内省に勤務）は、後年、一高時代の次郎について次のように言っている。

次郎のノートは要点がきちんと書いてあり、遺漏がないものだった。だから同級生がよく次郎のノートを借りた。かれらはクラスの半分以上を落第させることで有名な岩元禎《てい》（一八六九〜一九四一）のドイツ語や、当時の高校教授には珍しく文学博士号を取得しており、のちに京都帝国大学文科大学教授になり、名著『東山時代に於ける一縉紳《しんしん》の生活』（昭和十六年）で有名になる原勝郎（一八七一〜一九二四）の西洋史の原書講読などの授業をうけた。どの授業でも先生は、授業中に、真っ先に次郎と鳩山秀夫を指して答えさせていた。二人ともドイツ語の訳読も容易にやってのけて、厳しすぎるほどの岩元先生の覚えもめでたかった。図書館では次郎をよくみかけたが、学科に直接関係しない読書が多かった（「高等学校時代の阿部君」『阿部先生の横顔』）、としている。この頃の次郎は朝と午後に二時間ずつ計四時間学科の勉強をして、夜二時間を読書にあてている。

次郎は、寮では十傑のひとりとして「沈思家」に挙げられていた。入学試験の成績がよかったことは生徒名簿や席順から一目瞭然である。入学後の成績の良さや読書力が抜群なこともよく知られていた。それだけではない。山形中学校で騒動にかかわり退学した経歴も知られていたはず。その経歴が次郎をして単なる文弱ではなく、一目おかれる存在に押し上げたであろう。次郎は夜中のストームや寮雨（窓からの放尿）に厳しく、かれらを説破していたほどである。次郎は非運動家であるにもかかわらず、上位の成績であることや学校騒動首謀者だったという経歴が存在感を増す勲章になっていた。

藤村操の投身自殺

そんなときに、次郎より一年下の藤村操《ふじむらみさお》が投身するという事件がおきた。次郎が、『校友会雑誌』に「校風と自治と」を寄稿し、寮文化の看板である勤倹尚武を批判したことは先に書いた。その一カ月半あとに、次郎は日記に、寮内の演説が「近来漸く自覚を説き乱暴を排する傾を生じ来れるのは喜ぶべし」（五月十九日）と記し、それまでの一高文化がかわりつつあることに手応えを感じていた。そう書いた三日後の五月二十二日の次郎の日記には、一年生の藤村操の消息不明が寮内で話題になっていることが書かれている。藤村は体が大きく、頰が赤い、眉目秀麗な少年だった。

藤村は次郎の一学年あと、明治三十四（一九〇一）年四月に京北中学校五年に編入した。次郎と同じく優等で卒業し、一高に進学した。高等学校は九月始期、七月学年末だったから藤村の消息不明が騒がれたのは三学期のことである。

次郎とともに山形中学校を放校になり、京北中学校に転学した藤原正は、一年浪人して一高に入学したから、藤村と同級生。外国人教師にはフジムラとフジハラが紛らわしくよく間違えられた。そんなこともきっかけになって二人は親しい友人だった。藤村は日光華厳の滝の落ち口近くにあった楢の大木に「悠々たる哉《かな》天壌、遼々たる哉古今、五尺の小軀《しょうく》を以て　此大をはからむとす、ホレーショの哲学竟《つひ》に何等のオーソリチィーを価するものぞ、万有の真相は唯だ一言にして悉《つく》す。曰く「不可解」（後略）」と書き、投身自殺した。

当時の一高生という超エリートだった藤村操《ふじむらみさお》の投瀑事件は新聞・雑誌メディアを通じて大きな社会的事件になった。いまだったら恰好のワイドショー・ネタになる事件だった。

自殺の原因は借金苦だとか失恋であるとか俗耳に入りやすい噂が立てられた。自殺を装って失踪したのだという揣摩《しま》憶測《おくそく》のたぐいまで飛び交った。

他方では、忠孝を矛盾のない一本とし、個人即国家とみる（国家有機体説）面々は、藤村の自殺をそうした伝統的な社会道徳の弛緩の徴表とみた。少なからぬ青少年が華厳の滝で自殺を試みる誘発事件が相つぐことで無規範状況をさらに昂進させる危険な症候とみた。かくて保守的伝統派は、操の自殺を「無意義《ナンセンス》な死」「弱行薄志の徒」とし、「煩悶自殺者に同情する勿《なか》れ」や「厭世と煩悶の救治策」などの論説がメディアに充満した。

しかし、知的青年の間では藤村の自殺は神話性をおびる事件となった。かれらの間に、事件以前に煩悶現象がゆるやかに蔓延し始めていたからである　次郎は、煩悶自殺を無駄なこととか愚かしいこととする世論や道学者の論を睨みながら、『校友会雑誌』（一九〇三年六月十五日号）にその死を悼む文（「あ、藤村操君」）を発表する。

軽裘《けいきゅう》（上等の軽いかわごろも――引用者）と肥馬《ひば》（肥え太っている馬――引用者）とに飢うるものは、君を罵りて愚といふも可なり、木石は遂に人間の情を解する能はず、肉の人は遂に霊の人のなやみを解する能はざればなり、世の道学先生は社会の義務と厭世の利害とを説きて君を狂とするも可なり、宇宙の根底を疑ひ、生存の価値を疑ふものに対して、是等陳套の言、又何の意義あるものぞや、深く感じ深く思ふものにあらずむば到底君の煩悶と君の最後とに同情する能はざらむのみ。

藤村の遺文では、ホレーショの哲学もつまるところ「何等のオーソリチィーを価するものぞ」、万有の真相は「一言にして悉《つく》す。曰く「不可解」」とされている。文字通り読めば哲学の無力が言明されている。しかし、死者の鎮魂と重なって哲学的懐疑の果ての自殺に焦点があてられ、藤村は、哲学青年というあるべき知的青年の殉教者とされていく。藤村操は、肉体は滅びても精神は滅びないという結論に達し、噴火口に身を投じた古代の哲人エンペドクレスに比せられたりもした。

当時、煩悶は時代の青年の病になりだしていた。岩波茂雄も藤村の投身自殺の前年の冬、聖書を携えて房州で過ごした。藤村の自殺は、そうした漠然とした方向性のない煩悶に、哲学的懐疑という内包を充填することになったのである。藤村操の投身自殺は、かれらのイン・グループ（仲間）意識を高めた。内省を欠く勤倹尚武という生徒文化への対抗文化としての勢いを増す事件にされていく。こうした効果をもった藤村操という表象からのバトンを受けとったのが藤村と京北中学校の同級生であった魚住影雄《うおずみかげお》である。

魚住影雄

魚住影雄は、次郎より半年ほど早く、明治十六（一八八三）年一月に、兵庫県に生まれた。姫路中学校を退学して明治三十四（一九〇一）年四月、次郎が卒業した翌月、京北中学校第五年級に編入する。藤村操のほうは京北中学校を卒業し第一高等学校に進学したが、魚住は鹿児島の第七高等学校に合格した。

かれらが高校受験をした明治三十五年は、高等学校入試改革がおこなわれ、それまでの学校ごとの単独選抜から共通試験総合選抜の新入試が始まったときである。高等学校受験生は入学希望の学校と部類を複数出願できることになった。魚住は、第一志望の第一高等学校は不合格だった。このときの一高の合格最低点は、百点満点で四十〜五十点であったが、七高の合格最低点は三十点以下で、大きな隔たりがあった。

魚住は七高の鹿児島には行かず、神田にあった予備校に通い、再度一高をめざした。自分の懐疑や不安の雲を払うには、東京でなければ良師を得ないことと、ある女性に宗教的な恋心を抱いていたことから、東京に留まりたいと思ったのである。藤村の煩悶と自分の煩悶は似たものでありながら、「藤村君は至誠真摯であつたから死に、僕は真面目が足りなかつたから自殺し得なんだ」と思い、数日泣きとおした。魚住は藤村の死から三カ月後に第一高等学校独法科・独逸文学科に合格し、入学する。

魚住は一高入学当初は寄宿舎生活に大いに期待した。しかし、すぐに失望する。寄宿寮は文学や芸術を語り合う場所ではなかったからだ。それどころか、ストームで寝室をあらされる。コンパで放歌高吟される。騒々しく、蛮風そのものである。風呂にきちんと入り、部屋の自分の場所を奇麗に整理しなければ気がすまない神経質な魚住にとっては寮が不潔なことも耐えられなかった。

そこで魚住は、復古思想という反動思想に抗して、一年生の間に文科会を組織する。その翌年（明治三十七年）一月、安倍能成などとともに文藝部委員に選ばれる。次郎などの文藝部委員の推挙によるものである。その翌月（二月）には退寮し、下宿生活に入る。しかし通学生になるということ自体が尋常ではなかった。一高の規則では、本校生徒は「在学中寄宿寮ニ入ルベキモノトス」とされ、特殊な事情がある者に限り審査の上「通学ヲ許可スルコトアルヘシ」となっていたからである。

魚住影雄（折蘆《せつろ》、1883-1910）。『現代日本文學大系』第40巻（筑摩書房、1973年）より

文藝部委員になると、魚住は水を得た魚のように、『校友会雑誌』に藤村操の自殺を擁護する

「自殺論」や「個人主義に就て」など次々と論稿を発表する。次郎の卒業後のことになるが『校友会雑誌』（明治三十八年十月三日、一四九号）に、「珊瑚島」という短編小説も発表している。『校友会雑誌』史上はじめての小説である。

『校友会雑誌』史上はじめての小説である。この小説には作者のあとがきが添えてある。「純文学的作品を公にするに怯なる校友の遠慮を破らんためたり」と。こんなあとがきを添えるところにもすべてにとんがってしまう魚住のキャラクターがあらわれている。

そんな魚住について、次郎は文藝部のスターが生まれたと喜んだ。次郎は、魚住が入学してすぐに『校友会雑誌』（明治三十六年十二月二十五日、一三二号）に書いた「念々感悟」という日記体の文章に尋常ではない才気を感じたからである。次郎は、その次の号に「念々感悟——蒼穹生君」（明治三十七年一月三十一日、一三三号）を寄稿している。蒼穹は魚住が使用していた号である。

魚住の文体について「言々力あり語々生気あり」とし、「真摯なる修養の人、思想ある文筆の客」があらわれたことを「羨ましくも妬ましくも」思うと絶賛している。懐疑煩悶を論じて道学先生を非難するのは痛快この上ないとしている。もっとも、自己の鍛錬に沈潜し、沈黙を守り衒《げん》耀《よう》（学識をひけらかし脚光をあびる）を好まない者たちを痛罵するようなことは慎んだほうがよい、となにごともとんがりがちな魚住に先輩らしい忠告も添えている。

次郎は、魚住を文藝部のスターであるだけでなく、一高文化革命戦士のバトンを継ぐ者であると、大きな期待を寄せた。次郎のほうは「降壇の辞」（明治三十七年一月三十一日、一三三号）や「吾等は理性と感情とを究め尽さんと欲するもの也」で終わる「理想冥捜の態度」（明治三十七年六月二十八日、一三八号）を『校友会雑誌』に書いて卒業する。

劇薬論文の波紋

次郎の期待をになった魚住は、三年生になるとすぐの『校友会雑誌』（明治三十八年十月二十八日、一五〇号）に第一高等学校全体を揺るがす論文を掲載する。「個人主義の見地に立ちて方今の校風問題を解釈し進んで皆寄宿制度の廃止に論及す」という題名の論文である。三十七文字にも及ぶ題名に魚住の気負いがこめられている。

論文の趣旨は次のようなものだ。我が一高はこれまで勤倹尚武をモットーに弊衣破帽を誇りとなしてきた。ところが、いまや生徒の間に文学、詩歌、宗教、哲学が流行っている。こういう風潮を、個人主義の隠遁家と悲憤慷慨する者が多い。しかし、悲憤慷慨する者のいう一高風なるものはどういうものか。籠城主義という言葉だけがよりどころになっているのだ。かれらは西洋の倫理や文藝宗教の新思想に無知である。新思想の落武者が旧思想の残塁にしがみついているのだ。憐れむべき保守思想にすぎない。文学、詩歌、宗教、哲学の流行はこうした保守思想の日陰に咲き始めた若草である。籠城主義を墨守する学生は趣味の野性児である。かれらには教科書と宿題と寮歌しかない。教室の講義を速記し暗唱しているだけの者は幼い。人生や社会問題にもっと目を開くべきではないか。こういう論調だった。

一高の学生文化の伝統である「籠城主義」を「落武者」の「旧思想」、四十年の昔上野の森にこもった彰義隊と同じで時代錯誤だ、というのである。後生大事にしてきた伝統を思い切りやっつけてしまっている。運動は趣味以上のものではない、人間形成に関係ない、とまで言い切っている。一高学生文化の担い手と自負している運動部と中堅会の生徒の逆鱗に触れた。虎の尾を踏んでしまったからである。

魚住論文が全寮生を巻き込んだ論争になったのは、論文が発表されて間もなく、明治三十八（一九〇五）年十一月十日の第一学期全寮茶話会においてである。全寮茶話会は寮委員の主催で全寮生を集めて夕食後に開かれる。六時開会。君が代三唱。三年生の鶴見祐輔（一八八五〜一九七三）が開会の辞をのべる。

鶴見祐輔は後年後藤新平の女婿となり、のちに政治家として活躍する。哲学者鶴見俊輔や社会学者鶴見和子の父。鶴見祐輔は魚住論文にふれ、魚住君の文は典雅流麗で魅力があるが、感情的主観的すぎ、自己の主張を一千人の校友に押しつけるところが誤っている、と口火をきった。そのあと有志や舎監が演説する。

いよいよ、興風会のメンバーである金井清が演壇に立った。興風会は勤倹尚武の校風の実践と徳義上の制裁を綱領として明治二十八（一八九五）年一月に設立された団体である。金井は、鶴見と同じように魚住論文を非難し始める。魚住君の所論は、寄宿寮を牢獄と呼んだり、自治寮の落城などと謗ったり、度がすぎる。君の人格を疑うものである。校風も運動も必要ないというのは言葉がすぎており間違っている、と。

それまで文藝部の席にいた魚住はたまりかねて、手を挙げる。寮委員の許可のもと演壇におどりあがるようにして駆け登る。個人心霊（精神）こそが最高権威である所以を説き、これまでの演説に反駁をなす。みるからに柔弱な体つきにもかかわらず、手にした書物でテーブルをたたき三十五分間にわたって熱弁をふるう。会堂は水をうったように静かになる。最後に一段と声を高めて「須《すべか》らく自己の心霊の自由にかえれ」といって壇を降りる。

魚住のこの潑剌とした反駁演説によって魚住の信条に共鳴する者もでた。しかしそれだけに守旧派を一層苛立たせた。だから劇薬論文の波紋はここでおわらなかった。運動部と魚住の確執つまり伝統的校風擁護論者と個人主義者の確執はさらにエスカレートする。魚住は運動部と戦う文化革命戦士、文藝部はその拠点だった。

校風問題演説会

魚住の「個人主義の見地に立ちて方今の校風問題を解釈し進んで皆寄宿制度の廃止に論及す」という劇薬論文の波紋はさらにひろがる。

全寮茶話会のおよそ二週間のちの十一月二十五日（土曜日）午後零時半。一高倫理講堂で魚住論文をめぐって「校風問題演説会」が開かれる。千人以上が集まった。全寮茶話会のときより三百人も多い。講堂に入り切れない。間仕切りをはずして隣接の大教室も使われる。開会の辞を全寮茶話会のときと同じく鶴見祐輔が述べる。弁士は合計十六人。一高生十一人。内訳は三年生五人、二年生五人、一年生一人、一高出身の東京帝大生五人。一高生弁士の中には安倍能成がおり、東京帝大生弁士の中には文科大学二年生の次郎がいた。

まず三年生が壇にあがる。個人主義者は眼中に国家なし、歴史を無視し、団体と国体の意義を解しないと反対論をとなえる。その後も在校生数人から「魚住君誤れり」という反対論が弁ぜられる。そのあとに次郎が壇に上る。

次郎は穏やかに、しかも毅然として次のように言った。校風を論ずるときには、腕力など用いるべきではない。正々堂々と議論しなければならない。過去の歴史がかくあったから、これに従うべきであるというのは誤謬もはなはだしい。改良の道を開拓しないで進歩は生まれない。進歩するものを過去の型にはめこもうとすることは不可能である。「皆」寄宿制度と寄宿舎制度は別のもののはず。諸君は君子と言いながら、一高生に「皆」寄宿制度を押しつけるのは矛盾である。押しつけであるから、無頓着主義や冷淡主義が生まれるのだ、と言う。堂々たる魚住擁護の演説だった。

やがて反対派の急先鋒の東京帝大法科大学生青木得三《とくぞう》が立った。青木は一高で次郎の一学年下。一高一部英法科文科に首席で合格している。青木が壇に上る頃から夕陽は落ち、しだいに暗闇につつまれる。講堂には電灯の設備がなくあかりは、演壇の上の一本の蠟燭の光だけ。暗闇のなかで蠟燭の火が青木の顔を照らす。いやが上にも弁論を劇化する。その青木は、三十分にもわたる長広舌をふるい、「ニーチェは狂せり、魚住君もその顰《ひそ》みに倣《なら》はん事を恐る」と言って降壇した。

魚住は、青木の演説に激怒する。諸君、諸君が自分の可能性を圧迫せられたならば、諸君はどうするか。聴衆の意に迎合する詭弁にのってはいけない。われわれの精神は歴史を支配する権能をもっている。私はただひとつのことをいいたいのだ。自分の精神に戻れ、と。

最後に主催者である弁論部の前田多門（一八八四～一九六二）がしめくくりに入った。前田多門は戦後、文部大臣に就任したが、公職追放となり、一高同年入学の安倍能成の文部大臣就任に尽力した。フランス文学者の前田陽一（一九一一～八七）は長男、『生きがいについて』などの著作がある精神科医神谷美恵子（一九一四～七九）は長女である。その前田多門が、今日の演説の両方の極端が手と手をとってすすめば、わが校は千引《ちびき》の岩（千人で引くほどの大きい岩）になろう、と両論併記の折衷案を示し、会は終了した。

では、この弁士たちの魚住論文への賛否はどのようなものであったか。反対八人、賛成三人、中間五人。在校生十一人だけでみると、反対六人、賛成二人、中間三人。明らかな魚住擁護派弁士は、次郎と在校生二人で十六人中三人にすぎなかった。安倍能成の演説にしてからが、鉄拳制裁についてはは人格を無視するものと反対を鮮明にはしたが、「余は運動家を尊敬す其の真面目を見れば也」と運動部派に配慮したものだった。後年、安倍能成は、次郎や自分の時代の一高では、自分たちの考えはまだ少数派であったことを次のように述べている。

しかし一高でもそういう個人主義的傾向を持ったのは、まだ少数だった。阿部次郎、魚住影雄とかがその主要なもので、私なんかも彼らに動かされたのです。当時の一高というものは、やはり日本の国家主義的、軍国主義的傾向を代表する時代の子だったのです。野球とかボートとかという運動を中心にして、運動というものが一高の武威を上げて外の学校を見下していた。国が国威、皇威を発揚するという精神にみんな随喜していたんです。だからわれわれは異端だった。（安倍能成ほか「座談会　大正の精神史」（上）『自由』一九六一年九月号）

ともあれ勤倹尚武の伝統的校風維持派批判をおこなった次郎の衣鉢をつぐ魚住の激しい論文が、校風演説会という公式の場でとりあげられるにいたった。ということは、勤倹尚武の蛮カラ文化が絶対のものではなく、相対化され始めたということである。文藝部的なるものが対抗文化としてのプレゼンスを持つことになった。こうして勤倹尚武の一高文化は揺らぎ始める。

弁論部のヘゲモニー

一高生が散歩などのおりにレクラム文庫などを携えるようになったのは新渡戸稲造校長の頃からといわれている。新渡戸稲造（一八六二〜一九三三）は、明治三十九（一九〇六）年九月に第一高等学校の校長に赴任した。魚住が一高を卒業し、東京帝大文科大学独逸文学科に進学したときである。次郎は文科大学三年生になり、和辻哲郎が一高に入学し、谷崎潤一郎は一高の二年生だった。

新渡戸が一高生徒文化を変化させる転轍手の役を果たしたのはたしかである。しかし、そうかといって新渡戸は魚住のように伝統的校風の破棄を提唱したわけではない。新渡戸は守旧派の牙城のひとつである興風会で「籠城主義とソシアリチーに就いて」という題目で演説をした。文化や教養、社交の重要性を述べたが、一高の校風の要である籠城主義そのものを批判したわけではない。「敢てソシアリチーを以て籠城主義の弊を挫くと云ふが如き、いかめしき意義あるにあらざる也」と、あくまで中庸的であり妥協的であった。魚住によって一高の伝統的蛮カラ文化が駆逐されたわけではない。運動部と反運動部派との一高の文化覇権をめぐる攻防が燻《くすぶ》りつづけていたからこその新渡戸の及び腰だった。

一高生徒文化のせめぎあいは、運動部対文藝部という構図の、文化とハビトゥス（実践感覚となる性向）の対立によってであるが、両者の対立があらわになると、そこに弁論部がわり込んできた。

魚住論文をめぐる騒動が校内問題になり全寮茶話会や校風問題論になると、鶴見祐輔や前田多門などの弁論部の面々が司会やまとめ役をかって出た。弁論と弁論部の位置は一挙にたかめられた。魚住も文章によってよりもこのときの雄弁によって一般学生に際立った印象をあたえたといってもよいほどである。魚住への鉄拳制裁が噂だけでおわったのは、魚住の迫力ある弁論によるところが大きかった。

新渡戸は勢いを増した弁論部を支持母体にして自己の教育理念を推し進めた。また、弁論部は

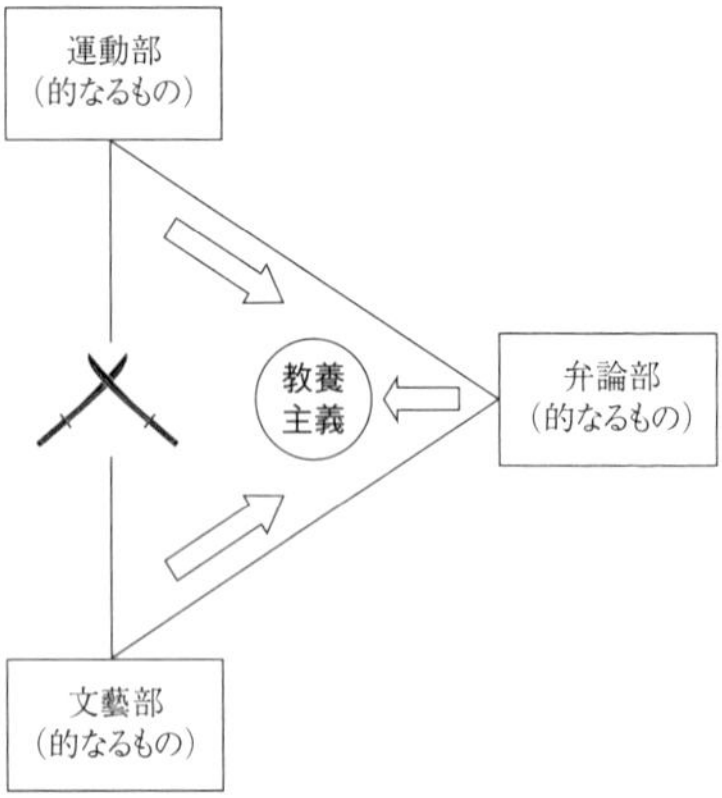

図3－2　生徒文化の確執と収束

新渡戸校長という象徴的人物によって学校文化の中でのプレゼンスを高めた。新渡戸を後ろ盾にしながら、弁論部が運動部と文藝部とのせめぎあいにわって入った。図3－2のように、弁論部が運動部と文藝部の力を合成することで、文藝部的なるものを中和（希釈）して、教養思想の誕生における助産師役をなしたのである。

文藝部に対するバックラッシュ

しかし、事態はすんなりと内省的個人主義という教養思想の芽生えを覇権文化の地位に押し上げたわけではない。後世のわれわれは、わたしがそうであるように、旧制高校文化を考えるときに『校友会雑誌』を資料にすることが多い。しかし、『校友会雑誌』には運動部の記録などものっているが、そこに掲載されている論調の多くは文藝部主導の論説だから、文藝部的なるものに偏り、それを過大視するバイアスが生まれやすいことに注意しなければならない。

したがって、『校友会雑誌』の論説だけで旧制高校文化をみると、教養思想の覇権がすでに新渡戸校長の時代におきているように思いがちになる。そういうのは、文藝部的なるものが『校友会雑誌』を席巻することに対する反発が新渡戸校長の頃おきているからである。

新渡戸が校長のときの明治四十一（一九〇八）年。二年生の和辻哲郎が『校友会雑誌』（明治四十一年二月二十九日、一七四号）に「精神を失ひたる校風」を書いた。豪傑的態度と運動主義のみを重視する因習的悪習慣を批判した論文である。先にみた魚住論文の再来である。しかし、ストームにやってきた三年生に「てめえがあんなこと書きあがるから、ボート部の寄付があつまらなくなつたぞ」と和辻は殴られたりした。和辻より一学年下だった者は、この和辻の論文で溜飲を下げた者は少数派で、論文を否定して悲憤慷慨した者のほうが多数だった（小林俊三『わが向陵三年間』）とさえ言っている。だから、運動部派にとっては、『校友会雑誌』を牙城に論を張りプレゼンスをます文藝部派とその同調者に対して不満がつのる。和辻の論稿が発表されてから二年後、積もりに積もった運動部派の文藝部への不満が爆発し、文藝部攻撃がおこなわれる。明治四十三（一九一〇）年三月三十一日午後六時、一高記念祭茶話会においてである。

新渡戸校長の演説で始まり、生徒監や弁護士や高等師範教授など卒業生の演説が続く。そのあと大学生と在校生の演説になる。文藝部は『校友会雑誌』を独占しており、校友会全体の意志を反映していないなどとの文藝部批判になる。くだらない論文や小説や短歌で七、八十頁も使っている。運動部選手の活躍を伝える記事に割いているのはわずか数頁だ。そう言いながら、雑誌を細かく裂いて壇上から飛ばす。その後の演説は文藝部批判一色になる。今年は文藝部攻撃になると噂が飛んでいたから、はじめから仕組まれていた可能性が大きい。

このときの模様を書いた記事（「氾濫したる向陵近時の思想界」『中学世界』一三巻八号、一九一〇）によると、文藝部攻撃の演説を声援する野次は少なかったという。いまや流れを元に戻すことはできなくなっていた。そして記事はこう続ける。「筆者の見る処を欺かずに言へば、文藝部は決して孤立してゐなかつたといふ事実だ。これはやがて、近時の一高をつゝむ思想のあるものを想見するに難からぬ材料となすことが出来やう」。そしてこうも言っている。「我日本の将来の思想界と一高といふものが、ある点に於て一種の黙契をつくつてゐるやうな気がしてならない」。一高の生徒文化の変化は、思想界全体の変化と連動していると喝破している。

教養思想の定着

こうした紆余曲折を経て、旧制高校文化に、しだいに読書による人格形成という意味の教養思想が定着していく。大正時代になってからのことである。教養思想の定着については、大正三（一九一四）年から六（一九一七）年にかけて一高に在籍した三木清の次のような言明が引用されることが多い。

教養の観念は主として漱石門下の人々でケーベル博士の影響を受けた人々によって形成されていった。阿部次郎氏の『三太郎の日記』はその代表的な先駆で、私も寄宿寮の消灯後蠟燭《ろうそく》の光で読み耽《ふけ》ったことがある。（中略）私はその教養思想が台頭《たいとう》してきた時代に高等学校を経過したのである。（「読書遍歴」『読書と人生』)

しかし、三木が文藝部的なるものに近い哲学青年であったことを考えれば、三木の言明をもって一高生徒文化のメイン文化として教養思想が定着したと言うことはできない。読書趣味が文藝部などの一部生徒の文化ではなく、多くの生徒たちの文化、つまり、下位文化のひとつではなくメイン文化となり始めたというには、もっと一般的な例証が必要である。その意味で、『向陵生活』(弥生ヶ岡草人)という大正四(一九一五)年に刊行された一高案内本の記述は一般的なものとなるだろう。その中には、「読書と思索と」という見出しの項目がある。一高生は熱心な運動家であると同時に真摯かつ真面目な思索家で、その両面をもっているとして、こう書いている。

尚学校の教科書以外に英独或は仏の小説や哲学書を盛んに読む。近所の古本屋等に就いて聞いて見ても、これ等の書を読むのは大学生よりも返つて一高生に多いといふ。

その他尚、日本語の小説、飜訳書等も随分読まれる。小説では漱石のが尤《もっと》も多く次は三重吉、藤村、蘆花、独歩等で、近時の所謂新しい小説類も決して少くはない。飜訳された小説では露西亜《ロシア》物が多く(「死人の家」とか「虐げられし人々」とか)哲学書ではニイチエ、オイケン、ベルグソン、ショーペンハウエル、日蓮、それから新しくはタゴール等である。

こう書かれた四年後の大正八（一九一九）年の『中学世界』（二三巻一号）には「新一高生と大学生との対話」がのっている。一高出身の大学生が新一高生に「やァおめでとう」というところから始まる。大学生が一高に入学したばかりの後輩に高校生活の過ごし方を助言する会話調の記事である。「身体（からだ）をつくる事」「語学のマスター」と並んで「文藝哲学等の方面の書物

	一年	二年	三年	計
修身	1	1	1	3
国語・漢文	6	5	5	16
第一外国語	9	8	8	25
第二外国語	4	4	4	12
歴史	3	5	4	12
地理	2			2
哲学概説			3	3
心理・論理		2	2	4
法制・経済		2	2	4
数学	3			3
自然科学	2	3		5
体操	3	3	3	9
計	33	33	32	98

註：体操はその中に教練を含む。

	一年	二年	三年	計
修身	1	1	1	3
国語・漢文	4	2		6
第一外国語	8	6	6	20
第二外国語	4	4	4	12
数学	4	4	4（2）	12（10）
物理		3	5	8
化学		3	5	8
植物・動物	2	2	（4）	4（8）
鉱物・地質	2			2
心理		2		2
法制・経済	2			2
図学	2	2	（2）	4（6）
体操	3	3	3	9
計	32	32	32	96

註：（　）は選択

表３－１　旧制高等学校のカリキュラム（大正８年～昭和16年。上は文科、下は理科）

（出所）文部省『高等学校法令の沿革』（1940）より作成

も暇にまかせてよむがい丶」とされている。教養思想が一高生徒文化のメインとなっていることがわかる。

こうした教養思想のメイン化には重要な制度的後押しもあった。大正七年に高等学校の目的が大学予科から高等普通教育の完成になったことで、カリキュラムが変更されたことが大きい。それまでは理科には大学の専門科目の基礎となる科目が多く、共通科目は倫理、国語漢文と外国語だけで人文社会系科目はほとんどなかった。それに対して、大正八年からは表3－1にみることができるように理科にも人文社会系科目がふえ、文科では自然科学が必修となるとともに哲学概説が設置された。また、外国語は、語学だけでなく、作品を通して学ぶという教養教育的な意味が付加された。カリキュラムにおける人文系の割合の増加によって大正末期の旧制高校教授陣にしめる帝大文科出身の学士は六割近く（五九％）を占めるようになった（橋本鉱市「近代日本における「文学部」の機能と構造」『教育社会学研究』五九集、一九九六）。旧制高校に文学士教授がふえたことも教養思想を推し進めることになった。

ただ、表3－1のカリキュラムをみればわかるように、法制・経済という社会科学科目が理科にも必修とされるようになったものの、社会科学系科目の割合は人文系と比べると著しく少なかった。社会科学の素養は不十分で、このことが大正末期に、マルクス主義が旧制高校生を捉える一因になったとはいえるだろう。

本章の冒頭でふれたように『三太郎の日記』は大正三（一九一四）年に刊行され、知的青年間の愛読書となり教養への誘いの書となっていくが、これまでの一高生徒文化の変遷の経緯をみると、次郎は、『三太郎の日記』を刊行する前にその潜在的読者層をつくってきたことになる。次郎こそ一高文化の改革によって旧制高校文化を教養思想につくりかえる礎をつくった人物の一人だったからである。

第4章

高等遊民の群に

生きるための職業は魂の生活と一致するものを選ぶことを第一とする。しからざれば全然魂と関係のないことを選んで、職業の量を極小に制限することが賢い方法である。魂を弄《もてあそ》び、魂を汚し、魂を売り、魂を堕落させる職業は最も恐ろしい。「生存の疑惑」

哲学科に進学

前章の記述は大正時代までにおよんだが、時間をいくらか前にさかのぼり、話を次郎に戻す。明治三十七（一九〇四）年九月、次郎は東京帝国大学文科大学哲学科に入学した。文科大学とはのちの文学部である。この頃の帝国大学の研究・教育部門の呼称は分科大学だったから、法学部ではなく法科大学、工学部ではなく工科大学、農学部ではなく農科大学という名称だった。研究・教育部門名が法学部や文学部などの現在の学部名になるのは大正八（一九一九）年からである。

本郷区向ヶ丘弥生町にあった一高は狭い道路を挟んで東京帝大と隣り合っていた。一高の弥生町側の裏門を出て道を横切ると東京帝大の構内に入ることができる。帝大構内は一高生の散歩道だった。だから、一高生の次郎にとって帝大入学そのものは、隣に移ったくらいにしか思われなかっただろう。しかし、中学生のときから抱いていた哲学志望が文科大学哲学科で遂げられる感慨は大きなものであったはずだ。

次郎の入学年の東京帝国大学入学者は九〇八人。医、工、理、農の分科大学がそれぞれ一二六人、一七七人、三二人、五九人。理系大学生は三九四人。法科大学生は三五三人。文科大学生は一六一人だった。この年の文科大学入学者を学科別にみると判明分で哲学科六九人、史学科三二人、文学科四六人である。哲学科の人気の高さがうかがえる。

「哲学」という用語は西周《にしあまね》（一八二九～九七）の『百一新論』（一八七四）のなかの「ヒロソヒー訳シテ哲学ト名ケ」からとされる。哲学会は明治十七（一八八四）年頃に発足し、明治二十年二月五日には『哲学会雑誌』（明治二十六年から『哲学雑誌』と改称）が創刊された。あとにふれる次郎の恩師大塚（旧姓小平）保治と夏目金之助は明治二十四年度の『哲学会雑誌』の編集委員をつとめている。しかし、この頃はまだ日本における哲学の揺籃期である。

明治三十三（一九〇〇）年に、半ば翻案ものであるが『哲学概論』（桑木厳翼）、翌年に『西洋哲学史要』（波多野精一）、翌々年に『哲学綱要』（朝永三十郎）などの書物が刊行される。明治三十年代に哲学は学問的な輪郭をもってきた。そして前章でみたように、煩悶＝内省青年の台頭が哲学需要の創出につながり、哲学科は文科志望学生の人気学科となっていた。

文科大学の学科別卒業生数をみると明治二十六（一八九三）年から明治三十二年は史学科がもっとも多かったが、しだいに哲学科の卒業生がふえ、三十八年から四十一年卒業では哲学科卒業生がもっとも多くなる。次郎は、この哲学科人気が高まった時期、明治四十（一九〇七）年の卒業生である。

「食えぬ文科」

しかし、文科大学は、「食えぬ文科」や「食えぬ学問」といわれていた。次郎が英法科文科に九番という好成績で入学したことは第2章でふれたが、鳩山秀夫を含めて次郎より上位で入学した八人のうち消息不明の一人を除く七人全部が法科大学に進学している。一高で次郎と同じクラスで、後年美学者となる上野直昭（一八八二〜一九七三）について「食えぬ文科」の実例を見てみよう。

上野は文科大学ではなく、法科大学に進学した。といっても格別の立身出世を目論んだゆえの法科進学というものではなかった。身についた芸がないから潰しが効く法科大学という流れで進学したまでである。

ところが法科の授業はおもしろくない。「法科の先生方は法律其物にどれだけの興味をもつて、これを生涯の研究対象として選んだのであらうか」と思ってしまう。空いている時間に文科大学の授業に出てみる。こちらが断然面白い。「始めて眼がさめた」ように感じ、文科に転ずる決心をする。しかし、父が反対した。母と叔父が仲に入ってくれて漸く父の承諾を得ることができ、翌年春に文科大学に転科した（『邂逅』）。

それでもはじめから「食えぬ文科」ではなかった。といっても、文科大学の就職は、もちろん法科大学ほどではなかったが、明治二十五（一八九二）年までは、明治二十一年哲学科卒でのちに文部大臣になった澤柳政太郎（一八六五〜一九二七）のように卒業後文部省官吏という行政官吏に就職する者もいた。

ただし、澤柳などの例は、明治二十年の文官試験導入期における過渡期の措置によるものだった。高等文官となるには文官高等試験を受験し、合格することが必要だったが、過渡期の措置として法科大学卒業生だけではなく、文科大学卒業生、（帝国大学以前の）東京大学法学部・文学部卒業生には文官高等試験を免除される「無試験任用」が取られていたからである。しかし、明治二十六年には帝国大学法科大学・文科大学卒業生の無試験任用が廃止され、文官高等試験合格者から任用されることになった。試験科目は憲法に始まる法律中心科目だから、以後高級官吏の世界は法科一色の時代となり、文科大学卒業生の進路は閉ざされた。

また明治十年代から二十年代前半の卒業生は、あとにふれる次郎の恩師である東京帝大教授大塚保治が帝大卒業（明治二十四年）後すぐに東京専門学校（早稲田大学の前身）の講師となったように、嘱託とはいえ卒業後すぐに高等教育機関の職に就くことができた。大塚の二年後の文科大学卒業生である夏目漱石は、卒業後、愛媛県松山尋常中学校の教員になったが、山口高等学校を断っての赴任で、給与は外国人教員並だった。一年後には第五高等学校に赴任している。しかし、明治二十年代末からはそういう進路もまれになってきた。文科大学卒業生の就職先は中学校教諭が主流となる。

中学教諭への就職も簡単ではない。法科大学には政府の要職や実業界の面々と関係の深い教授が多く、率先して学生の就職に労をとる「就職」教授も多くいた。それに対して文科は就職で教授は頼みにならないどころか、そんなことを頼もうものなら学問の冒瀆と反感をかってしまうほどだった。文科大学学生にとって教授は頼みにならない。地縁や学縁をたよって、中学校校長に教師の口を頼みこむ以外なかった。文科はパンのためには不向きな学問の場となった。

法科から文科への転科を反対された上野は慶応幼稚舎出身で、父昭道はアメリカに支店もある貿易業に従事していた。母要子は九鬼周造（一八八八〜一九四一）の父隆一の妹である。大学事情に明るい都市部の上流中産階級家庭だったから、帝大生の進路についても知悉していたがゆえの反対だろう。それに対して次郎をはじめとする農村出身者の親には帝大という威光が眩しいぶん、「食えない文科」などとまで思い及ぶところはなかった。いや卒業してすぐに職に就くのは大変とまでは思いいたっても、時間が経てば帝大の威光でなんとかなる、それどころか、どんな分野でも帝大卒であれば偉くなれるとさえ思った親や本人も多かっただろう。次郎の文科大学への進学に家族から反対された形跡はない。

文科大学は文壇の登龍門

文科大学は、就職率が悪いとか就職先が中学校教師くらいだと聞くと、魅力のない大学にしかうつらない。しかし、パンのための学問にあらずという矜持や、文名を上げるという大志、つまり一発逆転の野心の受け皿ではあった。

明治三十年代半ばにはこんなことも言われていた。世間に名をなそうとする青年が、それを満たす手がかりが文壇にできたとして、こう言うのである。

其の希望を幾分を満足せしむるに足る、新聞雑誌の投稿欄なるもの天下到る所にあらざるなし、且懸賞募集の流行につれ、彼等の野心を燃《もや》さしむる強大なる一勢力を加へたり。（中略）労少なうして早く名を成し易きは文壇に如くものなし。（後藤宙外「過渡期の犠牲」『新小説』七巻七号、一九〇二）

事業家や発明家、政治家などになるかわりに文壇が立身出世の道になっているというわけである。

次郎より四学年下の谷崎潤一郎も一高進学のときは、将来の生活のことを考えて法科大学に進むことを考えていたが、創作家になる「悲壮な覚悟」を決めて「全く背水の陣を敷くつもりで」文科に転じた（『青春物語』）。パンのための学問をあきらめたことで「背水の陣」ではあるにしても、文科大学は文名を上げるという大志の受け皿にはなっていた、ということである。

事実、明治三十年代初期には、帝大文科大学は文壇の登竜門としてみられていた。そのことは次郎より三歳上の高須梅渓（芳次郎）（一八八〇～一九四八）の以下の言明にみられるとおりである。高須は文藝評論家。雑誌記者や『改造』誌の文藝担当編集者などもした。与謝野鉄幹の私生活を暴露した『文壇照魔鏡』の著者として鉄幹に訴えられたりしたこともある（証拠不十分で不起訴となる）。その高須が二十歳の頃、明治三十三（一九〇〇）年前後のことである。高須は上京してきて、赤門の前を通る。赤門をじっとみつめ、こう思ったと回想している。

「自分も、あの赤門の前を通つて毎日帝大文科へ通学する身になりたい。而して文科を出ると、高山樗牛のやうに花々しく、文壇に馳駆《ちく》して見たい」と考へて居た。（「文藝の東京」『文章世界』一五巻八号、一九二〇）

高須がそう思った明治三十三年前後は「赤門文学」という名が輝いており、「文学士となって筆を執ると、一躍して、大家視せられ」たとも書いている。たしかに小説『滝口入道』を書き『太陽』や『帝国文学』などで健筆をふるった文学士高山樗牛（一八七一～一九〇二）は輝ける赤門文士の象徴的存在となっていた。帝国大学で樗牛の同級生だった文学士大町桂月（一八六九～一九二五）も文壇のスター的存在だった。

『帝国文学』が創刊された頃は文学雑誌といえば、『早稲田文学』や『しがらみ草紙』（森鷗外）などしかなかった。文科大学の学生は高等中学校時代の校友会雑誌にあたるものが帝国大学にないことに不満をもっていた。高山樗牛や大町桂月などが文科大学にも一旗揚げるための文学雑誌がほしいと、井上哲次郎や上田万年などの文科大学教授を動かした（大町桂月「大学三年（冷汗記の第十一）」『学生』一九一四年十月号）。こうして文科大学教授たちを発起人とした帝国文学会が明治二十七（一八九四）年十二月に誕生する。翌年一月、『帝国文学』はその機関誌として創刊された。

高須が赤門をみつめて帝大文科へ進学したいと思ったときには、『帝国文学』という赤門派文士のための舞台《メディア》もととのっていた。だから、高須が赤門をじっとみつめた翌年の、「赤門派の文士を評す」という久保天随の随想では、高山樗牛や森鷗外などの文士にふれながら「赤門文士の一派、隠然として、一大勢力を有する」と書かれている（久保天随『新文藝』一九〇一年七月号）。

文学をやるなら帝大より早稲田

ところが赤門派の象徴である『帝国文学』は明治三十年代後半、つまり次郎が編集委員になった頃は、衰退期に入っていた。漱石が「倫敦塔」を『帝国文学』に発表した明治三十八（一九〇五）年は、漱石のこの作品により『帝国文学』が「灯火の将に滅せんとして一たび光を放つ」（森田草平「赤門派と『帝国文学』」『日本文学講座第十一巻　明治文学篇』）といわれる状態だった。

ということは、高須が赤門の前で、帝大文科に進学して文壇に馳駆したいと思ったときは高山樗牛効果や『帝国文学』の威光がまだあったときである。帝大文科を仰ぎ見た高須は帝大文科ではなく、早稲田の文科に進学することになった。高須が赤門を仰ぎ見たときから二十年たった大正九（一九二〇）年頃に思ったこととして、さきの論稿でこう書き添えている。私は寧ろ帝大文科に入らないでよかった、帝大文科の学風は「窮屈な学者」を養成するに傾いて、「詩人や文士を作る」ようには出来ていない、と言っている。

明治三十九（一九〇六）年になると、早稲田派の正宗白鳥は、夏目漱石は例外としながら、「鷗外逍遥等諸氏を出したる遠き昔は別として、此頃の大学出身の諸氏は、この点に於ても甚だ振はず、文壇で幾許《いくら》の勢力もないやうである」（正宗白鳥「大学派の文章家」『文章世界』一巻二号、一九〇六）としている。次郎の先輩の文学士小山内薫（一八八一〜一九二八）は、正宗白鳥のこの言の三年後、明治四十二（一九〇九）年に、同じ『文章世界』で「文学をやるなら帝大よりも早稲田」と敗北宣言（「高等学校時代」『文章世界』第四巻一〇号）をするにいたっている。

次郎は『帝国文学』に翳りがみえる明治三十七（一九〇四）年九月に東京帝大文科大学に入学する。大学に入学すると学者や帝大生が多く住んでいる本郷西片町に下宿する。本郷界隈だから、漱石と偶然すれちがうことはあったろう。次郎のほうは漱石の顔を知っていたが、漱石も、どこかでみた学生だと思ったかもしれない。

そのように言うのは、次郎と漱石のそれまでの接触からの推定である。次郎が一高生のとき、漱石は一高で授業をもっていたが、漱石は次郎の組の受け持ちではなかった。文科大学では、哲学科の授業と重なったので次郎は漱石の講義を聴くことができなかった。一度、哲学科の授業が休講になったときに、漱石の「ハムレット」の授業を聞きにいっている。そのとき、授業が終わっても、教室に残ってそのまま友人としゃべっていた。すると、漱石がそばにやってきた。「六番（?）の教室はどこですか」と聞かれた。それが次郎が漱石と口を聞いた最初である。のちに次郎が美学会での講演を漱石に頼みにいったときのこと。「初めてお目にかかります」と挨拶すると、漱石は「顔は知つてゐる」「名前も知つてゐる」と言った（「夏目先生の談話」集・七）。とすれば、次郎は漱石の顔を十分に、漱石も次郎の顔をおぼろげにでも知っていたと思われるからである。

駿河台の聖人

大学ではケーベルの人気授業「哲学入門」を聴講する。ラファエル・フォン・ケーベル（一八四八〜一九二三）は、フェノロサからブッセと続いた外国人教師の後任として招聘された。文科大学教授井上哲次郎（一八五五〜一九四四）がドイツの哲学者エドゥアルト・フォン・ハルトマン（一八四二〜一九〇六）に依頼し、ハルトマンはケーベルに日本行をすすめる。ケーベルは長い航海と地震、それに「英語で講義するほど英語には通じていない」ことを理由に断ったが、井上哲次郎の熱心な慫慂で来日を決意した。

明治二十六（一八九三）年、四十五歳のときに来日し、大正三（一九一四）年まで帝国大学の教壇に立った。最初の聴講生が西田幾多郎や高山樗牛である。ケーベルはロシアに生まれ、モスクワ音楽院を卒業後、ドイツに留学し、ショウペンハウアーに関する論文で学位を得る。文科大学では哲学史やドイツ文学を教えた。次郎の入学年には来日十一年目になっていた。

彫りが深く豊かな髭をたくわえ、古代ギリシャの賢哲を髣髴とさせる風貌の持ち主ということもくわわって、当時の知的青年には、ケーベルこそ〝マン・オブ・カルチャー〟と映った。一高の生徒の間でも哲学者・音楽家を兼ねた人格者として「駿河台の聖人」といわれ、知られていた。「駿河台の」と言われたのはお茶の水の崖に臨む駿河台にケーベルの住まいがあったからである。

そんな評判の高さから次郎は期待をもってケーベルの授業に臨んだ。ケーベルは悠然と教壇にすすみ、ひじ掛け椅子に深く腰をおろす。眼鏡をはずして卓上におき、微笑をうかべた。そして、予は諸君に哲学を講ずることを喜ぶとして、"Gentlemen, I will deliver you the short introduction to the philosophy"と授業を始めた。

二年生になると、ひょんなことから次郎はケーベルに急接近する機会を得た。次郎が荘内中学校で英語をならった文学士の先生がケーベル邸を訪ねることがあり、次郎も誘われたからである。これが機縁となり、次郎はケーベルに個人的に親しくしてもらえることになる。そのあと、次郎は安倍能成などを誘ってケーベル邸をしばしば訪ねることになる。来客はテーブルを囲んで座る。部屋の右角にはピアノがあり、左には鉢植えの花がある。猫が一匹いた。ピアノは昼食と夕食前後の一時間ほどひいたが、来客の前ではひかなかった。ケーベルは独身だったから家にはボーイ、コック、車夫がいるだけの静かな生活。食卓の料理を前にした学生たちに遠慮させないように、ケーベルは「イート、イート、ドリンク、ドリンク」といって勧めた。会話は英語とドイツ語でおこなわれる。次郎と安倍能成は、姓が同じ発音アベだったことから、ケーベルは次郎をファースト・アベ、能成をセカンド・アベといって呼び

ラファエル・フォン・ケーベル
(1848-1923)

かけた。

魚住は高校時代からケーベルに私淑していた。ケーベルもまた魚住を目にかけ、「魚住は好きだから連れてこい」と次郎に言った。ケーベルの言葉を聞いた魚住は、少年のように頬を赤らめて喜びがきわまり、泣き出すほどだった。ケーベルの魚住への愛情は特別だった。ケーベルは魚住をベビーと呼び、皆の前で頬を魚住につけたりした。魚住もうれしそうに先生に抱かれていた。ケーベルは女性嫌いで、狭心症の発作の時でも、病院から派遣された看護婦が自分の部屋に入ってくるのを嫌がったほど。ここらあたり、岩元禎と九鬼周造との関係に似たホモソーシャル（男同士の擬似同性愛的親愛・連帯関係）な師弟愛を感じさせるものがある。

和辻哲郎がケーベルのところにいくようになったのは、「あの青年は私の講義に同情をもっている」というケーベルの意をうけた魚住の紹介によってである。ケーベルは次郎については、「マンニヒファルティヒカイト」（多方面的）と言い、次郎の学識の広さと能力を認めていた。

恩師大塚保治

次郎は、大塚保治教授（美学）の授業も熱心に聞いた。大塚保治（一八六九〜一九三一）は旧姓小屋で、ヨーロッパに留学する直前に仙台控訴院院長大塚正男の長女楠緒子《くすおこ》と結婚し大塚姓となる。漱石より一歳年下で二人は親しかった。妻となった楠緒子は美貌で知られていた。漱石は二人の結婚が決まると、あたふたと松山中学校に赴任したことから、漱石が失恋したともいわれた。

楠緒子は、『三四郎』のヒロイン「美禰子」のモデル、大塚保治のほうは『吾輩は猫である』に出てくる「金縁眼鏡」の美学者「迷亭先生」のモデルといわれている。

大塚は、明治三十三（一九〇〇）年、三年間の留学を終え、帰国し、初代の美学講座担当教授となる。授業科目は美学概論や欧州美術史。次郎や上野直昭が帝大生になったときは、大塚が帰朝して三年半ほどたったところだった。大塚の講義は欧州で研鑽を積んだ最新の学識を伝える授業だった。「翻訳を聞くようだ」と評した学生もいたが、帰朝教授の講義に魅了された学生は多い。本章冒頭にふれたように上野が法科から文科に転科したのも大塚の講義に魅せられたからである。次郎が美学を専攻するようになったことも、大塚教授の授業からの影響が大きい。

次郎は後年、大塚の講義を東京帝大文科名物の「明晰な筋の通つた講義」（「大塚保治先生のこと」集・十）であり、その講義は「全大学中最も清新の気に満ちた刺激と誘導との力の籠つたもの、一つであつたことは、他科の専攻学生も亦認めてゐたであらう」（「『大塚博士還暦記念　美学及芸術史研究』編輯後記」集・十三）としている。事実、魚住も和辻も大塚の授業を感銘を受けた面白い文科大学の講義として挙げている。

婚約破棄

次郎の大学生活は、経済的苦労がともなわないものになるはずだった。第2章でみたように高校生のとき堀家の長女九重と婚約し、堀家から学資の援助をうけたから、それが大学生になっても続く予定だったからである。しかし、しだいに暗雲がたちこめる。中学校における学校騒動による放校を切り抜けたと思ったら今度は婚約者九重との問題がでてくる。次郎がこの婚約を後悔し始めるのである。

九重と婚約の頃、次郎にはひそかに憧れていた女学生がいた。山形高等女学校生徒で山形中学生たちの憧れの少女、加藤幸子という陸軍の高官の娘である。

九重との婚約によって、加藤幸子への思慕が意識の領域にせりあがってくる。そのことが九重との婚約に抗う感情を引き起こす。加藤幸子との対比で、次郎より五歳下でまだ十四歳の子どもである九重に対する愛情がいまひとつふくらみをもたない。おそらく加藤幸子を思い浮かべてであろうが、九重について「細心さ」や「無邪気さ」は認められるが、「気品」や「重々しさ」に欠けると日記に書いている（明治三十五年八月二十一日）。にもかかわらず、次郎は自分の学資問題が解決できれば、弟たちが進学できると思って、九重との愛情を育むべく婚約に踏み切った。

そんな次郎の揺れる心の内実は九重にはわからない。しかし、次郎の気のすすまなさは伝わる。次郎はわだかまりがあって煮え切らない人のように九重には思われる。九重と次郎との心の隙間が開いていく。しかも次郎十九歳で九重十四歳。この年代の五歳の年齢差は大きい。九重には次郎は老成した大人に見えただろう。

次郎は思慮深い秀才だが、愛想がよいわけではない。まして快活でもない。そんなときに、山形にある堀家に次郎のすぐ下の弟三也がやってきた。三也は九重より四カ月年長で、同年代。九重は次郎よりも、自分と同じ年齢の弟三也に惹かれていく。学究肌の次郎は、幼さの残る九重にとっては堅苦しい存在に映っただろう。その対照効果で快活な三也に九重の気持ちが傾いていく。

三也も九重を愛しく思うようになった。九重と三也の親密さを目の当りにしたことから、次郎の日記には「嫉妬ニ似タルアヤシキ胸ノ乱レ」（同年八月二十五日）とか「九重ノ情ノ疑ハレテ心平カナラズ」（八月二十八日）という言葉が頻出する。

こうした感情がおさえられなくなり、次郎は大学入学後四カ月経った明治三十八年一月、郷里に帰り婚約を破棄する。この心の傷は大きかった。婚約破棄から半年あとの八月にかかれた将来の生活のメモには、こう書かれている。

苦かりし経験は余をして女性に対して嘲笑的ならしむ、初恋の温く自然なる情は逝きて帰らざるが如し、優秀なる理想的女性に逢ふにあらずば人間生活中最も人心を無我ならしむる此方面の関係は絶望的。（「無題（二）」集・十三）

三也のほうは次郎の婚約破棄の原因をつくったとして父にきびしく叱責された。そのことで、三也は、地元の荘内中学校を三年で退学し、上京する。明治三十九（一九〇六）年四月、豊山中学校四年に転学し、翌年（明治四十一年三月）卒業する。三也は豊山中学校を卒業すると、陸軍士官学校砲兵科に進学する。そのあとの経歴については、第2章にふれたとおりである。三也と九重のその後については、のちに述べることにしたい。

貧乏生活が始まる

婚約解消によって次郎の学資の源はとだえた。当時の下宿相場は、高等下宿といわれるものではなく比較的安い四畳半の下宿で、食料七円、室料三円、炭代・石油代約一円、計十一円必要だった。十円もあれば、なにもかもやっていける余裕があった高校の寮生活とは大分ちがう。学資の送金が途絶えた次郎の苦境をみて、西寮で同室だった友人が内職にやっていた書道雑誌（『斯華之友』）の編集の仕事を次郎にゆずってくれた。月に三円三十銭が入ることになった。そのほか家庭教師もやりだした。

しかし、下宿代とその他の支出を賄える状態ではない。そのためにはまずは出るを制すと、本郷の下宿より安いところを探す。麦畑や桃畑が周囲一面を覆う田端の光明院というお寺に間借りする。本堂を挟んだ反対側の部屋には六高から東京帝国大学法科大学にすすんだ長沢一夫が住んでいた。

田端の光明院に移ったあとに、次郎は前章でみたように一高の全寮茶話会に出席した。弁士として魚住応援演説をしたが、そのとき長沢も出席していた。

このときの次郎の演説について、長沢は後年こう書いている。次郎が飛び入りで応援演説をしたのは意外であったが、「諄々として人格の尊重と暴力主義の否定を分析解説した。元来ハ、ニカミ屋であり、寡黙苟《いやし》くも言はない風があり、何ら弁舌に頼むべき技巧も有たず、既に一高を遠のいて久しいのだが、矢張り権力主義に対する憤懣の芽生が、抑え切れなかつたのであらう」(「大学時代の阿部君」『阿部先生の横顔』)。

しかし、田端のお寺から長沢が引っ越し、本郷区追分町に住むようになると、次郎も田端を引き上げ長沢と同宿する。次郎は、明治三十九年四月、『帝国文学』の編集委員に小山内薫などとともに選ばれる。『帝国文学』に毎月数本の原稿の執筆をする。

卒業論文

卒業論文にはバールーフ・デ・スピノザを選ぶ。次郎は卒論の中で、スピノザの魅力をスピノザの性格のすぐれたところとしている。「此の如き人によってつくられた哲学は如何なるものかという。しかし、スピノザを選んだのはそれだけはないだろう。

スピノザの主著『エチカ』の冒頭は「神について」である。神はすべての原因の究極原因で、自らはなんの原因にもよらない自己原因＝本体《スブスタンティア》とすることから始まる。だから、次郎が卒論にスピノザを選んだ理由には神の存在問題があったのではないだろうか。

というのも次郎は幼いとき祖母わかのに育てられ祖母からキリスト教について教えられたことから、神の問題が頭を離れなかった。内村鑑三にも傾倒している。のちに『第弐　三太郎の日記』に所収の「思想と実行」においても「神との交通は瞑想の生活を正しくする、また実行の生活を正しくする。瞑想の生活を実にする。また実行の生活を実にする」としているからである。
あるいはそこに別の事情も入っていたかもしれない。当時は、二年生になった九月に卒論の論題をもって主任教授のところに相談にいき、教授の承認を得なければならなかった。つまり指導教授が承諾する哲学者を選んで論題にしなければならない。承諾されると、指導教授からこれを読んだらよかろうというようなこともいわれる。スピノザについては文科大学講師に就任する波多野精一がすでに研究していたから、卒論で取りあげてもよい講壇哲学者だったということもあったかもしれない。
次郎は、一月後半ごろからさきにふれた上野直昭の鎌倉の家に滞在し卒論作成に集中する。四月二十四日午前七時に脱稿した。田端の寺で同宿してからの友人である長沢宛にこの日、手紙が投函されている。

論文の草稿は今朝七時に了へた、一寸うれしい様な気がした、まずいものしか出来ないので本当に恥辱だけれども今は最早仕方がない、此恥辱は学校を出てから取りかへして見せる。

卒論は清書をして明治四十（一九〇七）年四月三十日の日付で、井上哲次郎教授のもとに提出される。例言、目次、本文で枚数は四百字詰二百七十枚。

油を搾られる

卒論の口頭試問では、ケーベルは優しかった。和辻哲郎が卒論を英語で書いたのがケーベルに読んでもらうためだったように、ケーベルは論文の日本語を解せなかったが、学殖を認めていた次郎ならよい論文を書いただろうと思ったがゆえの優しさだったかもしれない。

もっともケーベルは卒業論文なる制度に反対で廃止すべきだと思っていた。ほとんどの論文は、表面的に諸種の著書からいい加減に抜粋し編纂したもので、書き写しに等しい。のみならず、「書き写したものの意味すらも理解していない」からだ。口頭試問は価値があるとするが、現在のような「峻厳にして不安を抱かしむる「法廷」風であってはならぬ」としていた（「文科大学長に答うる書」『ケーベル博士随筆集』）。

しかし、井上哲次郎教授や中島力造教授には油を搾られた。二人は「峻厳」な「法廷風」口頭試問をおこなったわけである。井上は、スエズ以東第一の哲学者と自称する一方で、粗笨で大雑把なところから、学生たちには「井の哲」と呼ばれて笑いの種にされていた。そんな井上ではあるが、明治三十（一八九七）年十一月から三十七年三月まで文科大学長を務めた。文科大学のドンだった。ということは帝国大学のドンということでもある。それゆえに、後年のことだが、井上をめぐってまことしやかにこんな噂も流れた。それまで帝国大学教授の定年の申し合わせの議論はあったが、実施までにはいたらなかった。東京帝大では大正十一（一九二二）年三月から

井上哲次郎（1855-1944）

「在職教授退職ニ関スル申合」の「満六十ヲ以テ定年トス」が実施された。当時井上が欧州出張中だったので、そのときをみはからって申し合わせが実施されるようになったのだという噂が出回ったのである。噂の真偽はいずれにせよ、こんな噂がでること自体、井上が大学内でいかに権勢を振るったかを示すものであろう。

この申し合わせが実施されると、学期の途中でも誕生日になるとさっさと講義をやめてしまう教授もでてきたが、井上は、大正十二年九月に帰朝してからも定年制は法律によるものではなく、単に大学内の申し合わせ事項だとして、居座り続け、翌年三月末日、満六十七歳三カ月で退職した。

井上をめぐってはこんな逸話もある。和辻哲郎は卒業後『ゼエレン・キエルケゴオル』を上梓するが、そのときに、キェルケゴールの『人生行路の諸段階』を借用するため井上宅を訪問する。書庫に入っているから、次の面会日に出しておくといわれる。次の面会日に行くと、机の上に書物がおいてあった。本を手に井上は言う。「この研究は中々よくできている。よほどキェルケゴールをしっかりやったらしい」。そして、キェルケゴールについて滔々と語った。和辻は面食らってしまった。というものも井上教授が書題のStadien（Stage）をStudien（Studies）と誤読し、しかも中身を全く読まないで長々と喋っていたからである。

前章でみた魚住影雄は、一高受験直前の明治三十六（一九〇三）年六月の書簡で、こう書いている。哲学科に進学したいのだが、「哲学の教授に私の頭を下げることを欲しない人物が居る」。その弟子にはなりたくないから哲学は自修するとしている（『折蘆書簡集』）。井上を嫌って独逸文学科に進学したということである。もっともあとになって哲学科に転科し、卒業している。ケーベルは井上について「彼は別にわるい人間ではない、ただスチューピッドなだけだ」と辛辣な批評をしていた。

この井上が次郎の論文をこっぴどく批判したのは、自分のことを「俗物《フイリスター》」と呼んではばからないケーベル・チルドレンのひとりだと次郎を思い、意趣返しの気味も入っていたかもしれない。卒論の中から優れた論文が『哲学雑誌』に掲載されるのだが、次郎と同級の石原謙は井上の推挽で論文が掲載された。しかし、次郎の論文にはそんな気配は微塵もなかった。さきのような事情を考えれば、学問外事情によって最初から掲載対象にならなかったのかもしれない。

学校職員	36
大学院学生	17
分科大学研究生	20
他分科大学生	1
職業未定又ハ不詳ノ者	20
総計	94

（出所）『日本帝国文部省第三十五年年報』

表4－1　文科大学卒業生の進路（1907年）

学士就職難と大学院

次郎の大学卒業年度の文科大学生進路は表4―1のようである。卒業生九十四人のうち、学校教職員三十六人で、全体の三八・三％。大学院進学が十七人、一八・一％もいる。次郎や上野直昭、石原謙などは大学院に進学した。文科大学大学院在籍者は彼らを含めて八十七人もいた。次郎の大学院での研究テーマは「神観々念の発達」で、さきほどふれたスピノザの卒業論文の延長上にあるテーマが選ばれている。

ここで大学院について述べておこう。大学院は、明治十九（一八八六）年の帝国大学発足とともに設置されている。漱石は明治二十六（一八九三）年七月、帝国大学文科大学英文科を卒業し、大学院に入学、明治二十八年四月に松山中学校に赴任するまで、在籍した。大学院在籍のかたわら東京高等師範学校英語講師などもしていた。大学院生に指導教授はいたが、大学院生だけの授業科目はなかった。授業料は、当時は無料だったこともあって大学院は就職待合室のようなところがあった。大学院が授業料（三十五円）を徴収するようになるのは明治四十三（一九一〇）年からである。同年の各分科大学一学年の授業料は五十円である。

次郎をはじめとする大学院進学者、分科大学研究生、他分科大学生の潜在的職業未定者と「職業未定又ハ不詳ノ者」をあわせると五十八人で全体の六一・七％。半分以上が就職できていなかったことになる。

このような学士就職難は文科大学卒業生だけではなく、法科大学卒業生も含めて日露戦争前後から目立ってきた。次郎が卒業する二年前の『教育時論』（一九〇五年八月二十五日号）の「時事寓感」にある「学士とパン」というコラムはこう書いている。

学校卒業の履歴さへあれば、其の実力如何んに拘らず、履歴相当のパンを得られたるは、数年前迄の事なりしが、今や乃ち然らず。大学を卒業したるものにても、卒業証書の力のみにて、パンを得んことは極めて難し。

そして、こう続けている。小学校から大学まで少なくとも十七、八年を要し、学資も数千円。これで碌々パンも得られないようでは、はなはだ情けない次第である。さらにこのコラムはつぎに「学才と富貴」という題名を立てて念をいれる。富貴は学才と無関係であるのに、「然るを多少の学才ある為め、富貴之によりて得らるとなし、其の得られざるに於いて、轗軻《かんか》（不遇――引用者）を歎じ不平を声《な》らす。所謂学究の徒皆是れなり」。

「金持ち」高等遊民と「貧乏」高等遊民

次郎は卒業するがそもそも就職活動をした気配はない。卒業をひかえた明治四十（一九〇七）年六月二十二日、郷里で徴兵検査を受ける。その日の次郎からの長沢一夫宛書簡には「僕は現実界に入りはてる身とは思つてゐない」と書いているほどである。

漱石の『それから』の代助のことばである「パンに関係した経験は、切実かも知れないが、要するに劣等だよ。パンを離れ水を離れた贅沢な経験をしなくちゃ人間の甲斐はない」を髣髴とさせるものである。しかし、代助は実業家の次男であり、そう言い放つこともできたが、学資さえままならなかった次郎にとっては就職しない代償は大きい。

この頃はさきにみたような学士就職難もあって「高等遊民」という言葉が新聞や雑誌をつうじて流行していた。高等遊民は、浮浪者や漂泊者などの（「下等」）遊民と区別して高等の教育を受けながらも定職がない人々を指して使用された。

高等遊民には、敢えてこの道を選ぶ高等難民と就職できないからやむを得ずという就職難民があるが、次郎は、前者の、敢えて選んだ高等遊民である。しかし、敢えて選んだ高等遊民にも二種類あって、さきの上野直昭のように、家庭が裕福で、内職めいたことはしなくともよい「生活に困らない」「金持ち」高等遊民と、次郎などのように「生活に困る」「貧乏」高等遊民がいたわけである。金持ち高等遊民は稀だから、上野は高等遊民の別格扱いで、仲間に「最高等遊民」といわれていた（上野直昭「安倍能成追憶」『心』一九六六年八月号）。

次郎は経済面で実家をあてにできないまま高等遊民生活に入ったから、貧乏がこたえる状態が続くことになる。

第5章

「ファースト・アベはなんにもしない」

吁《ああ》、こんなにしていつまで暮すのだらう。金をどうしよう、仕事をどうしよう、弟も五月ころには上京するのではないか。気がイラ〳〵して仕様がない。

僕に天分と云ふものがあらうか。何もありさうにもない。生きてゐるのがいやだ。自殺してしまはうかと思つたりする。

「さすらひ（第三）」

宿南昌吉との邂逅

明治四十（一九〇七）年七月、次郎は哲学科を卒業すると帰郷した。東北旅行中の京都帝大医科大学の学生が山形の実家に次郎を訪ねてくる。宿南昌吉《しゆくなみしようきち》である。宿南は、次郎生誕の前年、明治十五（一八八二）年二月、兵庫県但馬国養父《やぶ》郡宿南村（現・兵庫県養父市八鹿町宿南）で生まれる。父は宿南村ほか十二カ村の村長で、昌吉は幼少時より文学を好んだ。豊岡中学校や三高では文科を志望していたが、家を継ぐ将来を考え、文科進学をあきらめて京都帝大医科大学に進学する。田端の光明寺でともに間借りをした縁で次郎との友情を深めた長沢一夫が同郷の宿南を次郎に仲立ちした。それをきっかけにした宿南の訪問である。

宿南と次郎は哲学青年同士で、たちまち意気投合し、肝胆相照らす仲になる。宿南は次郎の印象を「偉丈夫のように想像してゐたのが白皙短軀の秀才」とし、次郎は宿南を「禅坊主のやうな飄然とした男」としている。

二人が予想以上の親交をもったことに気をよくした長沢はある計画を立てる。東（東京帝大）と西（京都帝大）の大学生・卒業生が合流して、信濃飛驒へ登山旅行にでかけようというプランである。東からは次郎、長沢、魚住、小山鞆絵《ともえ》が参加する。小山は魚住と同級生で次郎より二学年下。のちに東北帝大法文学部教授となる。西からは長沢と宿南昌吉のほか数名が参加する。長野県木曾郡上松《あげまつ》町にある景勝の地、寝覚の床で合流し、そこから野麦峠を越え上高地に行くという計画である。明治四十（一九〇七）年九月末から十月にかけて三週間の旅がなされた。次郎や長沢などの卒業生にとっては青春の最後を飾る旅だった。

次郎は宿南との再会を喜び、さらに親交を深めた。そんなことから長沢は、宿南の九歳下の妹八重を次郎にとりもとうとする。その頃八重は創設されたばかりの京都府立第二高等女学校（現・朱雀高等学校）生徒で、兄の昌吉と同居していた。

そのあたりのことは『三太郎の日記』に付録としておさめられている「狐火」（明治四十四年四月）に読み取ることができる。「狐火」は主人公は西川であるが、次郎のことである。『三太郎の日記』の主人公と同名であれば、著者の化身と思われやすい。それを避け、三太郎とはまったく別名の西川の手記の体裁をとっている。そして「次に掲げるのは西川が大学を出てからその翌年夏ごろまでの反古と思はれるものを択《え》り出して、大体筋道の通るやうに並べて見た」とある。つまり、明治四十年九月から明治四十一年八月くらいまでのこととなっている。

山口（長沢——引用者）は依然として僕（次郎——引用者）のために、千枝子（八重——引用者）さんを貰はむ事を希望してゐる。さうして千枝子さんならば屹度君（次郎——引用者）の悲を癒す事の出来る女だと云つている。

「この女ならば悔いはない」

翌年春、京都の女学校を卒業した八重は友だちと上京する。長沢と同郷で長沢の意中の女性依《よ》田定尾《だ さだお》（但馬国城崎郡出身で女子英学塾［現・津田塾大学］塾生）につれられて本郷森川町の次郎の下宿をたずねる。次郎は森川町の下宿には前年十二月に移ってきた。素人下宿で二階の一間が次郎の住まいだった。二人が次郎を訪ねるのは明治四十一年四月十八日である。「狐火」には、八重が訪問する前日の次郎の気持ちがこう書かれている。

嗚呼明日は静代（依田定尾――引用者）さんが千枝子（八重――引用者）さんを連れて来る日ぢやないか。狐は又一つ火を点さうとするのか。

引用文中にある狐火は幼い時に見たもので、動き漂い着くあてのない迷い火のことである。

翌日、依田定尾につれられて八重がやってくる。次郎の二階の下宿からは梧桐《あおぎり》がある庭が見渡せた。魚住もそこにやってきた。次郎は着流しで机のそばに座って、ニコニコしている。魚住は次郎と同じように小柄だったが、髭が濃く、そり立ての頬が青かった。射るようなまなざしで、八重を些か恐れさせた。同日、次郎は直ぐに長沢に手紙を書いている。

今日午後定尾さんと八重さんとにあった。話下手な僕はあまりしんみりした話をすることも出来ずにしまった。こんな時に君が居てくれたらと思ふ。（中略）

敢て君に正直に告白するが八重さんの First Impression は非常によかった、君の話を基礎にして考へたよりも遥かに美しいと思った。（中略）惚れると惚れないとは二人の心情の接触より生ずる事柄で、現在の問題ではないけれども、僕は若し惚れることがあっても此女ならば悔いまいと思った（後略）。（青柳昌子「宿南八重の生涯」『楠』一九七八年七月号）

「僕は若し惚れることがあっても此女ならば悔いまい」とまで書いている。九重との婚約のとき、頭から離れなかった加藤幸子の残像が八重の出現で上書きされたかのようだった。ところが魚住も八重の虜となる。魚住は「僕の世界は暴風雨だ！」と舞い上がったからややこしくなる。

長沢は八重が上京する直前に次郎と魚住の前で、次郎と八重を結びつけたいと喋った。にもかかわらず、魚住はこの年の夏、ひとりで京都に赴き、八重に愛を告白する。宿南昌吉も八重も、長沢が次郎と八重をとりもとうとしていたことを知らなかった。魚住が積極的に八重にアプローチしていることを知るに及んでも、次郎は、はっきりとした行動にでなかった。そのことが混乱に輪をかけた。

次郎からすれば、恋の鞘当てなど演じたくはないというかれなりのプライドがあったからかもしれない。九重をめぐる弟三也との騒動がトラウマになっていたということもあっただだろう。

いやそれ以上のことがあったからであろう。

影の女

この頃次郎は別の女性ともつきあっていたふしがある。そのことは、さきに引用した「山口(長沢)は依然として僕のために、千枝子(八重)さんを貰はむ事を希望してゐる」云々の文章のあとにこう書かれているからだ。

しかし山口には、彼の暗い影がどんなに深く僕の胸に喰い込んでゐるかがわからないのだ。(中略) 僕は到底影の女を中に置いて人と恋するの歯痒さに堪へない。

長沢が八重を次郎にとりもとうとした時だから明治四十一年頃のことである。「影の女」との交際は、八重との出会いと同時並行だったのか。それとも「影の女」は八重との交際が絶たれたあとのことなのだが、「狐火」では同時並行のように書かれているのか。文章そのままに「影の女」との交際中に八重との出会いがあったと解するほうが辻褄が合うように思える。

いったいここに出てくるわけありげな「影の女」とは何者なのか。これはあとでふれることにして、八重をめぐる次郎と魚住の鞘当てがどうなったかを先にふれておこう。

次郎は同年七月、長沢と京都に行き、宿南とも交わるが、そのとき魚住が次郎より一足先に京都を訪れ八重に求愛したことを知ることになった。そのあと次郎は一人で奈良、吉野のあたりを一カ月ほどさまよう。センチメンタル・ジャーニーである。次郎の恋は再び挫折したのである。しかし、魚住と八重の間柄の進展も八重の兄宿南昌吉の突然の病死（明治四十二年八月）と翌年十二月の魚住の死によってふきとんだ。

なお八重はそのご兄昌吉の豊岡中学校時代の同期生福富卯一郎と結婚する。福富は東京帝大法科大学を卒業して大蔵省に勤務していたが、大正十一（一九二二）年病死する。八重は次郎逝去の十九年後、昭和五十三（一九七八）年一月八日、八十六歳で永眠する。八重（母方の祖母）の孫にあたるのがピアニストでエッセイストの青柳いづみこである。青柳は、この恋の顚末をこう書いている。

夏目漱石が「油壺から出たよな男、何処となくさっぱりしない」と評した阿部次郎と、背丈こそ小さいが、ケーベルに寵愛された美貌の魚住影雄が並んでいたら、勝負ははじめからついていたようなものかもしれないが、八重には、兄や尊敬する友人たちを裏切るような真似はできなかった。

すべては、自分が男性にひきおこした感情を察知できなかった八重の鈍重さと、その感情を深く秘めて表に出そうとしなかった阿部の態度の曖昧さがまねいたことだった。（『無邪気と悪魔は紙一重』）

次郎は、生活苦だけではなく、度重なる恋の挫折も重なってボロボロの状態である。在学中は『帝国文学』に毎月寄稿していた次郎であるが、卒業後は余り書かなくなる。卒業一年目は十一月と十二月に『新思潮』に寄稿した二本だけである。

そんな中『帝国文学』などの作品が与謝野寛の目にとまった。世間では鉄幹の名で知られていたが、明治三十八（一九〇五）年に鉄幹の号を廃し、本名の寛《ひろし》と名乗っていた。その寛によって『明星』への原稿を依頼され、小説もどきの『親友』を寄稿する。しかし、明治四十一年の発表作品は『明星』寄稿の『親友』ともう一作『夜の歌』だけで、ほかになにも書いていない。東京帝大生だった明治三十九年四月から翌年三月までは、『帝国文学』を中心に月に平均二本程度書いていたのにである。

この頃の次郎の心象も『三太郎の日記』に所収されている「西川の日記」にみることができる。明治四十一年五月のところには「新しく勉強の計画を立ててから二年余、学校を出てからもう一年になる。僕はこの間何をして来たことだらう。／無だ。全然たる無だ」「（中略）今日から又日記を書き始める。三年ぶりだ」とある。八重への恋が実らないことがわかった同年八月の日付のものにはこうある。

思想上の興味極めて薄く、ほとんど一流の無理想安住派に堕せむとしき。読書せず。

女性に対する慾望熾《さか》んなるも恋するほどの落付きは生ぜざりき。したがつて外形においては放縦、内心においては寂寞。

能成のほうが健筆

次郎は酒、女、義太夫、芝居などに耽り、皮肉、冷笑の生活をおくっている。生活の目途がたたないだけではない。発表するテーマもない。書くことのむなしさも覚える。八方塞がりの時代だった。ケーベルのところへもいかなくなっていた。

明治四十二（一九〇九）年三月、大学図書館の書庫でテオドール・リップス（一八五一〜一九一四）の本を探していた。そこでケーベルに思いがけなく出会う。しばらくぶりでうれしかったが、「なんにもしてゐないのできまりが悪かつた。僕は赧《あか》い顔をして先生の手を握つた」（「西川の日記／さすらい（第二）」集・一）。

ケーベルは、この頃の次郎について次郎の友人上野直昭に「ファースト・アベはなんにもしない」（First Abe does nothing）と言っていた（「叱られた話」集・七）。セカンド・アベ（安倍能成）

の活躍が頭にあり、他方で次郎への期待が大きかっただけに、そう言ったのかもしれない。

そこでこの頃の安倍能成についてふれておく。能成は、高校のとき一年留年したから、次郎より二年遅く、明治四十二（一九〇九）年三月に大学を卒業した。大学生のとき綱島梁川《つなしまりょうせん》と共訳で『ルナン氏耶蘇伝』（一九〇八年）を刊行している。能成のほうは次郎とちがって、卒業後、学校教員の勤め口を探した。しかし、就職がかなわなかった。そこで就職待ちで大学院に進学する。かたわら私立日本済美中学で教鞭をとり西洋史と英語を教えた。月給二十五円。次郎がほとんど書いていなかったときに能成のほうは、『ホトトギス』誌上に毎月評論や小説の月評をし、健筆をふるっていた。

明治四十二年十月一日から同四十四年九月一日までに、『ホトトギス』や『国民新聞』などに一六二編も寄稿している。短編も多いとはいえ一カ月平均七編もの論稿を発表していたということになる。そのせいもあるだろうが、明治四十四（一九一一）年に『文章世界』がおこなった読者投票（「文壇十傑」）の批評家の部で安倍能成は小宮豊隆と並んで十傑の最後にランクインしている（「文壇十傑得点発表」『文章世界』一九一一年七月号）。次郎の名はない。安倍能成は、大正元（一九一二）年十一月に藤村操の妹恭子と結婚する。

懐不如意

次郎とともに山形中学校を放校になった藤原正はこの年四月に新発田中学校に赴任する。一年下の小宮豊隆は、序章で述べたように明治四十二年四月より漱石の仲介で慶応義塾に週一回出講し始めた。一学年下のかれらが生計を立てはじめたのをみて、あえて高等遊民の道を選んだ次郎も気持ちを揺るがされるところがあっただろう。それにわずかばかりの内職では慢性的に懐《ふところ》不如意である。次郎は先輩の小山内薫のところに執筆の機会を与えてくれるように頼む手紙を出した。次郎の手紙は残ってはいないが、明治四十二年七月二十二日付の小山内薫の返信は以下のようなものである。

ここに読売の日曜附録と二六の時代文芸欄と、国民の国民文学欄とを君の領地に御周旋致しませう。何でも出来たら、お送り下さい。この三つの中にならきっと出させます。そして新聞なみの礼をさせます。なほ纏つた文芸評論だったら、「趣味」なり「新小説」なり「早稲田文学」なり、小生の知己のをる所へ御周旋致します。一、二度出す内に、得意先とする事は容易です。但し、いづれも手間賃は安いものです。（阿部次郎先生を偲ぶ会編『阿部次郎先生の書簡集』）

小山内は、この文言のあとに、こうつけ加えている。自分のほうは、「手間賃」（原稿料）だけで食べているので、毎日平均十枚書いていると。しかし、このあと次郎が小山内のつてによって原稿が掲載された形跡はない。寄稿したものの没になったことも考えられるが、掲載原稿がひとつもないことから結局は書かなかったと思われる。当時の次郎は、生活のために書かなければならないという気持ちがあっても、書くための心の用意ができていなかったからであろう。それにのちのことになるが、「魂を弄び、魂を汚し、魂を売り、魂を堕落させる職業は最も恐ろしい」（集・一）とした次郎だから生活のためだけの売文はうけいれられなかったからでもあるだろう。

「影の女」をめぐる謎

ここで保留にしていた影の女とは誰だったかにふれることにしたい。さきほど引用したように、八重の孫青柳いづみこが八重をめぐる恋の三角関係による破綻は次郎が感情を表にださなかったことも原因の一つだとしているが、その原因は八重への思いを募らせながらも、その思いの中を横切る影の女がいたからである。では影の女とは何者だったのか。それは、後に妻となる竹沢恒《つね》である。

竹沢恒は明治十四（一八八一）年十一月生まれ。次郎より一歳年上。女子高等師範学校（現・お茶の水女子大学）を明治三十四年三月に卒業している。次郎が京北中学校を卒業する年である。

恒の母は里。里は安政六（一八五九）年、千葉県安房郡大山村（現・鴨川市）に生まれる。明治八（一八七五）年に東京女子師範学校に入学。卒業直前に郷里の豪農と縁談がまとまる。卒業後、結婚するも、嫁ぎ先の義父母の誤解で離縁される。里は恒をつれて上京し、神田の小学校教員となる。明治二十四（一八九一）年、神田三崎町にあった創立間もない東京高等女学校校長に就任

長女和子を抱く恒（1881-1966）
阿部和子遺稿・追悼集刊行会編『子どもたちを主人公に　親たちと歩んだ道』

する。その後この女学校は神田共立女学校と改称し、高等女学校に準ずる授業を開始する。明治四十二年に高等女学校令による高等女学校認可を受け、神田高等女学校（現・神田女学園中学校・高等学校）となる。里は、校長としてこの学校の発展に尽力した。

当時の女子高等師範学校卒業生の進路のほとんどは高等女学校教諭だったが、恒も卒業すると、国語漢文教授法の研究科生となるかたわら里の学校の教壇に立った。これだけをみれば、次郎は教育者の家庭で育ったインテリ女性と出会ったことになる。しかし、恒はのちに次郎の父に結婚を反対される事情をかかえた女性だった。その事情を知って次郎自身も結婚まで考えていたかどうか。次郎は八重に心を寄せ、「惚れることがあっても此女ならば悔いまい」とし、恒については「影の女」としているのだから。

では次郎と恒はそもそもどのようにして出会ったのか。次郎はこのことについて詳しく書いたものを残していない。

にもかかわらず、全集年譜（集・十七）では明治四十一年十二月のところに、「始めて恒子（神田女学校校長竹澤里子の女）に会う。後の夫人である」とある。全集年譜は、次郎が自ら作成した昭和四年刊行の『現代日本文学全集第二十篇　上田敏集・厨川白村集・阿部次郎集』（改造社）

をもとにしている。こちらのほうは明治四十一年のところに「暮に竹沢恒子と逢ふ、後の家妻なり」とある。

しかし、結婚については年譜でふれず、はじめての出会いだけをわざわざ年譜に書く必要があるのだろうか。話さなかったり書かないことによって、事は隠蔽されるが、話したり書いたりしても事の隠蔽はおこなわれる。そう思うと作為が感じられるのである。もし恒との出会いが明治四十一年十二月であれば、八重との関係が破綻したあとで影の女と出会ったことになる。それにもかかわらず、「僕は到底影の女を中に置いて人と恋するの歯痒さに堪へない」と、影の女と八重との間に揺れるありもしないことをわざわざ書く必要があったのだろうか。

出会いのきっかけについても謎めいている。それについては甥の襄は、次郎の講義のときに恒が聴講生で一番前にすわって非常に熱心に聞いていたことが始まりだとしている（「叔父阿部次郎の思出」『阿部次郎先生を偲ぶ』）。しかし、どこでの講義かはわからない。瀬沼茂樹は『日本文壇史　二〇』の中で、次郎は「家庭教師の関係で、明治四十年ごろに、竹沢里子を知って、信用を得ていた。すこし遅れて恒子にも会った」としているが、この記述の出所は示されてはいない。

重要な証言と伏せ字

出会いの場所と時期については、次郎の評伝（『光と影』）をまとめた新関岳雄による生前の藤原正への聴き取りが重要な証言になっている。それによると、二人の出会いは藤原が本郷西片町に下宿していた頃のことのはずだという。藤原が語った話とは次のようである。
藤原の下宿先の一階の家主の奥さんのところに彼女の同級生の女性がよく来ていた。次郎は二階の藤原の部屋によく来ていた。だから二人はそこで知り合ったのではないか。藤原はそう言ったという。次郎が結婚後、藤原は夫人の顔をみて家主の奥さんのところにきていた女性と同一人物だと思ったから間違いないというのである。また藤原は明治四十一年卒業で夏にはそこをひきはらっているから、二人はそれ以前に出会ったはずとも言っている。とすると、「狐火」の中で八重（千枝子）と「影の女」が同時に登場していることが事実とも符合することになるのではないか。
「狐火」の「三月三日となつた」で始まる文章には、次のような場面が描かれている。

影の女は今僕の頭の中でその子のために雛壇を飾つてやつてゐる。今、茜染の雪洞《ぼんぼり》に小さい灯を点して五人囃《ばやし》の左右に並べた。今、無心に見入つてゐる女の子を抱き上げてたまらないやうに頰擦《ほほずり》した。今、思ひ出したやうにこれを突きのけて、顔をそむけて涙を拭つた。

雛壇の前の子は恒の長女節であろう。次郎が宿南八重と下宿で会う一カ月前ほどのことになる。長女節はこの時、四歳である。明治四十一（一九〇八）年十二月に初めて逢ったどころか、三月にはその子どもにもあって、不幸な運命を思って頰擦しているのである。

では、裏に言ったという出会いのエピソードや年譜に書いた出会いの時期について次郎はなぜ、偽った（？）のだろうか。なぜなら、さきに述べたように恒が事情をかかえていたからである。

次郎が恒に出会ったときに、恒には子どもがすでに二人いた。夫の横山市治郎は清国にわたって別居状態だったが、離婚はしていなかった。そんな中での交際であるがゆえに出会いの時期を偽って記載したのではないだろうか。

二人の子どもは、東京帝大在学中だった横山との間にもうけた子どもである。横山は里の女学校に出入りしていてそこで恒と知り合った。結婚したのは恒が身重になって子どもが生まれる三カ月前だった。そのあと長男も生まれるが、横山は、卒業すると、単身清国に渡ってしまう。母里が校長をし、恒が勤めている神田高等女学校の寄宿舎に忍び込んだ横山は、女学生と強引に関係をもち、妊娠させ堕胎させたことが知れ、学校にいられなくなったからだともいわれる（佐々木千枝子「赤門を出た男」下『阿部次郎とその家族』）。横山と恒は明治四十二年一月に協議離婚している。二児は母竹沢里の養子となる。

とすると、次郎が恒とはじめて出会ったときを「明治四十一年暮」と書いたのは、当時あった姦通罪などの疑いをかけられないように糊塗したものだったかもしれない。

姦通罪とは、戦前にあった法律で、夫以外の男と姦通した妻とその男を処罰する法律である。姦通した妻と男は、夫の告訴によって二年以下の懲役に処せられた。訴える権利は夫（男性側）にあり、女性側にはない。恒と横山の離婚は明治四十二年一月二十一日である。次郎と恒のはじめての出会いが明治四十一年十二月であれば、協議離婚の一カ月ほど前の出会いということになる。姦通罪の疑惑を招きにくい。少なくとも「影の女」を恒と同定されないためではなかったろうか。

実際、『三太郎の日記』におさめられた「十二、影の人」は、「影の女」を描く「狐火」と対をなす文章であるが、そこには「姦淫」や「裏切り」の言葉が出てくる。大正三年の単行本（東雲堂版）では、それぞれが、××（姦淫）、×××（裏切り）と伏字にされていたのである。

狒々のような笑顔がたまらない

恒が前夫の名前を次郎にいつ告げたかはわからないが、横山市治郎と明かされて次郎はあっと驚くことになったであろう。横山は明治十二（一八七九）年生まれ。一高文科を明治三十五年に卒業している。次郎と親しかった小山内と同級生である。明治三十八年七月に東京帝大文科大学哲学科倫理学専修を卒業している。一高と東京帝大文科大学ではともに次郎の二学年上である。特別な交流はなくとも、下級生にとって、上級生は関心の的である。大学では同じ哲学科だけに次郎は横山のことを良く知っていたはずだ。とかくの噂がある人物のようだった。「狐火」に横山とおぼしき男が描かれている。「ああ彼の狒々《ひひ》のような笑顔がたまらない。平べったい、浅黒い顔と、大きい、しかし薄い唇とがたまらない」と出てくる。

恒を前にすると、横山のそんな風貌が眼前にでてくることもあって、正式に婚姻後も次郎は恒には相当きつくあたった。次郎はこの結婚を悔やむところもあったようだ。後年次郎は日本女子大学校に出講していたときに、卒業を前にした学生たちに、「人は憐憫から結婚してはならない」と言った（板垣直子「阿部先生」『阿部次郎先生の横顔』）が、自分の恒との出会いから結婚にいたる経緯を顧みての言かとも思われる。

大正二（一九一三）年一月五日、長女和子が生まれる。しかし、年譜では同年十二月二十日生まれとされている。婚姻届は、翌年二月二日に出されている。正式の婚姻が遅れたのは、父の反対がつよかったことがあるが、次郎も逡巡した可能性もある。和子が生まれ、父の許しが出て、次郎も結婚に踏み切る気になったということであろうか。恒との出会いは記されても結婚の年月日については全集年譜には記載されていない。次郎自作年表（『現代日本文学全集第二十篇』）の大正三年のところには、「初夏、中野町一〇一八（俗称桜山）に新居を営み」とあるのみである。

そしてこの不完全燃焼のようなかたちでの結婚が恋愛への願望を燻らせ続け、のちの和辻哲郎の妻照との事件（第12章）の伏線になっていったように思われる。

しかし、恒はそうした過去が負い目になったこともあったろうが、生涯、次郎には献身的だった。生前をよく知っている人の恒に対する評価は、淑やかで、立派な人だったという者が多い。仙台市には阿部次郎記念館があるが、そこにある時、東北帝大の卒業生で面談日には次郎の家によく行った人が来館した。恒の写真をみながら「ばあちゃん、やっと来たよ」といって涙を流していたという。恒は面談日にやってくる苦学生たちにもなにかと気を使って、食物を渡したりした。三女の千枝子も母について「決して人の悪口を言わず、たとえ自分が悪く言われても、怒る代わりに少女の様にべそをかいていた」(『阿部次郎とその家族』)と言っている。

次郎とわけありの恒との結婚がなされた年に、三也と九重が入籍する。父の赦しが出たからであろう。それでも次郎と三也は絶交状態だったが、大正八(一九一九)年、三也と九重の間の子どもが死ぬという悲しみの中の葬式で次郎は三也と会う。当日の次郎の日記には「幾年ぶりの九重ちゃん」と書かれている。

光がさしかける

少し、先をいそぎすぎた。次郎の卒業数年後の時代に戻りたい。こんな次郎に光がさしてくる。次郎の彷徨の季節のおわりは、夏目漱石の知遇を得て、『東京朝日新聞』文藝欄に執筆の機会を得ることがきっかけになった。

次郎は大学在学中に『帝国文学』の編集委員になり、卒業後は同誌を発表媒体にしていた。しかし、『帝国文学』は、次郎が編集委員になった頃から往年の勢いがなくなっていた。それに『帝国文学』では、読者が限られていた。新聞の文藝欄ともなれば、注目度も高い。次郎の彷徨からの立ち直りのチャンスとなる。そんな思いからであろう、次郎ははじめて漱石を訪ねる。明治四十二(一九〇九)年十一月二十五日である。「朝日文藝欄」が始まった日である。

文藝欄は漱石の尽力により設けられた。既成作家よりも若い作家を天下に紹介したいということがあったが、平塚明《はる》（らいてう）との心中未遂事件のあとで生活に窮していた森田草平をはじめとして、漱石のまわりにいた若い人たちの糊口を凌ぐ助けになればという思いもあっての企画だった。森田は文藝欄の編集助手として月に六十円の手当をもらっていた。

次郎は漱石を介して森田草平や小宮豊隆などと交わる。次郎の最初の原稿は、明治四十二年十一月末に漱石に送付された。漱石は「玉稿たしかに落掌」のはがきを十一月三十日に出している。掲載されたのは同年十二月十日。「驚嘆と思慕」である。彷徨の季節を抜け出る切っ掛けになった。

創作などの文化生産は個人やその才能にのみ帰属させることはできない。人脈やネットワークによって開花していく。人脈やネットワークは動機づけや資本となり、創造的作品の生産を効果的にする（**R.Collins, *The Sociology of Philosophies***）。次郎の漱石山房入りは、次郎の創作活動への意欲に弾みをつけることになる。

第6章

スターダムに

俺は俺自身の悩みを悩み、俺自身の運命を開拓する。この悩みとこの努力とは俺を一歩づつ人生の深みに導き、人生に対する俺の態度を徐々として精鋭にするに違ひない。俺はこの悩みと努力とによつて、人生の底に動くある「力」を見、ある「力」を体得する。俺はこの悩みと努力とによつて、人生の底に動く深い力を次第に鮮明に確実に、全人格的に捕捉する。

「愛と憎と」

自家撞着に追い込む戦略

人生はあみだ籤といわれる。次郎にとって漱石との知遇を得ての『東京朝日新聞』文藝欄での執筆が、名を文壇に知らしめることになった。

前章のおわりにふれた朝日新聞文藝欄執筆第一回の「驚嘆と思慕」（十二月十日）は、当時飛ぶ鳥を落とす勢いの自然主義についての関心を表明する、そのあとに論じようとするテーマの序論にあたるものだった。

年あけて二月には本論にあたる「自ら知らざる自然主義者」（明治四十三年二月六日）が、三月には「再び自ら知らざる自然主義者（上）」（三月二十日）、「再び自ら知らざる自然主義者（中）」（三月二十一日）、「再び自ら知らざる自然主義者（下）」（三月二十三日）が連続して掲載される。

ゾラやフローベール、モーパッサンなどを本家にした自然主義は文壇の主潮流となっていた。本家の自然主義は、自然科学の権威で武装しつつ人間と環境の問題を単に再現するだけではなく、社会批判運動の一翼を担うものとしてあったが、日本では、性的な覗き趣味的「出歯亀主義」や、技巧もなくありのままにだらだらと記述する「牛の涎《よだれ》」などと揶揄されるような、現実暴露や自己暴露の私小説として定着したきらいがある。

漱石は自然主義そのものに反対はしなかったが、自然主義派が自然主義にあらざれば文学にあらずとする文壇政治的なところを嫌っていた。もっとも赤門派も罵倒合戦では負けてはいなかった。『帝国文学』の雑報欄では、自然主義派を「道徳破壊者」「低級文藝」と非難していた。さらに、自然主義派を「学位をもたぬ、ろくな学歴もない」とさえ言っていた（正宗白鳥『自然主義文学盛衰史』）。泥仕合めいていて、どっちもどっちのところはあった。

次郎の論稿は、自然主義に対して正面攻撃をしたのではない。自然主義の牙城である『早稲田文学』が「推賛之辞」で、その年の注目すべき作家をとりあげていたが、その「推賛之辞」を批判のとっかかりにした。『早稲田文学』（明治四十三年二月号）が永井荷風の短編小説集『歓楽』を「過去一年の文勲に対する推讃の標目」とした。次郎の論説はここを攻めた。

享楽主義の荷風を推讃しているのは、自然主義そのものの観念が曖昧だからと批判した。自然主義を極端に包括的なものにして現代主義とか浪漫主義としなければ、換言すれば、自然主義の特殊な意味を殺してしまわなければ、荷風を自然主義派が推讃できないはずとする。享楽主義は生命の味をかみしめているのみで、自然主義は生命の悲痛に沈潜することに特徴があるのに、その区別がついていない、「折衷迎合」だとした。

自然主義対反自然主義ではなく、相手の土俵に上がって、相手の矛盾をついている。つまり闘争相手を「自家撞着に追い込む戦略」（ピエール・ブルデュー／石井洋二郎訳『芸術の規則Ⅱ』）を用いたわけである。

自然主義の覇権に疑問を感じるむきがでてきた頃だったことも幸いした。『新小説』（一九一〇年三月号）の「寸鉄」欄は、自然主義というのは、なんでもござれの「乞食袋」だとしている。

そして次郎の論説については、次郎とは誰だろうとしながらも、「其の筆鋒の鋭利当るべからざる者があるね。早稲田文学社の連中の肚底腹《どてつぱら》を蹴破つて、トンネルを造り、愚毒を抜いてやるだけの力が確にあるんだと思ふ」と絶賛している。

四人合作の『影と声』

しかし、次郎は前章で述べた長いトンネルを抜けて文筆活動が軌道に乗ったばかりである。生活の苦しさは改善しない。

明治四十三（一九一〇）年四月九日付小宮豊隆宛書簡には、「唐突な御願いだが君の手で十五両（円——引用者）許り揃へて貰ふ訳に行くまいか」とあり、追伸には「一円でも二円でも」とさえある。卒業しても定職についていないから、当然だろう。大学時代からやっていた書家の雑誌編集の手伝いや家庭教師なども続けていたが、朝日文藝欄の原稿料は、一回四円ほど。一月二回程度の執筆だったから八円前後である。全部の収入をあわせても二十円には足りない。当時は独り者でも一カ月二十円は必要としたから足りるものではない。

次郎が自然主義批判を書いた翌年、明治四十四（一九一一）年一月、大逆事件で幸徳秋水が刑死した。翌二月、「純粋経験」という概念を編み出した西田幾多郎の『善の研究』が弘道館から出る。三月、次郎、安倍能成、小宮豊隆、森田草平による『影と声』が刊行される。老舗の版元で日本橋にあった春陽堂には、森田草平がかけあった。題名は次郎がつけた。森田を除いた三人にとって最初の書物である。次郎は巻頭の「彷徨」を、小宮は「幻」、安倍は「曇」、森田は「縷」とそれぞれの短編をおさめている。次郎の「彷徨」は頁数がもっとも多い。さきの「驚嘆と思慕」を巻頭に自然主義論争がその次に入っている。

四人の作品集『影と声』では、次郎の作品の評判がもっともよかった。文士をめざしていた江《え》馬修《まなかし》（一八八九〜一九七五）も『影と声』を読んで、「次郎の書いたものが一番光っている」としている。

江馬は明治二十二（一八八九）年岐阜県生まれ。次郎より六歳年下。作家になろうと中学校を中退して十九歳で上京する。『影と声』を読んで、次郎の文章に感銘を受ける。それからは新聞や雑誌に掲載された次郎の論稿をひとつも洩らさないほど注意して読むことになる。次郎の著作を手引きに論理的にものを考えるとはどういうことかを学んだ。

のちに次郎の押しかけ弟子のようになり、『赤い部屋』（ストリンドベルヒ）の共訳を次郎に申し込む。江馬が英語版から翻訳し、それを次郎がドイツ語版でチェックし、新潮社から大正五（一九一六）年一月に刊行する。この訳本が出た同じ年の九月、江馬は主人公の私の告白からなるラブ・ストーリー『受難者』を同じ新潮社から出し、ベストセラーとなる。江馬はそのあとプロレタリア文学に走り、次郎と袂を分かつことにはなる。

ここまでの江馬の次郎とのかかわりは、江馬の後年の著作『一作家の歩み』（一九五七年）によっている。『影と声』が刊行されたあたりから、江馬は、その著者たちと交際を始めた。

同書では『影と声』の四人の著者たちに対する人間観察もなされている。江馬が最初に出会ったのが、小宮豊隆である。小宮をつうじて安倍、森田、次郎と知り合っていった。

小宮については、浅黒くて細おもて、感受性に富み、「豊かな家庭に育った人らしく、物やわらかな、おうような人柄」としている。さすが『三四郎』のモデルらしい。次郎については、背が低く小太りで、童顔でにこにこしていたとし、「顔つきはいかにも思想家らしい重々しさがあって、人の話をきいてすぐ腕をこまねいて考えこむ様子は、神経質らしい慎重さ」をあらわしていた、と記述している。安倍能成については、飾り気のない「素朴な村夫子然《そんぷうし》」としており、おのずと敬意を感じさせるものがあったとしながらも、「しかし、あまり深みがあるとは思われなかった」とする。森田については、頭を角刈りにして口髭のほかに下唇の下にも二つに分かれた髭を立て、上物の着物に角帯という出で立ちが、「下町の問屋の旦那のようにもみえた」という。手練《てだ》れの作家だけに、四人の風貌と人となりをよく摑んで表現している。

『東京朝日新聞』文藝欄は明治四十四年十月に廃止された。次郎は小宮、森田、安倍などとともに「読売新聞」の客員となる。同紙日曜付録の寄稿家となった。ここらあたりから、次郎は新聞雑誌に毎月何本かの原稿の執筆をするようになる。文壇人としてのプレゼンスを高め始めた。

副手の話

しかし、次郎は新聞や雑誌に寄稿するフリーランスの文筆家になることを本意としたわけではない。大学で専攻した美学についての本をまとめることがずっと念頭にあった。

前章にみたように、大学の図書館の書庫に入りテオドール・リップス（一八五一～一九一四）の文献を探し出し、明治四十二（一九〇九）年の春には読み始めている。大学卒業から一年九カ月ほどたったときである。

ヘーゲルの死（一八三一年）から哲学は沈滞し、十九世紀半ばのヨーロッパの思想界は哲学空位時代となった。しかし、一八六〇年代に「カントに還れ」のスローガンのもとに新カント学派が台頭し、現代思想としての哲学の時代がやってきた。リップスは、この新カント学派の第二世代の哲学者である。

次郎がリップスに着目したのは、意識は個人我の中に生起する意識の体験だから自己観察によって直接把握されるとするリップスの方法だった。何事も自己を介して把握するという次郎の思惟様式と合致したからだった。

同年（明治四二年）には美学会幹事になる。美学会は次郎の一年先輩の生田長江《いくたちようこう》（弘治、一九八二～一九三六）が大塚保治教授を顧問として明治三十八（一九〇五）年に立ち上げたもの。次郎も創立時から会員になっていた。美学の研究こそ次郎の研究の本店だった。

大正元（一九一二）年十月六日の小宮への書簡の中でも「机の前に座って無理にも美学者となろうとするのだが、その前にこの葉書をかきたくなつた」とある。同年刊行の『哲学大辞書』の美学関係項目には次郎のほかに大塚保治、乙骨《おつこつ》三郎、生田長江、菅原教造などが執筆しているが、次郎一人で二十八項目も執筆している。美学の項目のほとんどは次郎によって書かれている。美学者として期待されていたし、自負もあったからであろう。

これより数年前の話だが美学講座の副手の話もあった。次郎が美学会幹事になった翌年（明治四十三年）、師の大塚保治から美学講座の副手の話が、美学会に持ち込まれる。ひとりは有給で、もうひとりは無給である。次郎は美学会の幹事だったから受ける気があれば、美学講座の副手になれただろう。しかし次郎は受けなかった。どうしてか。

この時代の副手の給料は月給で五円前後だったようだ。さきほどふれたように二十円がひとりものの最低生活費だったから給与という名に値しない額だった。給与を五円前後だったと推測するのは、次のようなことからである。

一高で和辻哲郎と同級生だった天野貞祐《ていゆう》の事例があるからである。天野は明治四十五（一九一二）年、京都帝国大学哲学科を卒業し、京都帝大の副手となった。辞令の六十円をみて、最初に「こんなには必要ない」と思った。六十円を月俸だと思ったからだ。しかし、六十円は年俸だった。こんな笑い話のようなことがある（「大学卒業の頃」『丸』一九五五年一月号）。副手は給与が少ないだけではない。図書カードの作成など雑用が多い。内職をする時間がなくなる。それでは生活が成り立たない。そんなことで次郎は副手の話にのらなかったのだろう。

結局、菅原教造と上野直昭が受ける。次郎と同級生の菅原（哲学科心理学卒）が有給副手になった。上野は第4章でふれたように、裕福な家庭で仲間から「最高等遊民」といわれていたほどだから、有給副手を菅原に譲ったことになる。次郎に経済的余裕があり、副手となっていたら、すんなり美学者となっていたかもしれない。そのかわり『三太郎の日記』は世に出ることはなかっただろう。

「本店」は美学研究

師の大塚も次郎が美学者として大成することを期待していた。そのことに関連して、時代が下るが、大正三（一九一四）年四月に『三太郎の日記』（東雲堂版）が刊行された直後にこんなことがあった。

次郎の先輩が訪ねてきた。そこで先輩は、「阿部君は堕落しましたねえ、君はさうはおもいませんか」と大塚先生が言っていたということを告げる（「叱られた話」集・七、未投函書簡、大正三年四月二十日付大塚保治宛、集・十六）。大塚の言は、『三太郎の日記』が出た三、四年前の話とされているから、朝日新聞文藝欄や読売新聞日曜付録文藝欄などで健筆をふるっていた頃の次郎について「堕落しましたねえ」と言ったことになる。美学の勉強をしないで雑文ばかり書いている弟子への不満である。

前章でみたようにケーベルは「ファースト・アベはなんにもしない」といったのだが、今度は書いたはいいが美学の研究ではなく、ジャーナリズムで雑文を書きすぎるという非難である。裏返せばそれだけ大塚が次郎に期待していたということでもある。

といっても、次郎はジャーナリズムの活躍だけでよしとしていたわけではない。すでにリップスを読み始めていたのだが、美学のほうはなかなかまとまらない。しかし、生活のために文筆活動もしなければならない。

政治学者の丸山眞男は「本店」（専門の学問研究）と「夜店」（ジャーナリズムでの時論）という言葉を使ったが、それで言えば、この時代の次郎にとって、美学研究が本店で、新聞雑誌の「断簡零墨」はあくまで夜店だった。丸山や大塚保治は大学教授としての糧があったから、夜店を張る必要はないか執着する必要はない。丸山は、六〇年安保闘争が終わると、さっさと夜店をたたんでいる。それに対して、次郎はフリーランサーであるから、本店からの糧はない。夜店で稼がなくてはならない。

次郎が美学の本を出すつもりでいたことは、大正二（一九一三）年一月三十日の「よみうり抄」（『読売新聞』）に「阿部次郎氏の美学の著述は三月を以て内田老鶴圃より出版する事となれり」とあることでもわかる。事実、版元からいくらかのアドバンス（前払い金）を毎月得ていた。年譜ノート（集・十七）の明治四十三（一九一〇）年のところには「内田老鶴圃より月俸」とある。大正二年四月からは慶応義塾大学の美学嘱託講師となる。一回五円見当で一カ月二十円ほどの定収入がえられることになった。同年二月に、恒は長女和子を出産した。嘱託講師からの定収入で一息つけることにはなった。

たちまちベストセラー

美学の本が書けないと苦しんでいたときに、思いもかけぬ出版のさそいが飛び込んできた。申し入れをしたのは、啄木の『一握の砂』や雑誌『生活と芸術』などを刊行していた勢いのある出版社東雲堂の西村陽吉からである。

西村（江原辰五郎）は、明治二十五（一八九二）年、本所の青物商江原兼吉の次男として生まれた。小学校高等科のときには回覧雑誌をつくる文学少年だった。明治三十七（一九〇四）年、十二歳で日本橋四丁目にあった東雲堂店員となる。明治四十二（一九〇九）年、同店主西村寅次郎に見込まれて養子になる。明治四十五（一九一二）年あたりから陽吉と名乗る。

同店は学習図書の出版と販売を主としていたが、陽吉の時代になると東雲堂は文学書出版社となる。この時代、岩波書店は古本屋を始めて間がなく、まだ本格的な出版に乗り出してはいなかった。

西村は『読売新聞』に掲載される毎週一頁の日曜文藝付録を愛読していた。とくに次郎の連載を熱心に読んだ。「『三太郎の日記』として是非まとめて発行したい」という手紙が次郎に届いた。話が進むと、印税なら五分、原稿買い切りなら百五十円を提案された。次郎はそれほど売れないと思ったのか、それとも現金化を急いでいたのか、原稿買い切りのほうを選んだ。次郎の家から弟余四男が東京帝大理科大学に通っていたこともあり、なにかとかかりの多いときだったこともあっただろう。

大正三（一九一四）年一月二十九日付次郎発和辻哲郎宛書簡には、『三太郎の日記』は「金が足りなくなつたのでもう本屋に渡してしまつて少し金を受け取りました」とある。文庫本よりひとまわり大きい袖珍本（懐や袖の中に入り携行できる小型本）。菊半截判の緑色のクロース表紙で五八二頁。定価は一円だった。

再版に際しての装丁などの希望を書いた西村への書簡（未投函、集・十六）をみると、「千人以上の人に向つて僕の書いたものを読んで下さいと云ひ得る程立派なものとはとても思はれません」とある。ここから初版は一千部以上だと推定される。印税五分の場合、千部で五十円、二千部で百円となる。買い切りはそれより高くしたから百五十円。このような計算をすると、発行部数は千五百から二千部くらいではなかったかと推定される。千五百部だとしても、初版一千部が上限だった当時の水準からすれば、破格の発行部数だろう。相当売れるという自信があっての初版部数である。

この頃文官高等試験を合格した高級官吏の初任給が五十五円で、帝大法科卒業のホワイトカラーの初任給が三十~四十円だったから、高級官吏の初任給の三カ月分弱、ホワイトカラーの初任給の四、五カ月分弱の金額だった。

次郎は買い切り制のほうを選んだが、買い切りは失敗だった。たちまちベストセラーとなったからである。『東京朝日新聞』に初版の広告が掲載されたのが、大正三年四月十日。同年六月十四日には「再版出来」が広告されている。わたしの手元には再版があるが、発行日付は六月五日となっている。翌年二月二十日には三版、大正五（一九一六）年四月十日には四版の広告が載っている。

引き寄せの仕組み

『三太郎の日記』はこう始まる。「青田三太郎は机の上に頬杖をついて二時間ばかり外を眺めてゐた。さうして思ひ出したやうに机の抽斗《ひきだし》の奥を探つて三年ぶりにその日記を取り出した」。三太郎という平凡人の名前とこれまた万人に親しみのある日記という題名効果が読者を引きつけた。内容は明治四十一年から大正三年正月まで六年間にわたる「自分の内面生活の最も直接的な記録」（東雲堂版）である。真理への旅であり、自分探しである。ヘーゲルやゲーテ、ダンテ、ニーチェ、ショーペンハウアーなどの哲学者やギリシャ神話、聖書の言葉が頻出する。美しい詩や芸術も、耽美的世界も敬虔な宗教心も開陳されている。箴言のような数行の文章もある。

日記の書き手を自分ではなく、三太郎にし、三太郎はときに三五郎となったり、三太郎の本当の名は瀬《せ》川菊之丞《がわきくのじょう》と、歌舞伎の女形の大名跡の名を使ったりしている。「僕の心の中には常に主《テーゼ》と客《アンチテーゼ》とがある。一つの声がさうだと云ふともう一つの声がさうじゃあるまいと云ふ」とした次郎の思考の「弁証的性質」や「自己翻弄《ゼルプスト・イロニー》」が表現できる仕組みになっている。

論調は対立した考えを提示しながら進むから文体はまわりくどくうねうねしている。衒気芬々のところもある。しかし、そうであればこそ煩悶青年の内面の波長に合致した。『三太郎の日記』は煩悶青年のハビトゥスに合致してベストセラーになったといえるが、同時に、『三太郎の日記』があるべき煩悶青年の哲学的自我のフォーマットを提供することで、それを拡大再生産した。第3章でみたように次郎自身が構築に大いにあずかった、旧制高校を中心としてひろがる教養・哲学青年の格好のテキストとなった。

fameの絶頂

文芸誌でも賛辞が並ぶ。「『三太郎の日記』は貧弱なわが思想界に春の曙のやうな諧調を齎せた。実際、空理を弄ぶ在来の言論界の中に、吾人は初めて、氏によつて真の思想家としての面影を見たのである」（『文章世界』一〇巻三号、一九一五）、「この表現の能力と深い本質的な内生とは真正の哲学の根本条件である」（『アララギ』二巻五号、一九一四）、「この書に触れる限りの人々はみな著者の誠実さに触れ、浮薄な心を振ひ落し、自己に沈潜しようとするに違ひありません」（『青鞜』一九一四年七月号、以上、井上政次「解説」集・一より重引）。相馬御風（詩人・評論家、一八八三～一九五〇）とならんで阿部次郎は、「大正三年の思想界の中心点」（生田春月「十二月文壇の一瞥」『反響』一巻八号、一九一五）とまでいわれる。

こうして次郎は一挙に文壇のスターダムに上がった。このことについて、次郎は東雲堂版『三太郎の日記』（第壱）の発売後二カ月ほどあとに次のように書いている（岩波版『三太郎の日記第弐』に所収)。「君は近ごろ少し評判がよすぎるようだが」という問答体で始まり、それにこう続く。

君の云ふ通り、全く僕は少し評判がよすぎるやうだ。(中略)昔の偉い人は一生か丶つてもその真価を認められずに死んでしまつたのに、僕は今の若さで自分の自信以上に認められてゐる。(中略)近ごろ僕は時々、自分でも知らずにゐる間に、僕は今僕に許されたfameの絶頂に立つてゐるのではないかしらと思ふ事がある。(中略)しかし僕は又、お前の先輩はお前よりも若くてそのフェームの絶頂に登つた、さうしてお前の年ごろにはもう忘れられてゐた、こんな事は現在の日本では決してあり得ない事ではないと反省しない訳に行かない。

もちろん次郎は、フェームに満足したり、ましてそのことで増長したわけではない。いま引用した文のすぐあとに、今の自分は「ライフ」の絶頂に立っているのかと自問する。「僕にとつて肝要な問題はフェームではなくてライフだから」とするのだが、次郎の「フェームの絶頂」は、ここからまだ続く。

しかし、第9章でみるように、これが書かれた七年後、その頂から墜落することになる。激しいバッシングを受けることになるからだ。だがこの時はそんな「フェームの没落」が前途に待ち受けているとは知る由もなかった。

谷川徹三と河合栄治郎

ここで『三太郎の日記』刊行時の同時代の人々がこの本をどのように読んだかをみておこう。のちの哲学者谷川徹三（一八九五〜一九八九）は、大正二（一九一三）年に第一高等学校に入学して、『三太郎の日記』刊行翌年の大正四年、高校二年生のときに読んでいる。人生の懐疑にさいなまれ、学校にあまり行かなくなった頃である。『三太郎の日記』の記憶に残る文章として「現在の俺には何事も解らない。唯俺には満足し得ざる現在がある。現在に満足せざる焦燥がある」や「自己の否定は人生の肯定を意味する」をあげながら、こう書いている。

　この書が青春の書として、その後旧制高等学校の学生の一度は読むべき本となったのは、私のそんな読み方をした経験と無縁ではあるまい。この書の魅力は、多分に告白を含みながら、その論理的行文の中に情緒的纏綿を蔵するところにある。それはやがて鼻について来る。しかし青春のひと時には、そこがわれわれの心を捉えるのである。（「百年の名著　思索する青春の苦闘」『朝日新聞』一九六九年六月二十三日）

谷川は『三太郎の日記』を読んでから次郎宅を二、三度訪れて教えを乞うている。そして次郎を「私の師」とさえいっている。西洋人の糟粕をなめず「自分の見、感じたところにもとづいたその解釈の独自性に鑑賞的な知的な関心以上なものが常に働いている」(「阿部次郎氏の「地獄の征服」」『帝大新聞』一九三四年三月十九日)と称賛している。

河合栄治郎(一八九一〜一九四四)は、東京帝大法科大学学生だった大正三(一九一四)年十二月二日に『三太郎の日記』を買い求めて、読み始める。

はじめは文章が難儀と思ったが、「年少諸友に送る」を読んでからにわかに興味がまし、二日ほどで読了した(「若き日の読書ノート(七)」『社会思想研究』二〇巻十二号、一九六八)。「ambitionとaspirationとの関係を論じている所に於て非常に教えられた」など読後の感想が詳しく書きとめられている。

『三太郎の日記』では、ambitionとは誰かを追い越そうとする野望であり、aspirationは人生畢竟の価値に加担しようとする野心である。次郎は単純にambitionを否定しているわけではない。比較の対象を自分の近くの個人にもとめれば、真剣に猛烈になるぶん創造的原動力とはなるだろう。しかし、誰かを追い越そうとするambitionがaspirationに変形されないかぎり、空虚な名誉欲でおわり創造力の原動力とはならないというものである(「沈潜のこゝろ」)。河合は「第二の日記(岩波書店版『三太郎の日記　第弐』——引用者)も出るということだから、早速もとめたい」と記している。

わたしの場合

ここでわたしの『三太郎の日記』との出会いと読書についても述べておきたい。谷川や河合の後にわたしの体験を持ち出すのは恐れ多いが、かれらより四十年以上あとの戦後世代の体験の一例として記載することをお許しいただきたい。

わたしが『三太郎の日記』を最初に読んだのは、高校生になったときである。昭和三十二（一九五七）年のことである。わたしの家に下宿していた旧制富山高等学校出身の高校の先生が「高校生になったからには、これを読むように」と二冊の本を先生の本棚から取り出し貸してくれた。『三太郎の日記』と『善の研究』である。

いま思えば、二冊とも旧制高校生の必読書だったから、先生はわたしが高校生になった頃を見計らって、そう言ってくれたのであろう。しかし、旧制高校生時代の先生とわたしのような新制高校生は同じ高校生と言っても似て非なるものだった。先生は中学五年を卒業して旧制高校に進学したから、先生の旧制高校一年はわたしの高校一年より二学年上である。十代で二学年の差は大きい。旧制高校が廃止になったときに、旧制高校教授から新制大学教授となった人が多かったことからわかるように、旧制高校は新制大学の教養課程にあたる学校だった。

それに対して新制高校は旧制中学校などの中等教育に該当する学校だった。さらに言えば、新制高校は旧制中学校よりも大衆的な学校だった。昭和十五（一九四〇）年の旧制中学校・高等女学校・実業学校などの中等教育機関への進学率は二五％（男子二八％、女子二二％）であったのに対し、わたしの時代（昭和三十二年）の新制高校進学率はその二倍の五一％（男子五四％、女子四八％）である。

わたしに『三太郎の日記』と『善の研究』を読むようにと促してくれた先生の時代の旧制高校への男子進学率は一％前後でしかない。同じ高等学校という名称でも旧制高等学校と新制高等学校とではエリート学校と民衆学校ほどの違いがあり、似て非なるものの典型だった。旧制高校に入学して学歴の頂を感じた世代とわたしのような新制高校世代とでは読書の心構えもちがっていた。すくなくともわたしのような地方の庶民家庭育ちの新制高校生が『三太郎の日記』を読むのは背伸びもいいところだった。

西田幾多郎の名前は知っていたが、阿部次郎の名前は知らなかった。しかし、いずれも題名は難しそうにみえなかった。『三太郎の日記』は、主人公の名前も平凡だし、日記だから読みやすそうだった。純粋経験から始まる『善の研究』は、目次をみて難しそうだと思い、『三太郎の日記』のほうを読みだした。たしかに冒頭はわかりやすい。しかし読んでいくと、理解できないところが頻出した。どこがわからなかったかはもう憶えていないが、のちに『学歴貴族の栄光と挫折』をまとめるときに、あらためて読んでみたが、たとえばこんなところだったかなと思った。

ヘーゲルは「ミネルヴァの梟は夕暮に飛ぶ」と云ったと聞く。Für-sich は An-sich を蚕食し陥没せしむるものと云ふことが事実ならば、しかしてこの事実を評価する者が俺のやうにAn-sichの純粋と集中と無意識とを崇拝する者ならば、その者の哲学はつひにPessimismusならざるを得まい。少なくとも自覚と本然との矛盾について深き悲哀なきを得まい。俺にはこの点について大なる疑問がある。俺の心がこの疑問の生きたるIllustrationである。（傍点は原文）

もちろん、この文だけでも〝An-sich〟が「本然」で、Für-sichが「自覚」に該当することがわからないわけではない。引用文の前には、「自らであること」と「自ら知ること」があるから、ドイツ語を知らなくとも、その意味の推測がつかないことはない。しかし、大学生になって、「ミネルヴの梟は夕暮に飛ぶ」がヘーゲルの『法哲学』の序にでてくる有名な言葉と知り、ドイツ語を学び、An-sichが「即時」で、Für-sichが「対自」という訳語をもっていることをわかってから読んだほうがすっと理解できるはずである。

だから、哲学者の名前だけを辛うじて知っている程度で、ドイツ語の辞書も手元にない新制高校生には『三太郎の日記』の文章はちんぷんかんぷんのところも少なくなかった。しかし、数行ほどの箴言風文章もまじっていたので、飛ばし読みをして先生に本をお返しした。先生は「どうだったかね」といわれた。「よくわからなかったですが、少し読みました」というと、ニッコリ笑いながら、「それでよいのだ。少しでもわかるところに人間の成長があるんだよ。大学生になったらまた読めばよい」というようなことを言われた。もしかすると旧制高校生だった先生もあまりわからなかったのかもしれないと思うことにして、慰めにした憶えがある。

わたしは、自分の『三太郎の日記』体験からこんなふうに思えてくるのである。かつて『三太郎の日記』の読者は十代後半から二十歳前後の若者であった。彼らは生きるとはどういうことなのかなどの漠然とした不安や悩みめいたものをもっている。だから『三太郎の日記』を読むことで不安や悩みの課題設定《アジェンダ・セッティング》を得たり、自己省察の仕方やどう生きるかならぬどう悩むべきかの指南を受けたのではないだろうか。わたしは深刻癖がそれほどなかったせいか、インテリというのは、こういう悩み方をするものなのか、インテリになるにはこういう悩み方をしなければならないのかというような読後感が強いものであった。いってみれば、「インテリへの主体化」の指南書といったものだった。大学進学は決めていたので、インテリは他人事ではなく、わたしにとっては予期的社会化（今は所属していないが、将来所属する集団やカテゴリーの価値や態度を準拠集団として先取りすること）の対象だったからである。ただ、『三太郎の日記』を飛ばし読みにせよ、読んだおかげで、その後岩波新書などを読み始めたときに、格段にわかりやすくなり読書がすすんだという功徳はあった。

『三太郎の日記』については大学生になればわかるだろう、いや大学生になったら精読しなければならない本だと思ったものである。大学入学後すぐに読んだときの印象は、第9章のおわりに述べることにしたい。

第7章

岩波書店の看板学者になるも

昔の偉い人は一生かゝつてもその真価を認められずに死んでしまつたのに、僕は今の若さで自分の自信以上に認められてゐる。僕のやうな底の浅い者は、さうなるのが当然の運命で、当然以上の幸運なのかも知れないけれども、当人になつて見れば、今から **popular writer** になつてしまつてはたまらないと思ふ。

「形影の問答」

東雲堂の『三太郎の日記』が洛陽の紙価を高めた事で、ウチで出したかったと慌てたのが岩波茂雄だった。

岩波は東京・大阪両『朝日新聞』に同時連載されていた漱石の『こゝろ』を出版（大正三年九月）するために奔走していたときだけに、なおさらだった。しかも第3章でふれたように次郎とは一高生のとき寮の同じ部屋で寝食をともにした仲だった。東雲堂という鳶に『三太郎の日記』という油揚げをさらわれた心境だったかもしれない。そのことに立ち入る前に岩波茂雄（一八八一―一九四六）の一高中退後からみておきたい。

中退後の岩波

一高では、同じ学年で二度落第すると退学になった。岩波は二年生を二度落第したから、退学の羽目になった。一高を中退したから正規の帝大生になることができない。今で言えば聴講生のような身分の選科に入学した。修了後、教育雑誌の編集の手伝いをしていたが、いくつかの女学校で非常勤講師もしていた。女子教育の必要を考え、女学校の教師の口を探し始める。

その頃次郎が交際していた恒が神田高等女学校で教鞭をとっており、また恒の母里が校長であることを知ってか知らずか、岩波は次郎に手紙（明治四十一年九月七日付）を出す。自身の女学校への就職活動事情を書きながら、こう頼んでいる。「尤女子教育研究の為事情のよき地位あらば今にても何処にても出て行くを厭はざる決心に候」（阿部次郎先生を偲ぶ会編『阿部次郎先生宛の書簡集』)

頼まれた次郎のほうには、上記のようにおあつらえのつてがあったことから、話はとんとん拍子に進んだ。岩波は翌年の明治四十二(一九〇九)年三月、神田高等女学校に職を得ることができた。月給は三十五円。

職員室では岩波の机のそばが恒だった。岩波は漢文と英語を教えた。風貌にも振る舞いにも田臭芬々な所があり、女学校の先生らしからぬところがあったが、それが熱血先生としてかえって生徒の人気を博した。岩波は漢文が好きで、教科書に載っていない教材を刷って生徒に配り、熱心に指導した。昼食が終わると、生徒によく本の話をした。

四年数カ月勤務したのち、女学校を退職し、古本屋岩波書店を開業する。震災で多くの店がなくなったことから小間物屋でもしようかとも思っていたらしいが、古本屋になった。長野の実家の財産売却で得たお金が資金だった。間口二間(三・六メートル)、奥行三間(五・五メートル)の店を構えた。大正二(一九一三)年八月五日、岩波茂雄三十二歳のときである。

岩波は大八車で古本市場から本を運んだ。本は店の棚の半分埋まった程度。教え子はこれで商売になるのか心配したが、岩波は古本屋で成功したら、理想的な女学校を建てると言っていた。

『こゝろ』と『三太郎の日記　第弐』

古本屋岩波書店は、開業すると、『宇宙之進化』などの単行本や東京帝大哲学科を中心とする

『哲学雑誌』などを刊行していたが、出版業として成功し、岩波文化をなす契機となったのは、漱石の『こゝろ』の出版によってである。

その機縁は一高人脈である。第一高等学校で岩波の莫逆の友となった安倍能成は、漱石山房「木曜会」の有力メンバーだった。岩波は古本屋を始めて間もなく、安倍を介して漱石邸に出入りするようになる。そして『朝日新聞』に連載されていた『こゝろ』を自分のところで出版したいと、懇願した。

漱石はすでに著名作家である。これまでの小説も春陽堂や大倉書店などの有名出版社から出されている。『こゝろ』の出版も引く手あまただった。しかし、漱石は、このさい自費出版で出してみてもよいと思うようになる。自費出版となれば、自分の気に入った装丁ができるという楽しみもあったからであろう。自費出版のほうが著者の実入りがよいという判断もあったかもしれない。話がまとまる。初版の費用は漱石が持ち、出版費用償却後に利益を折半するという約束だった。

岩波茂雄（1881-1946）

岩波は出版が可能になったことで感激した。用紙をはじめ最高の材料を使って立派な本にしようとした。採算を考えない凝りすぎを漱石に何回も注意されるほどの入れ込みようだった。こうして岩波書店は、夏目漱石の作品を出版するにいたる。

次郎の『三太郎の日記』がベストセラーとなったのはそんなときである。岩波は、是非にうちで続編をと二匹目の泥鰌《どじよう》を狙う。東雲堂の『三太郎の日記』刊行以後に書いた短編を編んで『三太郎の日記　第弐』として出そうと企画する。話はすぐまとまった。東雲堂の刊行から半年後の大正三（一九一四）年十月十六日の「よみうり抄」（「読売新聞」）にはこうある。「阿部次郎氏は『三太郎の日記』以後の感想文を集め一書として近く岩波書店より出版すべしと」。

岩波版の『三太郎の日記　第弐』の刊行が決まると、以後東雲堂版の『三太郎の日記』には「第壱」を入れると東雲堂に約束をとりつけた。『三太郎の日記　第弐』は、『こゝろ』と同じように、純益折半の共同自費出版のようにして大正四（一九一五）年二月に出される。岩波から出された『三太郎の日記　第弐』は、初版一千部。八月末までに三版出された。再版以後の増刷は五百部だった。次に、『第壱』（東雲堂）と『第弐』（岩波書店）をあわせ、さらに『第弐』以後の文章を「第三」として加えた『合本　三太郎の日記』が大正七（一九一八）年六月に岩波書店から刊行される。今日『三太郎の日記』と通称されているものはこの合本を指すことが多い。

文士の学歴・職業

ところで、『三太郎の日記　第弐』が刊行されたすぐあとの『文章世界』（大正四年四月号）に「現代文士録」がのっている。約二百八十人の文士たちの住所や学歴、職業を記したものである。次郎はいうまでもなく、安倍能成、小宮豊隆、森田草平なども掲載されている。当時の文士たちの属性がわかるのでこれをみておこう。

ここに掲載されている文士の職業と学歴を集計すると、表7－1のようである。職業をみると、新聞雑誌記者（三八％）がもっとも多い。それに続いて中学・高校以上教員（一八％）が多いが、職業不明が三人に一人以上いる。そのほとんどは次郎のように内職をしながら生計を立てていた

職業別

	明治12年以前生	明治13年以後生	合計
中学校教師	2	5	7
高等学校以上教師	27	16	43
無職	1	1	2
新聞社	21	16	37
雑誌社	33	35	68
会社員	3	1	4
その他	7	11	18
不明	42	56	98
計	136	141	277

＊職業が「雑誌記者・大学講師」等と併記されている場合、先に記載されている職業にしている。

学歴別

	明治12年以前生	明治13年以後生	合計
東京帝大	33	41	74
早稲田（東京専門学校）	19	52	71
慶応	4	6	10
その他私立（明治、青山、同志社、関西学院、立教など）	8	6	14
高等中学校	6	0	6
高等学校	4	0	4
その他	44	31	75
不明	18	5	23
計	136	141	277

表7－1　文士の職業と学歴
（出所）『文章世界』〔1915年4月号〕より作成

ということだろう。作家が職業として成り立つのは大正八（一九一九）年以後といわれる（山本芳明『文学者はつくられる』）が、職業としての作家の始まりを示している。

学歴をみると、赤門派と早稲田派が拮抗し、両者で全体の半分以上の五二％を占めている。生年で分割して明治十二年以前生まれと十三年以後でわけると、明治十二年以前生まれは赤門派三十三人で早稲田派十九人をはるかに凌駕している。しかし、明治十三年以後生まれになると早稲田派五十二人、赤門派四十一人と逆転する。第４章でみたように、赤門派が早稲田派の後塵を拝すようになることがわかる。

男女別でみると、ほとんどが男性で女性は、伊藤野枝、田村俊子、野上弥生子、平塚明（らいてう）、与謝野晶子など九人、全体の三％強にすぎない。これも生年別にわけてみると、明治十二年以前生まれは三人、明治十三年以後は六人。文士が職業として成り立ち始めるのと軌を一にして女性作家がいくらか増え始めているようにもみえる。

『哲学叢書』

岩波書店の話に戻る。岩波書店に経済的な潤いをもたらし、岩波書店を有名な版元に押し上げたのは、『こゝろ』や『三太郎の日記』だけではない。『三太郎の日記　第弐』の刊行八カ月後（大正四年十月）、『認識論』（紀平正美）を皮切りに、以後、全十二篇の哲学叢書が出された。これが大いに売れ、「哲学書の岩波書店」というブランドを確立することになる。

『哲学叢書』の企画は、上野直昭が次郎に話したことから始まった。上野が岩波に持ちかけると、「安倍をいれてくれ」ということになる。編集は次郎、上野直昭、安倍能成に決まる（上野直昭『邂逅』）。三人とも三十歳代だったことから、波多野精一、大塚保治、桑木厳翼、西田幾多郎、朝永三十郎など、当時の錚々たる教授連を編集顧問にする。執筆者には四十一歳の紀平正美（『認識論』）もいたが、ほとんどは編集者と同様明治末年に東京帝大を卒業した三十代の新進学者だった。

次郎などの編者と叢書執筆者と相談会が開かれた。岩波の資力がまだ充分でないときだけに、一同は懸念したが、岩波は悲壮かつ傲然と言い放った。「少なくとも七百部、出来れば千部位印刷する。それで損しても、文化的に意義ある仕事だから遺憾はない」（石原謙「岩波茂雄の思ひ出」『石原謙著作集』十一）。『認識論』の次（翌月）には田辺元の『最近の自然科学』が刊行される。次郎はこのシリーズでは二冊を担当した安倍能成（『西洋古代中世哲学史』『西洋近世哲学史』）と同様、『倫理学の根本問題』と『美学』の二冊の執筆者となる。『倫理学の根本問題』は大正五（一九一六）年七月に哲学叢書の六冊目として刊行され、『美学』は翌年叢書九冊目として刊行される。

初版は七百〜千部程度だったが、執筆者に若い学者が多いということもあり、売れ行きが危ぶまれた。にもかかわらず『哲学叢書』シリーズは大いに世間にアピールした。売れ行きは予想以上だった。もっとも多く売れた速見滉『論理学』（一九一六年）は大正末までに七万五千部、昭和

売れ行き順	著者名	題名	版	刊行の順番
1	速水滉	論理学	42	4
2	高橋穣	心理学	32	12
2	宮本和吉	哲学概論	32	3
4	紀平正美	認識論	30	1
5	阿部次郎	倫理学の根本問題	25	6
5	阿部次郎	美学	25	9
7	田辺元	最近の自然科学	18	2
7	石原謙	宗教哲学	18	7
9	安倍能成	西洋近世哲学史	14	10
10	安倍能成	西洋古代中世哲学史	13	5
10	高橋里美	現代の哲学	13	11
12	上野直昭	精神科学の基本問題	8	8

表7－2　版数でみる『哲学叢書』売れ行きランキング（大正11年1月）

十六（一九四一）年までに九万部、昭和三十八（一九六三）年までに十六万六千八百部も出た。

大正十一（一九二二）年一月の時点で版数による哲学叢書売れ筋をみたのが表7－2である。たしかに速水滉の『論理学』の重版数がもっとも多い。次郎の『倫理学の根本問題』と『美学』は、売れ行き第五位で上位に入っている。『三太郎の日記』による次郎の知名度にもよるが、西欧の哲学者が書いた横文字を縦（日本語）にしたようなものが多いなかで、次郎の両書はテオドール・リップスを下敷きにしているにしても、次郎の言葉で巧みにまとめられていたことも売れ行き好調の理由だった。

次郎の『倫理学の根本問題』と『美学』は、『三太郎の日記』やその後出る『人格主義』（大正十一年）が呼び水になって、ロングセラーになった。昭和五（一九三〇）年でみると、『倫理学の根本問題』は八十五版、『美学』は六十五版である（『思想』昭和五年十月号書籍広告欄）。初版千部、増刷五百部とすると、それぞれ四万三千部、三万三千部ということになる。高橋穣の『心理学』もロングセラーだったから、『倫理学の根本問題』は、『論理学』『心理学』とならぶ『哲学叢書』の売れ行き良好書の御三家だった。このシリーズ全体で二十七万部、大成功だった。

『哲学叢書』自体が哲学ブームを作ったともいえるが、第一次世界大戦後、多くの西洋思想が流入し、インテリ青年がその概要を知りたがっていたことも追い風となった。また第3章のおわりにふれたように、大正八(一九一九)年から、高等学校の文系で哲学概説が必須科目になり、参考書や教科書として使用されたことも幸いした。

中流並の生活に

『三太郎の日記　第弐』が岩波書店から刊行された頃の大正四年四月九日の次郎の日記にはこう書かれている。「仕事が遅いので何処まで行つてもたてなほせない。(中略)そのあとには又すぐに飯の種にする仕事の必要が控えてゐる。／何処まで行つたら胡魔化しの必要がなくなるのだ」。生活のための売文の味気無さと収入の不安定さからくる不安がかきつらねられている。その二日後には、長期的な仕事をするためには「二三年遊んでゐて食へる金の必要がある」(四月十一日)とも書かれている。

しかし、さきほどふれた『倫理学の根本問題』や『美学』が出る目途が立った。『三太郎の日記』以外にも印税を見込めると思うにいたる。それから八カ月たった十二月には来年(大正五年）一月から三月までの収支を表7－3のようにしたためている。

表にある斯華会とはこれまでずっと次郎の重要な収入源だった小野鵞堂（一八六二〜一九二二）の書道会（斯華会）の雑誌編集による収入である。収入は合計二七六円あるが、印税などを一過的なものと考えたのであろう、生活費は二カ月で一四〇円を予定している。一カ月七十円ということになる。

なお表に「美学印税」とあるが、哲学叢書『美学』の刊行は、大正六年四月である。とすれば出版予定が大正五年だったことが考えられる。これが「?5、美学」とすると、

経済

収入（単位：円）

1，美学印税 2500 残金	60
2，慶応給料（6回位）	36
3，斯華会給料	10
?4，新小説原稿（Puschkinrede,etc.）	80
?5，美学 500 印税	90
合計	276
支出2カ月分生活費	140
残金	136

表7－3　阿部次郎の予定（大正5年1～3月）収支内訳（？は原文ママ）

「1、美学」は内田老鶴圃より刊行することになっていた『美学』をいうのではないか。内田老鶴圃からは月俸までもらっていたから、表の「残金」という言葉とあわせるとその可能性が高い。

このとき次郎は三十二歳で三歳の長女と九月に生まれた長男がいる。次郎一家は府下豊多摩郡中野町に住んでいた。同年の高等文官（奏任官）の平均月収が一二四円だから七十円はこれを大分下回る。しかし、同じ頃の中等学校教員（師範学校・中学校・高等女学校）の平均給与が四十円〜五十円だった。なんとか帝国大学卒知識人の中流生活ができるような生活費を得る算段がつい

たということろだろう。いくらか落ち着いて勉強ができる状態になったからであろうか、仕事と一日の時間割もしたためている（表7―4）。

『思潮』主幹に

仕事（予定）

1，第三学期講義案の作成
2，新小説原稿
3，新雑誌原稿準備　藝術の価値，聖フランシス伝，思想上の民族主義
4，来学年講義腹案　ゲーテより始まる19世紀思潮
5，新雑誌のため問題のSurveyをして置くこと

時間割

午前6-7	フランス語
7-8	朝食
8-12	原稿準備
午後0-2	昼食，休憩
2-5半	雑誌計画 キィンデルバンド西洋哲学史，トルストイ etc.etc.
5半-7	晩食
7-10	講義案

表7－4　阿部次郎の仕事（予定）と1日の時間割

表7－4「仕事（予定）と時間割」には、「新雑誌のため」や「雑誌計画」などとある。表には省いたが「（大正五年――引用者）三月以後の事」の経済欄には「雑誌月給五十円」とあり、仕事欄には「半ヶ月を雑誌に費やすこと」とある。ここにいう「雑誌」とはなにか。同日の日記に「（岩波から出る雑誌の主幹となること）」とある。のちに出る『思潮』のことである。

『思潮』の創刊は大正六（一九一七）年五月であるから、創刊よりも一年半も前に雑誌刊行が構想されていたことがわかる。雑誌創刊に関する話を次郎の日記に辿っていくと、大正五年九月二十七日のところに、安倍、岩波と会い、「新しく雑誌を出すことに就きて相談あり」とある。この頃雑誌創刊についての具体的な話がでていたということになる。ところが、この日記の三日後（九月三十日）に、岩波が夜、次郎宅を訪問したときのこととしてこうある。「岩波の決心煮え切らず」。十月十四日には「岩波の雑誌とにかくやるつもりにしてくれと云ふ」と次郎のほうから言い出すことになる。

こうして辿ってみると、雑誌の発行は、次郎から言い出したことかもしれないが、はじめは岩波も乗り気で、次郎のほうはすっかりその気になったにもかかわらず、岩波が躊躇し始めた様子がみえてくる。次郎の個人雑誌を岩波が刊行するということで岩波が二の足を踏んだのかもしれない。しかし、『哲学叢書』の予想以上の成功とロングセラー化が新雑誌創刊に向けて背中を押した。大正六（一九一七）年四月には雑誌名も『思潮』と決まり、次郎を主幹とし、次郎の人選で安倍能成、小宮豊隆、石原謙、和辻哲郎が同人となる。大正六年五月に創刊号がでる。『思潮』表紙の上段には「主幹阿部次郎」、下段には「発行岩波書店」とある。編集局は府下豊多摩郡中野町の次郎の自宅になっている。ここらあたりは、後年、ジャン＝ポール・サルトル（一九〇五〜八〇）がレイモン・アロンやモーリス・メルロー＝ポンティなどを編集委員にし、ガリマール社から自らの雑誌『レ・タン・モデルヌ』を創刊し、文化界の覇権を握ったことを思わせるものがある。

次郎は岩波書店の看板学者になり華々しい道に踏み出した。次郎は『思潮』発刊の辞を次のように書いている。

優れたる文明を建設し、豊かなる生活を開展せむがためには、その基礎を広く大らかに築かなければならない。そのためには、我らは祖国のことと共に世界のことについて、自家のことと共に他人のことについて、博大にして深邃《しんすい》なる興味と同情とを持つてゐなければならない。

また、「狭隘なる国粋主義」と同時に、批評を欠く「外国模倣」を排することを宣言している。そして本誌（『思潮』）は知識の提供をするものであるが、知識の提供だけを目的とするものではなく、知ることをつうじて「味はう」こと、そしてその知識が生活のなかに働いて生活を深く、高くすることだとしている。同じ創刊号『思潮』の雑記では、意気軒高に次のように語られている。

到頭新しい雑誌を出すことになつた。若し教壇で講義をすることが正しいならば、筆によつて主張し、解説し、理解を助け、興楽を導き出す事業も亦正しい筈である。自分は雑誌記者となることを恥としない。

フリーランスの生活の目途も立ち、個人雑誌も立ち上げることができた。順風満帆な時代の始まりが予感されたときである。

そんなとき、創刊号を出してすぐの夏、次郎は山形の父の家に帰省している。このときのことも『思潮』「雑記」に記されている。「唯父母の傍にごろ〳〵して雑談をする位が関の山である。併しそれでも父母が嬉しさうにして呉れるので自分も嬉しい」とある。二十歳も下の末弟六郎が中学校から帰ってきて次郎と二人で時間つぶしのざる碁をしていると、父が割り込んできて降参させる（『思潮』大正六年八月号「雑記」）。ホッとする記述である。

というのは、次郎の著作には、祖母のことが書かれることが多く、父についてはほとんどふれられていないからだ。父は校長や山形県視学などでの仕事のため次郎たちの母とともに山寺の実家から離れて生活した。幼い弟妹たちだけをつれていき、次郎は祖母のいる実家で育てられた。さらに山形中学校での学校騒動による放校、九重との婚約解消や恒との結婚で父との軋轢が大きかった。しかし、ここではめずらしく父についてふれた文章を書いている。恒との結婚も許され、次郎も安定した生活を始めた。父富太郎は県視学を退職し、明治四十三年に開園した非行少年の矯正施設山形県立養徳園の初代園長となっており、年齢も五十七歳。当時としては晩年にあたる年代だ。そうしたことがあいまって父と子のわだかまりが解けたことを思わせる一齣である。

文壇ゴシップ

こうして知名度が上がるにつれ、なにかと世間雀はうるさくなる。これも『思潮』大正七年四月号の「雑記」欄にでてくる。次郎が大正七年のはじめ頃、四、五人で市村座にいったときのこと。市村座は、六代目尾上菊五郎と初代中村吉右衛門を育て全盛期をむかえていた歌舞伎劇場。そこで次郎は某先生の奥さんと一緒になった。その奥さんが次郎にこう言った。「阿部さんは六万円（？）の入婿になつたさうですね」。次郎が怪訝な顔をして「何処からお訊きになりました」と言うと、「どこかの雑誌」に「原稿料をあてにせず暮らせる文士」とかいう標題のもとに書いてあったとネタ元が雑誌であることが明らかにされる。

次郎は、その雑誌をつきとめた様子はないが、ネタ元は、宮武外骨（一八六七～一九五五）によって創刊された『スコブル』という雑誌（大正六年十二月号）の記事である。「原稿料を当にせぬ文士」とあり、明治生命創業者の四男水上瀧太郎《みなかみたきたろう》（一八八七～一九四〇）や「暴富を成した」医者の息子斎藤茂吉などとともにのっていて、こうある。「阿部次郎は富裕なる某後家の入婿と成つて、其富は五万円あるといふ」。ところが奥さんの話では五万円が六万円になっている。噂が付ける尾鰭というものである。

恒の母里が女学校を経営していたことからの噂であるが、次郎が恒と結婚後、里から経済的援助をしてもらった形跡はない。だから、さきの話に続けて次郎はこう書きつけている。結婚後四、五年の間は、五円の原稿料でも当てにしなければ月末の払いに差し支えたのにと。

『思潮』の雑記には、五万円の入り婿の噂の他に、日本女子大学校への出講をめぐるある「伝説」についての、文壇ゴシップも書かれている。

次郎は大正六（一九一七）年からは恩師大塚保治の口ききで、日本女子大学校で美学を講義した。月給二十円。当時、文壇のスターとなり始めていた次郎が女子大学に出講することにより周囲が騒がしくなっていた。

慶応でも教えていたのだが、慶応の学生に、「先生の面会日は大変だそうですね」とニヤニヤしながらいわれたと書かれている。女子大生がおしかけて来るから大変だというのである。さきの市村座での某先生の奥さんの話とおなじく、これも学生が前年の『文章世界』（大正六年八月号）にでた「文壇ゴシップ」を読んで広まった噂であろう。「文壇ゴシップ」欄では、学究的な生徒はもちろん、女性教師までが次郎の講義に詰めかけ、面会日の客の過半は女子学生であるとされ、女性教師連は、「いくら行ひすましてゐらしても、阿部先生は男子のお方ですからね」と言うありさま、と書かれている。

これについては、次郎はそもそも自分が面会日を月曜日にもうけたのは、最近のことで、以前はそうではなかったし、また女子大ではやむを得ない用事以外は教師の自宅を訪問してはいけないことになっているのだと反論している。こんな噂が立ったのも、次郎が著名人になった有名税ともいうべきだろうが、だからといって放置できないところが次郎らしい。こう書いている。

こんな下らぬ話を一々数へあげるのは、噂といふものが当にならないと云ふ印象を読者に刻み込みたいためである。（中略）こんなにして自分の伝記が（そんなものが問題になる場合を仮定すれば）伝説に変化されて行くことを思ふと、それだけでも矢張不気味である。況《ま》して何か重大な問題に就いて悪意ある捏造説でも流布されるやうな場合があれば随分迷惑である。それだから自分は、事の自分に関する限りでは、噂を事実として信じる前には、一応証拠調べをして呉れることを頼んで置きたい。

まるで次郎の評伝を書いている私自身のことを予期していわれているような気もしてくる。しかし、こう書いた十年ほど後には和辻照との問題（第12章）で、ここに書かれたようなたわいない噂ではなく、深刻な噂が密かに駆け巡っていくような事態がまっていたのである。

終刊

『思潮』ではケーベルが二号以後ほぼ毎号寄稿した随想を売りにして、『思潮』と次郎の前途は万事上首尾にみえた。同人のなかでは和辻が次郎とならんでもっとも多く執筆した。連載の「古寺巡礼」は大正八（一九一九）年に単行本『古寺巡礼』（岩波書店）として出版されるとベストセラーになる。以後、『人間の学としての倫理学』や『風土』などの和辻の著作は教養書の定番となり、ポピュラリティを獲得していく。次郎が措定した人格＝教養主義のフォーマットの上にのったサブスタンシャルな教養書となったからである。

和辻の論文（「古寺巡礼」）について、次郎は『思潮』主幹としてまた先輩として、同誌でエールを送っている。和辻は国史や国文の専攻ではないから細かな点で瑕が多いかもしれないが、それが却って専門家には刺激になるはず。「新しい頭と眼とを持つた者の研究が必要な時代が来た」（『思潮』大正六年一月号）と。次郎は、ダンテの作品世界を描き、ニーチェの『ツアラトゥストラ』の解説をする。のちの次郎の『人格主義』にもつながる「思想上の民族主義」も発表している。

『思潮』創刊号は、東京ではすぐ売り切れになった。しかし、これは初物食い購読者によるご祝儀によるところが大きい。すぐに『思潮』の売れ行きがおもわしくなくなった。創刊四号（八月）の頃には、版元の岩波が次郎に「これまで（『思潮』で——引用者）八百円を損」したと不満を漏らしている。

時代は『中央公論』や『改造』などの総合雑誌の時代になっていたが、『思潮』は、文藝雑誌ではないし、総合雑誌でもない。東京帝大からでていた『哲学雑誌』を思わせるような学術雑誌風で、それが売れ行き不振につながったのだろう。以後、『思潮』をどうするかの相談が岩波、安倍、次郎の間でおこなわれる。『思潮』創刊後一年足らずの大正七（一九一八）年四月十五日の次郎の日記には「思潮廃刊の相談」としてこう書かれている。

午前から昼すぎにかけて三太郎の日記の校正。校正を了へてから岩波へ行つて思潮の相談をする。欠損つゞきにつき廃刊したき意志あるやうなことを云ふ。多少惜しけれど金のことなれば岩波任せにするやうに話をする。

『思潮』廃刊の相談があった大正七年四月から二カ月ほど経った六月二十五日、次郎は『思潮』の廃刊をめぐる相談会のために、前夜遅くまでかかって、「思潮収支予算」をつくっている。翌六月二十六日夜、神保町の「支那料理」屋で同人と今後の方針を議す。「岩波と安倍との態度につきて不足を感ずること甚だ多し」として、廃刊に踏み切ろうとする岩波と安倍への不満が書きとめられている。

そこから二カ月ほどたった大正七年九月十三日に、次郎が岩波に『思潮』をやめるという決心を伝え、翌日には和辻と小宮に、翌々日には安倍に伝えている。『思潮』の終刊宣言が次郎の雑記にのるのは、大正七年十一月号である。

和辻哲郎は、『思潮』廃刊の理由を、表紙に主幹阿部次郎とあったように『思潮』が次郎・石原謙・安倍能成・小宮豊隆・和辻哲郎の同人雑誌であり、岩波書店の雑誌ではなかったことに岩波茂雄が不満をもっていたことがあったとして、次のように書いている。

このこと（岩波書店の雑誌ではなかったこと——引用者）は大正七年の秋ごろ、『思潮』の売れ行きがあまり思わしくなくなったにつれて、表面化して来た。わたくしがはっきりと覚えているのは、この形勢に対応してなんとか処置を講じようという目的で、同人たちが岩波君に出てもらって相談会を開いた時の、席上の空気である。岩波君は、『思潮』の売れ行きに関して不熱心だというふうに責められても、あまり弁解しようともせず、また強いて熱心を示そうともしなかった。空気は妙に陰鬱になった。結局、来年の一月号で廃刊しようという結論に落ちてしまったのである。(「『思想』の初期の思い出」『和辻哲郎全集』第二十四巻所収)

『思潮』廃刊は売れ行き不振だけでなく、「岩波書店の雑誌」ではないことへの岩波の不満が重なっていたわけである。こうして『思潮』は、大正六年五月号の創刊から一年八カ月、二十一冊で終刊する。

『思潮』の後身ともいえる『思想』が、それから二年後の大正十年十月に創刊される。編集には次郎ではなく、和辻が携わった。和辻は、「岩波の雑誌」にしたいと思ったから後輩の自分が選ばれたとしているが、出版文化に敏感な岩波茂雄がこれからの岩波の看板学者は次郎ではなく和辻だと狙いをつけたところはあっただろう。しかし、『思潮』廃刊時、次郎は、まだ三十五歳。これでめげたわけではない。

第8章

人格主義という倫理的前衛

我らの自我の内容は果してかくのごとき「おのれ」のみに限られてゐるか。我らの本質には、他と局限し合ふ事を必須とせざるもの、自己の獲得する所は自と他と共に所有するがごときもの、他の所有を悦《よろこ》ぶことによつて自己もまたその所有にあづかるがごときもの――約言すれば個体的局限をこえたる超個体的の自我が含まれてゐないか。もしかくのごとき超個体的自我を発見して、これを局小なる「おのれ」の代りに置くことが出来るならば、我らの生活は、その時始めて、広くさわやかに涼しく胖《ゆた》かなるものとなる事が出来るであらう。「奉仕と服従」

『思潮』は創刊から一年八カ月で終刊になった。

『三太郎の日記』は内的生活の記録であり、体系的な哲学書ではない。『倫理学の根本問題』も『美学』もテオドール・リップスに拠って書かれている。『倫理学の根本問題』は、評判がよく、前章でみたように売れ行きもよい本だった。与謝野晶子（一八七八～一九四二）は、最近読んだ本でもっとも教えられた本として「阿部次郎さんの訳されたリップスの『倫理学の根本問題』」（傍点引用者）としている（「婦人界評論」『太陽』一九一六年十一月号）。晶子が翻訳としたのも無理はない。次郎自身が『倫理学の根本問題』の巻頭凡例に「本書は未熟なる自分の私見を述べたものではない。**Theodor Lipps**, *Die ethischen Grundfragen*, **2 Aufl.** に拠つて書いたもの」、私見を混入することを避けて、ひたすらリップスの思想と情熱を生かそうとしたと書いているからである。『美学』もリップスにそってまとめられたものである。だから、次郎は、自分の言葉と論理で体系的な書物をまとめたいという思いがあっただろう。そのきっかけが『三太郎の日記』と同じく思いもかけないところからやってきた。

『思潮』休刊の四カ月後の大正八（一九一九）年五月七日に、吉野作造による満鉄読書会での講演依頼状が次郎に届いた。このことに立ち入る前に、吉野にふれながら、当時のジャーナリズム界の模様をみておこう。

吉野作造と滝田樗陰

大正二（一九一三）年七月、東京帝大法科大学助教授吉野作造（一八七八～一九三三）は三年間の欧米留学から帰国する。第6章でみたようにこの頃の次郎は、『東京朝日新聞』文藝欄の常連執筆者として文壇にデビューし、『読売新聞』客員などをしながら各紙誌に寄稿していた。

吉野は次郎の誕生地山形県の隣の宮城県志田郡大柿村（現・大崎市古川十日町）に誕生した。明治十一（一八七八）年生まれだから次郎より五歳上である。第二高等学校（仙台）を卒業し、東京帝国大学法科大学に進学する。明治四十二（一九〇九）年に法科大学助教授に就任。当時は助教授就任後留学し、帰国後、教授に就任するのが慣例だった。吉野は助教授就任の翌年から三年にわたって欧米に留学し、帰国一年後（大正三年七月）、法科大学教授（政治史講座）に就任している。

大学教授が留学から帰国すると「新帰朝者」として珍しがられ、欧米の最新情報についての原稿依頼で雑誌編集者がむらがってくるのは当時よくあったこと、吉野も例外ではなかった。吉野が帰朝してから四カ月近くたってその騒ぎが一段落した十一月始めの頃、『中央公論』の滝田《たきた》樗陰《ちょいん》（哲太郎、一八八二～一九二五）が吉野のところにやってきた。樗陰は傾きかかった『中央公論』の立て直しに成功した腕利きの編集者として知られていた。

樗陰は吉野にこう切り出した。新帰朝者だといってすぐかけつけなかったのは、月並な来訪と思われたくなかったからで、ずっと貴君を研究していたからだ、と。そして、第二高等学校で吉野の三年後輩であるとし、寄稿家としてだけでなく、先輩・後輩の間柄として格別な御交誼を願いたいと申し出た。樗蔭は吉野より三年あとの明治三十三（一九〇〇）年に、第二高等学校（仙台）に入学している。樗陰の入学の時、吉野のほうは卒業していたから、二人は入れ違いで、在学中に面識はない。

吉野は「貴君を研究していた」などという樗陰の言葉に「少し失敬な奴」と思ったが寄稿を引き受けた（「滝田君と私」『中央公論』一九二五年十二月号）。大正三（一九一四）年一月号の「学術上より観たる日米問題」がこれである。この吉野の論壇デビュー論文が発表された数カ月後に、次郎の『三太郎の日記』が刊行され、たちまち話題となる。

（上）吉野作造（1878-1933）
（下）滝田樗陰（1882-1925）

樗陰と茂雄

樗陰の第二高等学校入学の翌年に、岩波茂雄は第一高等学校に入学している。樗陰と（岩波）茂雄には共通点が多い。

第3章でふれた藤村操の自殺に代表される煩悶は当時の知的青年の間の流行病だった。これもすでに述べたように、岩波は煩悶がこうじて第一高等学校を中退し、東京帝大には正規の学生ではない選科生として入学を許可される。樗陰のほうは二高を卒業すると、東京帝大（英文科）に進学し、法科に転学するも、大学を中退する。二人とも煩悶したあげくの中退者である。

樗陰が『中央公論』の編集主幹になったのは明治四十五（一九一二）年であるが、岩波茂雄が女学校の教員を辞め、のちの岩波書店のもとになる古本屋岩波書店を始めたのは、その翌年だった。

二人とも漱石のところに出入りしていた。樗陰は原稿の「居催促」家として有名だった。居催促とはその場に座り込んでしつこく催促することをいう。樗陰は催促の度がすぎて、漱石に出入り禁止をくらったりした。といっても漱石は遅筆ではなく、締切の約束を守るまれな作家だったことは樗陰自身が認めている（「作家の原稿の書振りと私の原稿居催促」『新潮』一九一〇年十月号）。だから、樗陰が漱石にしつこすぎる催促をしたのは原稿依頼を受諾させるためのものだった。

茂雄も漱石を立腹させている。岩波書店の看板の字を漱石に書いてもらいたいと頼み込んだが、なかなか書いてもらえない。漱石自身の意に適うものが書けなかったからだ。そこで茂雄は、書き損じたものを無断で持ち出し、それを看板に使い、漱石に大目玉をくらう。茂雄は漱石の家の便所で片足を踏み外し、糞まみれになったこともある。

樗陰も茂雄も漱石山房に集う旧制高校から東京帝大卒の学歴貴族と同種のハビトゥス（実践感覚となる性向）を有しながらも、『三四郎』に登場する早稲田中退の佐々木与次郎のような中退者ハビトゥスによって道化的ポジションを獲得する。

両人とも漱石を怒らせたり呆れさせたりしながらも漱石の懐に飛び込む。樗蔭は漱石の小説「一夜」「薤露行《かいろ》」「二百十日」などをつぎつぎと『中央公論』に掲載することに成功した。文藝欄を充実させて『中央公論』を誌名のとおり総合雑誌のセンター（中央）の位置に飛躍させた。岩波茂雄も漱石の『こゝろ』の刊行で出版業に本格的に踏み出すことができた。

樗蔭は、これを手始めに二高人脈を用いて東京帝大法科大学教授吉野作造を『中央公論』の看板学者に迎え、評論を充実させる。茂雄が同級生で寮生活をともにした次郎を看板学者にしたように、である。樗陰も茂雄も社会関係資本（人脈資本）を十全に生かしているところもまた似ている。

民本主義

さきほど吉野が論壇デビューした頃、次郎のほうは『三太郎の日記』（東雲堂）を刊行し話題となっていたと述べたが、その二年後には吉野は論壇のスターダムに駆け上がる。その経緯は次のようである。

さきの「学術上より観たる日米問題」論文以後も樗陰は吉野のところによくやってきて寄稿を依頼した。吉野が講義の準備で忙しいからと断ると、「では私が筆記しましょう」と言った。そこでできあがったのが、『中央公論』大正五（一九一六）年一月号の巻頭論文「憲政の本義を説いて其有終の美を済《な》すの途を論ず」である。これは時代を画す話題作となる。百頁ほどの長編だが、樗陰が吉野と議論し、それをもとに筆記したものだけにこなれた論述となっている。

訴求力が強かったのは、「民本主義」という用語だった。吉野は、「民本主義」という用語をこのときはじめて使用したわけではない。前年の論文「欧米に於ける憲政の発達及現状（一）」（『国民講壇』）の中で使っていたが、『中央公論』の論文では、「民本主義」をキー・ノートにして全面的に展開されることになった。

といっても、吉野自身も言うように、民本主義は吉野の造語ではない。『万朝報』の黒岩涙香が編み出し、茅原華山が貴族主義・官僚主義・軍人政治に反対する「人民を主とする」思想として使用していた（「民本主義の解釈」『万朝報』一九一二年五月二十七日）。井上哲次郎や上杉慎吉も吉野より前（大正二年）に「民本主義」という用語を使っていた。井上と上杉では民本主義で意味する内容にいくらかちがっているが、共通するのは、人民主権説（国家の主権は法理上人民に在る）が台頭してきたことによる保守派の対抗措置として使用したところである。「君は民を以て本となす」は、歴代の天皇の治国の精神であり、それを一層すすめるのが民本主義だとした。井上と上杉は、日本は「民主主義」を取り入れる必要がないとして民本主義という言葉を持ち出したのである。

吉野は天皇主権という法的なたてまえにはふれず「君主主権」を避け、他方で人民主権説を思わせる「民主主義」という言葉も斥け、政治は「須らく一般民衆の利福並に意嚮《いこう》を重ん」じ、政策の決定は「人民の意嚮に依らしむべし」とした。普通選挙制と政党内閣制の意義を強調する民本主義だった。

国粋主義者のいう君主主権と、社会主義者のいう「人民主権」の間をとった「民本主義」は、中庸の漸進的改革の位置取り《ポジショニング》に成功した。吉野は留学後で欧米の政治事情に詳しく、「けだし民本主義の要求は、ともかくも世界の大勢である」（傍点引用者）と「大勢」や「時勢」で説いたところも説得力を増すに与った。大正時代のデモクラシーの風潮にのり、同時にそういう風潮をさらに後押しする言論旋風を巻き起こした。

吉野自身、後年の「民本主義鼓吹時代の回顧」（『社会科学』一九二八）のなかでこう言っている。

> 私の論文になんら卓抜の見あるがためにあらず、ただそれがちょうどあの頃政界の問題になりかけていたほとんどあらゆる点に触れ、かつこれに相当詳細なる釈明を与えつつ、当時欧州先進国等の提示せる諸解釈をややわかりやすく書きつらねたからではなかっただろうか。

ゆえにもし私の論文に多少の取るべきところありとせばたくみに時勢に乗ってその要求に応ぜんとした点にあるだろう。（傍点引用者）

吉野作造と次郎の年収

岩波書店が次郎を看板に哲学叢書全十二篇の刊行で哲学書肆のブランドを確立したように『中央公論』は、吉野を看板学者とし民本主義ブームをまきおこした。雑誌の発行部数は十二万部にもなり、絶頂期を迎えた。

樗陰は『中央公論』が十二万部売れた大正八（一九一九）年には、発行部数による歩合制で月々二千円を受け取っている。吉野は、『中央公論』にほぼ毎号執筆した。それだけにとどまらず、無署名の巻頭言や古川学人の筆名でも書くほどだった。年収も大正六年、五六六〇円二五銭（うち東京帝大から二〇八六円五銭）となる。講演にも引っ張りだことなった。大正七年の講演六十回。同年の年収は六六四一円六銭（うち東京帝大から二二八一円）。大正八年には講演は八十八回、年収は八九八三円二五銭（うち東京帝大から三三四六円三〇銭）と跳ね上がる。東京帝大教授の給与以上の収入を文筆や講演から得ることになった。四十歳そこその吉野の収入は高等文官でいえば各省局長（五二〇〇円）や次官（六五〇〇円）の年収や財閥企業の課長クラスの年収（七〇〇〇円）を上回っていた（大正七年）のである。

岩波の看板学者となった次郎の大正十（一九二一）年九月の税務署からの所得決定書には約四

二〇〇円とある。次郎のほうは定期的収入は嘱託講師の給与だけだったから、所得の大半は印税・原稿料である。これだけでも相当なものであるが、次郎や吉野の年収の三～六倍、吉野の帝国大学教授としての年収の七倍が、一時的とはいえ楞陰の年収だった。一方、岩波茂雄のほうは、大正十三（一九二四）年には東京市の多額納税者の一人となる。これをみても出版産業の黄金期の始まりの時代だったことがよくわかる。

楞陰と茂雄は、短気でせっかちな一方、どこか憎めないところがあることは似ていたが、違っているところもある。

楞陰は原稿をいつまでも貰えないと、執筆依頼した作家に「「ソレデモニンゲンカ」タキタ」などとけんか腰の電報を打ったりした。茂雄と執筆者との間にはそのような確執はほとんどない。茂雄はむしろ丁寧に尊敬の念をこめて応対した。ここらあたりの両者のハビトゥスの違いは、楞陰のほうは自分でも作家となりたいと思っていただけに、無頼漢まがいの文士的ハビトゥスであり、岩波は教育者を志しただけに教員的ハビトゥスだったことによるものだろう。茂雄を教員的ハビトゥスというのは、岩波書店店員は茂雄のことを「先生」と呼んでいたことにもみることができる。楞陰は雑誌の目玉の文藝欄を担当した関係で文士との付き合いが多く、茂雄は哲学者など学者との付き合いが多かったからである。それぞれのハビトゥスは単なる「存在」ではなく、それぞれの場と適合したうってつけの「戦略的資源」（フランソワ・デュベ／山下雅之監訳『経験の社会学』）になり得ていたわけである。

講演旅行

吉野が『中央公論』の常連執筆者＝看板学者となった頃の次郎は、『思潮』の終刊で翳りがみえていたとはいえ、『合本　三太郎の日記』（岩波書店）が『思潮』終刊の前年大正七（一九一八）年六月に刊行されたところだった。個人評論集である『阿部次郎論集』も大正四年に新潮社から出ていた。『倫理学の根本問題』や『美学』も重版が続いており、知名度は高かった。

そんなときに、吉野は満鉄読書会から講演者推薦の依頼をうけた。満鉄読書会は明治四十一（一九〇八）年に満鉄社員の知的向上のために結成された。大正三年からは「読書雑誌」も刊行していた。吉野は、次郎に白羽の矢を立て、講演依頼の書簡を送る。大連、旅順、奉天、京城などでそれぞれ数回の講演をしてもらいたい、往復旅費宿泊料のほかに御礼は二、三百円位、としたためた。次郎は満韓行を承諾し、大正八（一九一九）年五月十四日、神田学士会館で吉野と会い、打ち合わせをする。

満韓講演旅行は、同年秋の予定だったが、奉天にコレラが発生したことで先方から出発を遅らせたほうがよいという連絡が入る。さらに九月に次郎の四歳の長男晃が入院し、十一月に死亡した。こうした事情が重なって、結局、次郎は翌年（大正九年）三月二十六日に東京を発つことになる。二十七日に下関から釜山に渡る。三月から五月にかけて満韓で講演旅行をおこなう。講演の題目は「人格主義の思潮」。講演は次のようにして始まった。

お招きによりまして、わざ〳〵東京から出て参りました。私のやうな学問の無い者が、皆様の前に立つてお話をするのは、甚だ僭越でありますけれども、しかし、自分にも多少の考が有るし、自分の平生考へてゐる事を皆様の前に申し上げて、少しでも参考になれば幸と思つて、敢て自ら度らず出て参りましたが、最初にお断りして置かなければならないのは、私は談話《はなし》が大変下手でございますから、非常にお聴き苦しいことだらうと思ひますけれども、何卒その点はあらかじめお含み置きを願つて、許していたゞきたいと思ひます。（集・六）

講演は、一回二時間で四回おこなわれた。講演録は翌年（大正十年）、『人格主義の思潮』（満鉄読書会、非売品）として刊行される。この講演は二年後（大正十一年）、『人格主義』の中におさめられて、岩波書店から刊行される。

人格主義

では、次郎のいう「人格」や「人格主義」はどのようなものだったのか。人格とは、折にふれてあらわれる思考内容や感情、意欲のことではなく、「これらのものを生起せしめ消長せしめつつ、しかも自らも充分に自己を把握し得ざるがごとき」内面的活動の主体であり、統合の原理であり、生命である。そして、人格の四つの標識について次のように言う。

第一に人格は物と区別せられるところにその意味を持つてゐるものである。第二に人格は個々の意識的経験の総和ではなくて、その底流をなしてこれを支持しこれを統一するところの自我である。第三に人格はわかつべからざるものといふ意味においての Individuum（個体）である。一つの不可分な生命である。第四に人格は先験的要素を内容としてゐる意味において後天的性格と区別される。カントの言葉を用ゐればそれは単純な経験的性格ではなくて叡智的性格《インテリギーブラー・カラクター》を含んでゐるところにその特質を持つてゐるのである。（傍点原文、「人格主義」集・六）

人格は「精神」「統一的自我」「個体」「叡智的性格」を特徴とする内面的活動の主体である。第四の人格の叡智的性格とは、自己の如何ともし難き性格をも、なおこれを批判したり詰責したりして人格を人格として錬磨する普遍的・先験的原理のことである。人格にはそのような叡智があらかじめそなわっているとする。

人格主義はこのような人格の成長と発展を第一義とするものである。この第一義の価値との連関において、他のあらゆる価値と意義の等級を定めて行かうとするものである。では、われわれはなにゆえ人格の価値を求めるべきなのか。

それはそれ自身において報いられる価値であるからである、それはわれ〳〵の本質の根本要求であるからである。ゆゑに人格主義は、われわれがわれ〳〵自身である限り、世界の如何《いかん》にかゝはらず常に妥当することをやめない。（傍点原文、前掲書）

「君主人」の結合社会

そして、次郎は人格との関連で三つの社会の類型を描く。「主人と奴隷の社会」「利己的拘束の社会」「人格的結合の社会」である。

「主人と奴隷の社会」とは、征服によって成り立つ社会で、物理力による強制的団結の社会である。しかし、「主人と奴隷の社会」は、早晩維持することがむずかしくなり、次にあらわれるのが多くの利己主義者が規則による分配の約束のもとで結合する「利己的拘束の社会」である。社会学者フェルディナント・テンニース（一八五五〜一九三六）がいうゲゼルシャフト（利益社会）である。第三の「人格的結合の社会」は、主人と奴隷の略奪社会と利己的拘束社会を超克した人格主義にのっとった「君主人」の結合の社会である。これがありうべき理想社会である。

君主人とは君主の謂《いい》ではない。理想的人格をつくりあげた人のことで、自己の人格の尊厳を信じる者、自律の意志を持った者のことである。次郎は、このような人格主義を社会形成につなぐ橋渡しになるものをリップスのいう人間の「感情移入《アインヒユールング》」能力にみる。感情移入能力とは他人の喜怒哀楽を自分の体験を基礎として理解し得ることである。追体験や共感、模倣、自他の共同体験である。しかし、感情移入は自然に生じるわけではなく、修業をともなうものである。

> 感情移入の原理に従へば、自己を拓くより外に他人と世界とを理解する道がない。一切の真理と価値との認識は、この意味に於て、体験者自己を中心としてゐるのであります。汝自ら体験せよ、この外に汝にとつて真理と価値とが生きる道は存在しない。(「倫理学の根本問題に就て」集・十七)

感情移入は個人主義であるが、感情移入によって他人と世界を自分の中に収め普遍主義につながっていくとされる。感情移入と同情の概念によって人は他人をも自己と等しく人格として敬重できること、すべての人が真善美を追求することで一致していれば、人格的結合の社会になりうるとされる。このような社会のイメージは、次のようなものである。

> すべての個人がその天稟と地位とに従つて、最も自己に適する目的の実現を分担し、その共働によつて全体の道徳的使命を実現せむとするとき、そこには新たなる有機体が生まれて来る。それは一つの人格の内部における有機体ではなくて、多数の人格から成立する社会的有機体である。(傍点原文、『倫理学の根本問題』集・二)

徳治の民主化

「人格的結合の社会」、つまり、「多数の人格から成立する社会的有機体」論については、社会とは具体的個人の総和以上のものであるという社会科学的知が半ば常識知となっている今では、すんなりとは腑に落ちにくいものではある。人格の成長と発展を促す制度への想像力の欠如が気になってしまうからである。しかし、社会科学的知がマルクス主義者などの一部にしか定着しておらず、儒学知が半ばを覆っていた時代には、次郎の人格的結合の社会観にリアリティがなかったとはいえないだろう。

たとえば人格的結合の要になる君主人の概念である。「君主人」はリップスの"Herrennature"の次郎による訳語であるが、儒教のいう「君子」を思わせるものがある。人格主義も儒教における「修己治人」（治者は修己によって本然の性を磨き、自己に内在する性の曇りをはらい、人欲に覆われがちな人々の性を本然の正しい性に立ち帰らせる）を想起させる。言い換えれば、徳治主義で、統治する者は儒学の経典を学んで「倫理ノ本」を体得しなければならないとするものである。といっても、次郎の人格主義はこの「徳治」の観念を新しい衣装で単に反復したものではない。そうではなくて、儒教的徳治主義を「民主化」したものである。「万人が「君主」たる資格を持ち、かつ平等の立場で互いに感化を及ぼし合って道徳的向上を図る」（坂本多加雄『知識人』）という構想で語られているからである。

次郎を主導者とする人格主義は大正教養主義といわれるが、大正時代に忽然とあらわれたわけではない。儒学における聖賢の道という古い革袋に西洋哲学の新しい酒がそそがれ発酵したものである。主知主義ではなく、意思や生命との連関をもつ人格主義が提唱された所以である。

次郎は普通選挙によるデモクラシー社会が目睫の間にあることを鑑み、いかなる平民も平等に取り扱われ、自由に人格を育て、伸ばすことができる社会でなければならないとする。しかし、多数者という「新式の暴君」つまり世論の専制による個人の自由の侵害になってはいけないともした。そのための「徳治の民主化」、つまり万人の人格主義だった。ここらあたり、多数政治を旨としても衆愚の多数専制になることを避け、世論を教育することで健全なアマチュア精神の育成を願っていた吉野と共鳴するものがあった。逆にみれば、次郎も吉野も民主主義の到来によるポピュリズムの弊を早くに意識していたということである。

「人格」という用語

ここで「人格」という用語の誕生について立ち入っておこう。人格という用語は、和製漢語である。その発祥については、中島力造（倫理学者、一八五八〜一九一八）が留学から帰国し、東京帝大文科大学の嘱託講師をしていたときの話が持ち出されることが多い。

中島については、第4章で次郎の卒論のときにふれたが、井上哲次郎とともに次郎に手厳しかった倫理学者である。その中島が同僚の井上哲次郎に「グリーン（イギリスの哲学者トーマス・ヒル・グリーン――引用者）のパーソナリティを何と訳したらよいものか」と問うた。井上は、「人格と訳したらよかろう」と答えた（『井上哲次郎自伝』）。そこで中島は倫理学の講義で「人格」という和製漢語を使った。ここから「人格」という用語がひろがったというものである。

しかし、人格という用語の誕生を追跡した佐古純一郎によれば、井上哲次郎が人格という以前に、パーソナリティの訳として、「人品」「有心者」「品位」「品格」とならんで「人格」という語がみえる（『近代日本思想史における人格観念の成立』）という。この指摘を踏まえれば、先の「人格」という用語誕生をめぐる逸話「人格と訳したらよかろう」はパーソナリティの訳語が林立状態であったときに、「人格」という用語に収斂したきっかけと解したほうがよさそうである。

明治四十年以後になると人格という用語は『成功と人格』『人格の修養』などの本が出版され、人格・修養本というジャンル分けができるほどに普及した。したがって次郎の『人格主義』が刊行されたときに「人格」という用語自体は珍しい用語ではなかったが、修養系の人格ではなく、新カント派哲学という西欧の哲学理論を背景にした人格概念とそれをもとにした人格主義であるがゆえに引きつけるものがあった。ここらあたりは吉野が牧民官（支配者が仁政によって民を牧《やしな》う）的な民本主義という古い言葉にヨーロッパの民主主義の薫《かお》りを取り入れて新しい生命を吹き込んだのと似ている。

大正七（一九一八）年十二月に公布された「大学令」第一条は、「大学ハ国家ニ須要ナル学術ヲ教授シ並其ノ蘊奥ヲ攻究スルヲ以テ目的トシ兼ネテ人格ノ陶冶及国家思想ノ涵養ニ留意スヘキモノトス」（傍点引用者）である。それまでの「帝国大学令」（明治十九年）第一条にはない、「国家思想の涵養」と同時に「人格の陶冶」が登場している。当時、唯一の全国的労働組合組織だった友愛会（一九一二年創立）の七周年大会宣言にも「人間はその本然において自由である。故に我等労働者は如斯宣言す」とした後に「労働者は人格である。彼はたゞ賃金相場によつて売買せしむる可きものでは無い」として「人格」の語が使用されている。

人格が新しい時代用語になっていることは、大正十一年に刊行された『新しい用語の泉』（小林花眠編、帝国実業学会発行）に「人格」や「人格化」、「人格性」が収録されていることにもみることができる。かくて「人格」（主義）と「文化」（主義）が合体して大正教養主義なるものが構成されることになった。

政治的前衛と倫理的前衛

次郎が満韓で講演したテーマは人格主義だけではなかった。「労働問題一面観察」というテーマも講義していた。労働運動とその背後にある社会主義は無視できない問題になっていたからである。大正六（一九一七）年、労働者・兵士代表による革命の指導機関ソビエト（協議会の意）によってロマノフ朝が滅ぶロシア革命が起きた。日本の知識人や労働運動にも大きな衝撃をあたえる。大正七年八月、富山県滑川《なめりかわ》町から発した米騒動は、全国に波及した。これに踵を接して翌年には東京市内各新聞社職工の罷業、砲兵工廠の罷業、神戸川崎造船所の一万八千人の職工による同盟罷工など争議が各地に頻発する。

労働問題や社会主義が論壇の話題になる。『中央公論』と並ぶ総合雑誌として大正八（一九一九）年四月に創刊した『改造』は、創刊から三号までは『中央公論』の形式をなぞっており、特色に乏しいものだった。発行部数は二万だったが、返品の山だった。三号にいたっては一万三千部つまり発行部数の六割以上が返品というありさまで、早くも存立の危機にいたった。低迷を破って、爆発的な売れ行きを示すようになったのは、誌面を大刷新した第四号（一九一九年七月号）からである。

第四号は「労働問題・社会主義・批判」の特集号で、表紙も一変した。題字の上には赤字で"The Reconstruction"という横文字が入った。発売二日で三万部が売り切れた。第四号の巻頭言は「過激思想のその五分前」である。識者に、労働問題や社会主義についての意見をもとめ、それを掲載している。このとき、『改造』編集部は、福田徳三（経済学者・東京高等商業学校〔現・一橋大〕教授）などのほか、次郎にも寄稿をもとめてきた。次郎の渡満の一年ほど前の日記（大正八年六月十三日）には、「午前改造記者来訪、「労働問題」をおしつけられる」とある。「おしつけられる」と書いたのは、次郎にとって得意の分野ではないからであろう。わずか四頁の論稿であるにもかかわらず「到頭改造の原稿でひつかかつて一日かゝる」としている。七月号に掲載された「跛的労働問題」がこれだが、このときは、社会主義的労働問題については踏み込まず、自分は「門外漢」だとか知識が「小学生程度」とさえいっている。

しかし、渡満時には労働問題や社会主義についてふれることなくして人格主義の提唱はありえないと考え、『ボルシェヴィズムの心理学』（John Spargo, *The Psychology of Bolshevism*, 1919）を携帯して読み始めている。この本は題名から想像できるように、ボルシェヴィズムや革命が受け入れられ、跋扈する第一次世界大戦後の状況における大衆心理を描いたものである。

それを読んだ上であろうが、人格主義の演題のほかに上述の「労働問題一面観察」という講演もしている。労働運動が資本家との贅沢争奪戦になってしまってはいまいか。自分の人格を承認せよという要求が贅沢の権利の承認要求だけになってはいないか。そうなっては労働者も資本家のようになりたいというだけのことである。われわれは贅沢な生活以上の目的をもたなければならないとしている。しかし、これはあくまで少数者相手の講演である。

次郎は満州講演から帰国後この講演をもとに「人生批評の原理としての人格主義的見地」（『中央公論』大正十年一月号）や「人格主義・戒律主義・主観主義」（『中央公論』大正十年二月号）、さらに他の雑誌や新聞に人格主義についての論稿を発表する。これらの論稿は、労働運動に踏み込んで、人格主義は労働者と資本家の血腥い階級闘争の戦場において赤十字となり、すべての組織と制度の中で内から清める力となることを使命にすべきだとした。

世は社会主義と国粋主義の左右の激突の時代である。人格主義を旗印にそこに割って入り、政治的前衛に対して次郎は倫理的前衛を対置する塩梅になった。しかしこうなると、勢いを増してきた社会主義陣営は黙ってはいない。

第9章

雉も鳴かねば

……あらゆる善業は——あらゆる社会をよりよくする活動は——それが内面的に把握されない限り、「自己」を救うの道とか、はりなきこと、なお路傍の木石に等しい。これらの大切な信念をつかんでゐる者は、決して退いて自ら養ふの意義を見誤らないはずである。「二つの途」

大正期は単にデモクラシーの台頭というよりも左右を問わず社会改造を志向する「革新」が沸騰した時代だった。社会主義と国粋主義など左右のイデオロギーが湧出した。社会主義を「誇張された革変」、民族主義を「偏狭な主張」とした次郎は、人格主義の旗印で両者の真ん中に割って入った。普遍的原理にむけての人心の改造こそ思想的混乱をのりこえる要であるとし、「政治的前衛」に「倫理的前衛」を対置した。すくなくともそのような読みの文脈を想定して次郎の『人格主義』は読書市場に出た。そのことは『人格主義』の次のような広告文を見れば明白である。

この書は社会改造に関する近時の思想的混乱に対して、人格主義の立場から解決の原理を提示したものである。反感に動機づけられた偏狭な主張や、感傷的に誇張せられた革変の要求は、そのあはたゞしき独断の故にともすれば人性の真実を離れる。がこゝに主張せられるのは、深き人性の理解と高き理想の情熱とに基いた、普遍人間的な原理である。（後略）（『思想』一九二二年六月号）

しかし、そうした狙いは、飛んで火にいる夏の虫のようなもの。とくに、社会主義やその影響下にある労働運動に嘴《くちばし》を挟み批判したから、社会主義陣営は黙ってはいない。次郎の人格主義はせっかく台頭した労働運動から熱と力を奪ってしまうものとされたのである。次郎は人格主義という要塞を築いたが、第四階級（第三階級のブルジョアジーに対する無産階級、労働者階級）の文学や第四階級のデモクラシーの波によってたちまち包囲戦に見舞われた。

武者小路実篤の「新しき村」の事業と思想が、大杉栄（一八八五～一九二三）によって、民の声がわかっておらず、社会主義や無政府主義をただの破壊主義としかみないものとして批判され（「武者小路実篤氏と新しき村の事業」『新潮』一九二三年五月号）、賀川豊彦の博愛主義的労働運動が、山川均（一八八〇～一九五八）によって、労働者の味方のような顔をしながら資本家に味方するものとされ（武田清子「賀川豊彦の社会思想」賀川豊彦記念松沢資料館編『日本キリスト教史における賀川豊彦』）、吉野の民本主義が如何なる方面の器にも盛ることのできる「液体のデモクラシー」（「デモクラシーの煩悶」『新日本』一九一八年四月号）と批判されるのと同じ波をかぶることになる。

火に油を注ぐ

次郎の人格主義批判の先陣を切ったのは、詩人で、プロレタリア文学運動の濫觴といわれる『種蒔く人』（第二次東京版）の創刊（大正十年十月）に携わった村松正俊（一八九五～一九八一）である。「阿部次郎氏と社会問題」（『新小説』一九二一年五月号）があらわれる。

村松は言う。次郎の人格主義は、新しい社会思想（社会主義）が存在感をますにつれ、自分たちの特権がおかされたとして慌てて渦中に身を投じた論である。文学場においては、政治化する政治的前衛が転覆戦略であるときに、倫理的前衛は保守戦略である（Couldry, Nick, "Media meta-captital: Extending the range of Bourdieu's field theory", *Theory and Society*, Vol. 32, 2003)。ピエール・ブルデュー的に言えば、次郎の人格主義は、思想界の既得権益者が既得権を維持するための保守戦略に乗り出したものというわけである。頭だけの論理主義で「事実の子」ではない。だから労働者と資本家の協調とか協力という美名のもとに、権力階級に資するものに堕している。「愛は人を救ふかも知れない。しかし愛は決して事件を解決しない」と啖呵を切る。

次郎は、この村松論文が出た翌月の『解放』(六月号)に「人格主義と労働運動」を執筆する。そこで、現在の労働運動は、「所有衝動」を目的とした「享楽欲」以上のものではないとする。それは「白き手の資本主義者」と「荒き手の資本主義者」の戦いにしかすぎない。人格主義はこういう労働運動に追随することができない。「労働運動は労働者とともに資本家をも、つまり階級のいかんにかかぎらず世界のあらゆる人類を、幸福にするものでなければならない」とした。

ここで使用される「資本主義者」は、次郎独特の使い方である。莫大な資本を持っているからといって、資本主義者とは限らない。逆に、資本がない労働者が資本主義者である場合もあるとする。金銭欲や所有欲に執着して生活するのが資本主義者とされるからである。だから、所有と享楽をもとにする階級闘争は、「白き手」(ブルジョア)の資本主義者と「荒き手」(労働者)の資本主義者同士の戦いになりかねないというわけである。人格主義者は「物質主義者と正反対の立場に立たなければならない」(『人格主義』)とした次郎ならではの論法である。

この論文は批判勢力を黙らせるどころかかれらの批判の火に油を注ぐことになる。次郎の論文が出ると、すぐあとに村松とともに『種蒔く人』(東京版)の創刊に加わっていた新進気鋭の社会主義派文藝評論家平林初之輔(一八九二〜一九三一)が、「読売新聞」の「文壇月評」(大正十年五月十一日)に筆を執る。次郎の「人格主義と労働運動」と村松のさきの論文を取り上げ、修身で社会問題が解決するなら社会問題は起こらないはずだとする。

そして、翌月、平林は「人格主義を駁す」(『新文学』一九二一年六月号)を発表する。平林は言う。「阿部氏の人格主義は清快丸程度の清涼剤」で、健康体の者が常服するぶんには害はなく人格修養に多少の助けになるだろうが、病気を直す力はない。「生命危機に陥つた重態の患者には却つて害がある」とした。村松に劣らない痛烈な批判である。

二十四歳の論客

翌年二月、文壇・批評界の誰もが知らなかった弱冠二十三歳の東京帝大生竹内仁《たけのうちまさし》(一八九八〜一九二二)がこの論争舞台に躍り出る。

竹内仁は、早稲田大学ロシア文学科主任教授片上伸《かたがみのぶる》(一八八四〜一九二八)の十四歳下の末弟。兄の片上伸は、平林とも友人で、プロレタリア文学運動の理論家だった。弟の仁は養子となったことで姓が変わった。色の蒼黒い長身の青年だった。

仁は大正五(一九一六)年、早稲田中学校を卒業する。旧制高等学校を受験するときに、先生から「お前のような成績の者には一高に入ってもらわなければ学校の名誉として困る、田舎の高校へなんか行ってはならぬ」と言われるほどの秀才だった。にもかかわらず二高を選んだのは仙台が「沈思静観の生活にふさわしい」と思ったからである。第二高等学校独法科に首席入学する。二高ではのちに経済学者として名をはせる有沢広巳（一八九六〜一九八八）や敗戦直後の読売新聞社争議（正力松太郎などの幹部退陣を要求した）の指導者鈴木東民（一八九五〜一九七九）と同級生で友人だった。二高生のとき仁は次郎に私淑していた。将来は大学教授になりたいとも思っていた。しかし同じ仙台にもかかわらず、無口で人見知りする仁は次郎への接触を試みてはいない。

　二高を卒業すると、大正八（一九一九）年九月、東大法学部政治学科に入学する。吉野作造の授業を聞いているが、「旧式の倫理でつまらん」として、翌年九月文学部倫理学科に転部した。「ボルシェヰズムの研究」に没頭する。しかし、社会主義者との個人的つき合いもないし、運動にも参加した形跡はない。

竹内仁（1898-1922）

　仁は、次郎に私淑した時期があったことと社会主義運動家ではなかったことで、かえって次郎の人格主義について内在的批判をなしえたといえる。

　仁は、「人生批評の原理としての人格主義的見地」（『中央公論』一九二二年一月号）から始まった次郎の一連の人格主義についての論文を読んでから失望と不満を感じるようになる。そこで次郎の人格主義のもとになっているリップスの『倫理学の根本問題』を読みだす。次郎の人格主義の背景にあるリップスの論そのものと次郎の人格主義の齟齬からみていくという周到な準備である。

心的改造論

リップスの人格主義は、革命における暴力や流血をも是認するものであるが、次郎の人格主義にはそれが全く欠けているとする論稿を仁は脱稿し、兄の片上伸のところへ送る。これを読んだ片上は、「上出来だ、『新潮』に交渉してみる」と言う。しかし、掲載は『我等』大正十年十二月号になる（「リップスの人格主義に就いて」）。『我等』は長谷川如是閑（評論家、一八七五〜一九六九）と大山郁夫（早稲田大学教授、一八八〇〜一九五五）が中心になって大正八（一九一九）年二月に創刊された。丸山眞男の父丸山幹治も参加している。仁の論文には「阿部次郎氏のそれを批評する前に」と副題がついている。

原稿を読んだ長谷川如是閑は「阿部氏批評の本論も書いて見ろ。よかったら載せる」と言う。しかし、「本論」は、「阿部次郎氏の人格主義を難ず」として翌年の『新潮』一月号に掲載される。この論文に対して次郎の「竹内仁氏に答ふ」（『改造』大正十一年三月号）が出、それに対して仁の「再び阿部次郎氏に」が『新潮』（同年四月号）に発表される。

「阿部次郎氏の人格主義を難ず」も「再び阿部次郎氏に」も次郎が発表した人格主義で展開された能力と人格価値による物の分配原理、贅沢心の抑制、制度改革ではなく心的改造論の強調について逐一検討している。

そのうち「贅沢心の抑制と生活の単純化」についての仁の批評は、こうである。阿部氏は「人生批評原理としての人格主義的見地」の中で、いまの社会問題は「贅沢権争奪」という「餓鬼道の問題」となっているとし、愛と公正の精神を対置している。しかし、そうだとしても、贅沢権がブルジョアの側にある限り、次郎の説は労働者の側に自制を要求する役割しか果たさない。そう論駁し、次のようにいう。


即ち氏（阿部次郎――引用者）は、被搾取者たる労働者がその搾取者たる資本家に対する憎悪と復讐心とを感ずることなしに労働運動に従事することが出来る筈であると信ぜられて、この信念に照らし合せて見て現実の労働運動に不満を感じて居られるのである。（傍点原文、「再び阿部次郎氏に」『竹内仁遺稿』所収）

次郎の人格主義による労働運動への非難は、労働運動に従事している労働者に向かって「お前はいま資本家を敬愛してゐないから、お前の要求に賛成してやる訳にはいかない」と言うようなものである。無産者にとって今必要なのは、「愛と公正の精神」の高唱ではなく、「愛と公正とを実行し得るための経済的条件を創造し確立すること」（傍点原文）であるとする。

したがって次郎の人格主義は十年程前に出た河上肇の『貧乏物語』の贅沢を悪とする主旨と大

差ない。『貧乏物語』では世の富者がいっさいの奢侈贅沢を廃止すれば、貧乏退治の一策となると提示されている。河上はその後この主張を捨て、『貧乏物語』を絶版にしたが、として仁はこう続ける。

それ（『貧乏物語』——引用者）と殆ど同じ様な主旨が大正十年に阿部氏によつて説かれてゐるのは、これも亦面白い現象である。その代弁者の群から嚮《さき》に一人の経済学者を失つた心的改造論は今や新たに一人の有力な哲学者を味方に得た訳である。（前掲書）

上げ潮効果

この竹内仁の論稿が大きな反響をもったのは、イデオロギー批判にとどまらず、次郎の文章を一つ一つ引用しながらの内在的批判となっていたことによる。博文館とならぶ出版社、新潮社から出ていた『新潮』という広い読者をもつ媒体に発表されたこともインパクトをもたらすことにあずかった。

しかし、それ以上に、読み手＝知的階層のコードの変化があった。まず大正五（一九一六）年あたりから次郎や和辻などによる文壇・評論界の学術化（三井甲之「評論界の学術化」『文章世界』一九一七年八月号）に随伴した形で、自己の探求による自己の完成＝普遍的理念の実現という「人格主義的コード」（大野亮司「神話の生成——志賀直哉・大正五年前後」『日本近代文学』五二集、一

九九四、山本芳明『文学者はつくられる』）が支配し始めた。しかしそれもつかの間、社会主義思想の浸透によって人格主義的コードが政治的コードにかわるという読みの文脈の変化がおきる。その変化が竹内仁の論文の反響を増幅させることとなった。

文化界の闘争には、文化界の周縁あるいは外部を形成する教育ある人士たちの、文化的空気との共鳴が必要である。まさしく「内部の闘争の問題は、その闘争に関与する行為者と制度が外部で動員しうる力に依存する」（ベルナール・ライール／村井重樹訳『複数的世界』）、あるいは、「保守ないしは転覆の戦略が成功を収めることができるかどうかは、常に部分的には両陣営のそれぞれが外的な力のうちに見出しうる支援（たとえば新しい支持者）にかかっている」（ピエール・ブルデュー／石井洋二郎訳『芸術の規則Ⅱ』）からである。

ここで社会主義の知識人界への浸透をみておこう。明治時代の社会主義運動は壮士上がりのならず者、あるいは、在野知識人の活動とみられていた。しかし、ロシア革命の衝撃を契機として、その翌年、大正七（一九一八）年、東京帝国大学に新人会ができる。新人会は東京帝国大学法学部学生有志を中心に「人類解放」と「現代日本の合理的改造運動」を綱領にして結成された研究・運動団体である。そしてその二年後、大正九（一九二〇）年に、森戸事件がおきた。東京帝大経済学部助教授森戸辰男（一八八八〜一九八四）が『経済学研究』創刊号に「クロポトキンの社会思想の研究」を発表したことによる筆禍事件である。当局は「朝憲を紊乱」「国体に反する」（新聞紙法四二条）とし、この雑誌を回収し、執筆者森戸辰男を禁錮三カ月・罰金七十円の刑に処した。森戸は同年一月休職になり、復職はかなわなかった。最初の赤化帝大教授処分である。事件は帝国大学教授の「赤化」として当時の新聞や雑誌に大きく報道された。しかし、そう報道されればされるほど書店ではクロポトキンの原書の注文が増えるという具合になった。

社会主義は壮士上がりのならず者や在野知識人の運動ではなく、知的青年の社会思想研究や社会運動になったのである。

新人会の運動とオルグによって、陸続と高校や大学に社会思想研究会ができる。作家の林房雄（一九〇三～七五）は大正九（一九二〇）年に第五高等学校（熊本）に入学した。大正十年の暮から翌年春、新人会の宣伝隊が九州遊説にきた。五高と七高（鹿児島）に芽生えかけた学生社会主義団体が一高、二高（仙台）、三高、四高（金沢）、八高（名古屋）の運動と結びつけられた。林は、秘密結社H・S・L（高等学校連盟）に参加した（『文学的回想』）。

こういう時代だから大正九年頃の一高の弁論部については次のように言われている。一高の中に二つの思想の傾向がある。自己の中に閉じこもる傾向と外界に順応してそこに自己を見出していく傾向である。前者は従来の友情、奉仕、信仰で、後者が新たに台頭した傾向で、「民主主義」や「労働問題」への関心である（「一高生活の思想的方面」『中学世界』二三巻八号、一九二〇）と。

大正十一（一九二二）年十一月七日、ロシア革命五周年記念日に、新人会をはじめとして、さきに述べたうちのいくつかの学生団体を含む、大学・高校・専門学校の社会科学研究会の全国的組織である学生連合会が発足する。学生連合会の大会は東京帝大学生第二控所で、Ｈ・Ｓ・Ｌ（高等学校連盟）の大会は一高柔道場で開催された。二年後に、この二つの組織が合流して学生社会科学連合会となる。大正十五（一九二六）年十二月には女子学生の社会科学研究の横断的組織である女子学連の結成が協議される。かくて大正時代の終りには、もっとも頭のよい学生は「社会科学」つまりマルクス主義を、二番目の連中が「哲学宗教」を研究し、三番目のものが「文学」に走り、最下位に属するものが「（右翼的）反動学生」といわれる（「角笛」『東京日日新聞』一九二二年九月二十日）ほどになった。

このような教育ある人士における文化的空気の移りかわりは、学生やインテリの読書傾向にもあらわれている。大正の読書界の空気を観察した論稿では、読書界の「新緑の衣」は、「マルクスの名であつて、デモクラシーは旧套」「マルクスの名が兎も角も我が読書界の中心題目となるに至つた」（「読書界を支配する力」『太陽』二五巻九号、一九一九）としている。これを書いたのが社会主義者同盟（大正九年）の発起人となった大庭柯公《おおばかこう》（景秋）（一八七二～一九二四）だからいくらか割り引いて考えなければならないとしても、河上肇の『社会問題研究』や高畠素之《たかばたけもとゆき》訳の『資本論解説』（カウツキー）が飛ぶように売れたことにもその文化的空気は読み取れる。

次郎の人格主義についての論稿が『中央公論』に、「人格主義と労働運動」が『解放』に掲載された大正十年末に、評論家新居格《にいいたる》（一八八八～一九五一）は、次郎の論理にどこも間違いはないとしながらもこう言っている。

阿部氏の所説は結局の所、書斎と講壇とで説かれるべき種類のものであり、いくら哲学考察と弁証法的論理の巧緻な展開があつても実感と握手しないものとして受取ることが出来なかつた。（「人格主義の問題」『東京朝日新聞』一九二一年十二月十六日）

「実感と握手しない」という指摘は、左傾思潮が知識人界の空気になり始めたことと照応している。そんな状況の大正十年代であればこそ、竹内仁の人格主義批判の説得力が大きかったといえる。また竹内仁の人格主義批判論文によって、人格主義万歳の天地だった文藝評論の世界が社会改造論の影響もあって「左傾化」が進むほどだった（相田隆太郎「本年の評論界　文藝評論の左傾」『新潮』一九二二年十二月号）。

思わぬ展開

次郎は竹内仁の『新潮』の論稿を読んだ日（大正十一年二月十二日）に、「竹内はヒステリカルな鋭さを持つ、（中略）竹内への返事を出き《ママ》出す」としている。そのあと改造社に速達を出す。『改造』に反論を載せたいというものだっただろう。翌日改造社の編集者が来訪し、『改造』への寄稿を依頼される。三月号に次郎の「竹内仁氏に答ふ」が掲載される。これに対して竹内仁は「再び阿部次郎氏に」を『新潮』四月号に発表するが、同月十日に次郎は留学でヨーロッパに旅立った。二人の論争はここで途絶えた。

しかし、そのあと思わぬ展開になる。竹内仁が新聞の三面（社会面）を賑わす事件をおこしたからだ。事件は、大正十一（一九二二）年十一月十日におきた。仁が許嫁の両親を殺し、そのあと縊死する。遺書には、自分に「コミュニスト」としての態度がはっきりしてくるにしたがって、許嫁の両親が絶縁させようとし、それにしたがった許嫁への復讐だった、と書いている。しかし、真相はわからない。

仁は、知識人の間では、ついこの間、阿部次郎の人格主義をやっつけた若手論客として知られていた。著名な早稲田大学教授片上伸の弟でもある。そんなことは関心外の大衆にとっても犯人は東京帝大倫理学科の学生だから話題性がある。翌日の新聞の三面トップに「帝大文科の秀才許婚の両親を殺し　自分も其場に縊死」（『東京朝日新聞』）の見出しで大きく報道された。加害者竹内仁の写真はもとより、犯行のあった小石川の許嫁の自宅の前で凶行現場の部屋をのぞきみようとしている野次馬の写真も載っている。翌日も続報がのる。この事件によって仁と次郎の論争は尻切れとんぼになったが、仁の自殺によって、「次郎と論争すると殺される」という噂が立った。

つるべ落とし

次郎は、満州での講演とそのあとの論文をもとにまとめた『人格主義』の原稿を岩波書店に渡して滞欧の旅にでた。『人格主義』は大正十一年六月に刊行されるが、『三太郎の日記』のように、たちまち重版というわけにはならなかった。

『人格主義』は次郎のはじめての体系的な書でありながら、次郎がジャーナリズムの中心部から離れる境界石になった。これ以後も『三太郎の日記』で得た知名度によってエッセイなどを寄稿するが、時代の先端の話題ではなく、追憶や身辺雑記などの周辺テーマが多くなる。

次郎の論壇中心部からの退場は吉野のそれと相似している。『中央公論』を一躍雑誌界の花形にのしあげた民本主義ブームもそれほどながくは続かなかった。吉野のジャーナリズムでの人気の凋落はその脚光が華々しかっただけに、次郎以上につるべ落としの感を与えた。次郎へのバッシングは主に左の社会主義派からだったが、吉野は右の国粋主義派からと左のマルクス主義派の両方から叩かれる塩梅となったからである。

吉野の翳りは、すでにかれの絶頂期といわれる大正十（一九二一）年あたりに忍び寄っていた。吉野が、新人会は「私の指導して居つた研究会（東京帝大生を糾合した普通選挙制度の総合的研究会――引用者）の転身したもの」と自負していたように、また新人会の最初の機関誌名が『デモクラシイ』だったように、吉野の新人会への影響は大きかった。しかし、新人会会員だった社会学者新明正道《しんめいまさみち》（一八九八～一九八四）によれば、新人会員と吉野との間に師弟関係があったのは大正十年頃までで、それ以後は両者に何の関係もなくなってしまっていた（「師の影を踏むもの」『中央公論』一九三四年二月号）。吉野の民本主義はしだいに微温的とみられるようになったからである。

日本近代史学者坂野潤治《ばんのじゅんじ》は、大正十四（一九二五）年には吉野人気は完全に終息したとしている。その根拠を大正十五年一月の蠟山政道《ろうやままさみち》の『日本政治動向論』の記述にみている。一世を風靡した吉野博士のデモクラシー論もいまや「古本屋の一隅に塵にまみれて」いるか「夜店の釣台」におかれていると書かれているからである（『日本近代史』）。人々の関心がデモクラシーから急進的社会主義に移っていった。移ったというより民本主義が君主主権論という千丈の堤の蟻穴となったのである。民本主義がステップとなり、社会主義や人民主権への関心への道を敷いたから、自らの成功が自らの墓穴を掘ることになってしまった。

吉野は、大正九（一九二〇）年一月から朝日新聞社の客員に就任していたが、大正十三（一九二四）年二月東京帝大教授を辞職し、編集顧問兼論説委員として朝日新聞社に入社する。吉野が、この頃何故に教授職を辞職し朝日新聞に入社したかについて本人が語ったものはない。吉野は中国・朝鮮の留学生の面倒をみていたが、その経済的負担をまかなうための朝日新聞入社ではなかったかというのが周囲の推測である。

しかし、朝日入社直後の講演や朝日新聞紙上での論稿の言葉尻をとらえられて、軍部から、また枢密院の「無用有害」を論じたことでは枢密院関係者から激しい抗議をうける。過労からの病気も重なって朝日新聞退社を余儀なくされる。朝日に入社してわずか四カ月後の同年六月である。朝日退社後の吉野のジャーナリズムでの活動は激減した。

東大教授を辞職した後、小野塚総長のはからいで同年三月から東京帝大法学部講師を嘱託されていたが、朝日退社後の吉野の居場所はそれだけになる。朝日からの恩給年額一六六七円とわずかな講師報酬が主な収入源となった。『中央公論』はこれまでの吉野の労をねぎらうこともあったが、晩年の昭和八（一九三三）年まで「巻頭言」や「社会時評」欄の執筆の席を吉野のために確保していたものの、そこからの収入はわずかなものであったろう。昭和六年には、税務署の所得査定で三一六〇円。それでも「前年より六九三円多し」（松尾尊兊「吉野作造年譜」『吉野作造選集』別巻）と書かれている。もっとも収入の多かった大正十一（一九二二）年の二、三割になっている。

朝日新聞退社後の大正十四（一九二五）年十月、吉野は宮武外骨（一八六七〜一九五五）などの訪問を受け、翌月に明治文化研究会を発足させ、東京大学の明治新聞雑誌文庫のもとになる活動を始めた。吉野の研究室は東京帝大法学部研究室の地階の薄暗い電球しかつかない奥まったところにあった。十畳ほどの研究室には埃にまみれた明治の文献が棚にあふれるほど収められていた。部屋のドアには「吉野講師」と札がかかっている。訪れる者の多くは時の人ではなくなった吉野に痛ましさを感じた。しかし、吉野はそんなことに気を病む風もなく、明治の文献を求めて来訪した人に対して親切だった。目当ての書物を取り出し、塵をはらって、「これですな。これがその、なにか書いてありますよ」「この本はいつお出でになって見てもよいですよ。しかし持ち出すとなくなりますからね」と言っていた。

「教養」の不人気

民本主義論の衰退は、「教養」の不人気とその軌を一にしている。関東大震災（大正十二年九月）の頃、岩波書店の古くからの店員が「教養という言葉は黴臭くなって今日の人心を牽引する力がない」といっていたことと、次郎が思想界の花形から去ったことと、民本主義が「旧套」といわれ、吉野が言論界のスターの地位を降りたこととは、ほぼ同時期である。

次郎は、この頃のことについて「文化の中心問題としての教養」（一九三三年、『秋窓記』集・十）の中で次のようにいう。文中の「十年以前の昔」は、関東大震災の頃で、「某出版者」は岩波茂雄、「若い店員」は岩波書店の小林勇として読む（上山春平「阿部次郎の思想的位置――大正教養主義の検討」『思想』一九六〇年三月号）ことで、当時の状況がわかりやすくなる。

> それは十年以前の昔である。知人の某出版者がある叢書を出版せむとしたとき彼はこれに教養叢書と命名しようとした。しかし彼の店の花形であった若い店員はこの命名に反対した。「教養」といふ言葉は既に黴臭《かびくさ》くなつて今日の人心を牽引する力がないといふのである。――私と同じ時代の空気の中に育つたその店主は、我々が重んじてまじめに考へて来た「教養」がそれほど軽視されるやうになつてゐることを発見して、驚き笑ひながらこのことを私に話した。その後更に十年を経過したが、「教養」の不評判は益々《ますます》今日の青年の間において

甚《はなは》だしくなりつつあるらしい。（傍点引用者）

ここでいう「十年以前の昔」が関東大震災（大正十二年）の頃だとすると、次郎が竹内仁からの批判を受けた二年後で、次章で詳述するが、次郎が東北帝大法文学部教授として仙台に赴任する頃である。吉野と次郎の凋落は、マルクス主義が知的ジャーナリズムをつうじてマス・インテリに浸透したことによっている。

左傾化する高校と『三太郎の日記』

次郎に代表される人格＝教養主義の凋落を同時代の証言でみておこう。桑原武夫（仏文学者、一九〇四〜八八）は、大正十一（一九二二）年に京都府立第一中学校を卒業し、同年、第三高等学校に入学している。中学時代に、『三太郎の日記』を途中で投げ出したが、これは、大正デモクラシー的なものに惹かれていたことから哲学的文化的教養主義になんとなく反撥していたからであろう、としている。大正十一年頃だから、次郎の人格主義との相性のよい吉野の民本主義ではなく、マルクス主義の影響を受けたデモクラシーのことである。三高に社会主義者の荒畑寒村が講演にやってきて、「人格主義などというバカげたことをほざく阿部次郎のツラの皮をひんむいてやりたい」という乱暴な言葉を聞いても、反感を覚えなかった（「大正五〇年」『文藝春秋』一九六二年一月号）と書いている。

桑原の三年後に旧制高校に入学した清水幾太郎（社会学者、一九〇七〜八八）も読まなかった口である。清水は独逸学協会中学校卒業のとき組長（級長）をしたことで学校から慰労品として『合本　三太郎の日記』をもらった。東京高等学校に入学した頃にすぐに読んだが、面白くない。何十頁かまでは我慢したが、読むのをやめてしまった。読んだ時期が悪かったとしている。というのは、読んだときは関東大震災後で、清水は無政府主義の本を読んでいた頃であり、「『自己確立』や『自己超克』は、もう用のない贅沢品」のように思えたからである（『本はどう読むか』）。

もっとも、桑原も清水もそう書いているのは、知的世界ではマルクス主義や実存主義が謳歌される戦後である。『三太郎の日記』を得々として読んでいたなどと書くことに気がひけたからだと疑う向きもあるかもしれない。わたしは、かれらの読んだ時期や語りの文脈からして、ほぼ事実だったと思うが、念のためもう一人取り上げることにする。

桑原よりも七年後、清水より四年後の昭和四（一九二九）年四月に第三高等学校に入学して、のちに東北帝大教授（国文学）となる北住敏夫《きたずみとしお》（一九一一〜八八）だ。北住も桑原や清水と同じように、高校時代に『三太郎の日記』を読まなかった。北住は東北帝大生のとき次郎の『徳川時代の芸術と社会』などを読み、三年生のときは次郎の「美学概論」を受講している。次郎の面談日にもよく行っていた。だから、次郎の日記に北住の名前はよく出てくる。後年、角川書店の『日本近代文学大系　阿部次郎・和辻哲郎集』（一九七四）では「阿部次郎集解説」を書き『三太郎の日記』の綿密周匝《しゅうそう》な注釈をほどこしている。さらに『阿部次郎と斎藤茂吉』上・下（一九八四）を上梓しているほどである。そんな北住であるが、「高等学校の時分に『三太郎の日記』を読んだといふ経験を私は持たない。（中略）周囲にもこの書の読者を見かけなかつたやうに思ふ」（「『三太郎の日記』など」『阿部次郎先生の横顔』）と言っているのだ。

後年の北住の研究から推測して『三太郎の日記』を高校時代に読まなかったというのは意外に思われる。そこで北住の履歴をみることにしよう。

昭和四年、第三高等学校（文科甲類）に入学しているが、六年九月退学している（「北住敏夫教授略歴」東北大学文学部国文学研究室編『北住敏夫教授退官記念　日本文芸論叢』）。三高を退学した翌々（昭和八）年四月、東北帝大法文学部国文学科の聴講生となっている。そして、その翌（昭和九）年同学部本科に入学している。この履歴をみると、北住の高等学校退学は、高校生の左傾化が問題になった時期だけに、左翼活動による退学だった可能性もある。北住は『三太郎の日記』を高等学校のとき読まなかったし、周囲にも読んでる人をみかけなかったという前述の文に続けてこう言っている。

昭和のはじめ頃、マルクス主義の熱に浮かされてゐた頭には、『三太郎の日記』のやうな書物が疎縁であつたのは当然であるともいへよう。久しい間青年期の必読書に数へられて来てゐる本書も、時によつてその需要の波に高低がありはしなかつたか。さういふことをいつか阿部先生に申し上げたことがある。先生はそれを否定せられなかつたが、発行部数の統計でも出れば面白いであらう。(「『三太郎の日記』など」)

重版数の変化

たしかに北住のいうように、『三太郎の日記』の時期による需要の波は「発行部数の統計」があれば知ることができる。そのような便利なものが残っているとは思えなかったが、念のため知人の岩波書店の編集者に問い合わせてみた。案の定そのようなものはない。

そこで次善の方法としては、『合本　三太郎の日記』の重版(刷)が年度ごとにどう変遷したかをみることにした。しかし重版(刷)ごとの発行部数はわからない。だから正確な比較にはならないにしても、年度ごとの売れ行きの傾向は大まかにはわかるだろう。そこで関西大学総合図書館レファレンスの協力を得て、いくつかの大学図書館で調べてみた。すべての重版(刷)の年度を把捉するにはいたらなかったが、それでも判明した複数の重版(刷)の年度をつなげることで、推定の根拠にはなる。

その結果が表9－1、9－2である。重版(刷)の年度で欠けているものが多いからその間の増加傾向は平均で推定するしか手立てはない。表9－1にみることができるように、『合本　三太郎の日記』の初版(大正七年)から大正十五年までの重版数は多い。九年間で二十三版だから、年平均二・六版重版されていたことになる。その後は重版の勾配はやや下がる。大正十五年から昭和十年まで十年間で十一版重版。一年間に一・一版の重版ということになる。大正年間の一年

大正7年6月	2版
大正7年8月	3版
大正7年9月	4版
大正9年10月	9版
大正9年11月	11版
大正10年10月	12版
大正10年11月	13版
大正11年9月	15版
大正13年8月	16版＊
大正13年12月	21版
大正15年7月	23版
昭和10年5月	33版
昭和10年12月	34版
昭和11年5月	36版

＊『思想』大正13年8月号広告

表9－1 『合本 三太郎の日記』年度別重版（大正7年～昭和11年、著者作成）

昭和12年1月	19刷
昭和12年6月	20刷
昭和12年9月	21刷
昭和13年5月	23刷
昭和13年11月	24刷
昭和14年5月	25刷
昭和18年12月	30刷

表9－2 『合本 三太郎の日記』年度別増刷（昭和12年～18年、著者作成）

間平均二・六版からくらべると半減している。

しかし、昭和十年五月から翌年五月までは十三カ月で三版を重ねている。復調傾向がみえる。昭和十二年から十八年にかけては刷でしか把握できなかったが、表9－2にみることができるように、七年間で十一刷増だから、一年平均一・六刷である。大正期に重版数は多く、知的青年にマルクス主義が浸透する大正十五年から昭和九年あたりまでが重版数がやや少なくなり、その後昭和十年あたりから再びやや多くなるという傾向がわかる。昭和十二年以降の上昇傾向の意味については第11章でふれることにする。

たしかに、マルクス主義が知的青年に浸透した昭和元年から九年あたりまでの重版はその前後の時期と比較して少ない。しかし、重版はされていたのだから読まれていたということになる。しかも、もうこの時期になると大正期よりも『三太郎の日記』は図書館や古書店にあったであろうことを斟酌すれば、この時期にもそれなりに読まれていたとみるべきだろう。北住の言明ほど無視されていたわけではないことがわかる。その意味で桑原や清水の『三太郎の日記』に対する同時代の反応は極端なものといえるだろう。

読んで否定しなければならない書物

では、マルクス主義の影響力がつよかったときの読者はどのように『三太郎の日記』を読んだのか。

財政学者遠藤湘吉《しょうきち》（東大教授、一九一六〜七五）の「阿部次郎と『三太郎の日記』」（『図書新聞』一九五九年十月三十一日）がひとつの事例となる。この年次郎が逝去したので、逝去を機会に『三太郎の日記』をふりかえってみるという企画による論稿である。

遠藤は、昭和九（一九三四）年四月に第一高等学校に入学している。ということは、左傾思想が高校文化をまだ覆っていた時代である。その夏休みに山中湖畔の寮にいくときに『三太郎の日記』を持っていった。なぜ持参したかというと、寮の同室の友人が一生懸命読んでいたことや上級生の言葉に『三太郎の日記』の文句が出てくることから「よし、自分も読んでみよう」と思ったからである。マルクス主義の影響が強かった時代にも読むべき本であったことがわかる。遠藤は当時を振り返りながら、『三太郎の日記』に引付けられた当時の気分についてこう書いている。

懐疑主義ないしは相対主義であり、理想主義的色づけであり、知的選民意識であり、深刻癖であった。総じていえば、当時の日本のインテリたちの性格が残りなく反映されている、雑然としたムードに他ならなかった。こういうムードは、激しい受験競争を突破して、弊衣破帽を身につけて寮歌を高唱するようになれたことで、いやが上にもかきたてる知的選民意識に、いかにもピッタリしていたに相違ない。

それにこの本は、いかにもディレッタンティズムの匂いが高いが、そのこともまた、高校生の知識欲をくすぐったものと思われる。

そのあと、しかし、と遠藤はつづける。やがて『三太郎の日記』を読んでいる新入生を笑うようになった。マルクスやエンゲルスの社会科学書を読むようになり、『三太郎の日記』の読者は「センチであり、幼稚である」と思ったからである。しかし遠藤は、マルクスやエンゲルスに感激したことも『三太郎の日記』への感激と同質であったと言う。その転向の仕方は随分滑稽だったが、当時は少しも意識しなかったとしている。

ここらあたり、『三太郎の日記』をめぐる大学一回生のときのわたし自身の経験を振り返るとよく似ている。わたしの大学入学は、六〇年安保闘争の翌年だったが、学生運動がさかんであり、マルクス主義や実存主義こそが先端とされたからだ。わたしは大学一回生のときに寮に住んだが、『三太郎の日記』は、一回生の読みものだとすぐにわかった。上級生になって読んでいる人をみかけなかった。それでも上級生に『三太郎の日記』を読んでいるところを見られると、微苦笑された。半分ばかにされたような気もした。当時のキャンパスはマルクス主義の影響が強く、実存主義哲学ならいざ知らず『三太郎の日記』などを読んでいるのは時代遅れという気配があった。それでも、まあ一回生だからそれもよいだろうということでの微苦笑だったと思う。

『三太郎の日記』は読んだ上で否定しなければならない書物であり、読んだということにしないといけない書物ではあった。一応読まなければいけないが、上級生になってから読んでもいけない本だった。だから、同級生の中には、私が読んでいる本が『三太郎の日記』だと知って、「なんだ今頃読んでいるのか。高校生のとき読んだけどなあ」と言った者もいたのである。

第10章

大学教授バブル

午後Hの病気見舞ひに行く。途中で不図Pと出逢つて連れ立つて行つた。学問の研究に熱中して、洋行の時期の遅速について喜んだり悲しんだりしてゐるこの男に逢ふと、ほとんど別世界の人の感がある。彼の歩める名誉と光明と平和との道を、僕のやうにその日の小遣《こづかい》に困つたり、仕事がどうしても手に着かないので煩悶したり、隠れた思いに悩まされたりして、毎日懶《らん》惰《だ》な生活を送つている者にくらべて見ると、実に何と云つていいかわからない。「さすらひ（第二）」

教授職への誘い

前章では、次郎が『人格主義』の原稿を岩波書店に渡し、留学に旅立つまでをみた。本章は、いくらか時間を戻すことになるが、この留学の前提となった東北帝大の新設学部である法文学部教授に就任にいたる経緯からみていきたい。

次郎が、慶応義塾大学や日本女子大学校で講師として教鞭をとっていたことについてはすでに述べた。慶応の専任になるという話も早くからあり、大正八（一九一九）年頃には具体的な話も出るようになる。次郎も期待していたが、具体化しなかった。新人会主催の森戸弁護の演説（前章でふれた森戸辰男の筆禍事件。大正九年一月二十七日）にくわわったことが慶応の教授たちをして「余を危険がらせた」のではないか（日記大正九年五月）、次郎はそう疑っていた。しかし、そんな大学教授職への誘い水や逃げ水によって、次郎は大学教授になってもよい、さらになってみたいという気持ちになっていく。

法政大学の専任の話も出た。大正九（一九二〇）年五月、『漱石全集』の校正で野上豊一郎（一八八三～一九五〇）に会ったときである。野上は漱石山房の仲間であり、一高と東京帝大で次郎の一年後輩。法政大学教授（英文学）をしていた。「両三年に法政に文科（文学部）ができるから、是非に」と誘われる。当時、文学部があったのは、官学では、東京帝大と京都帝大、私学は早稲田と慶応（文学科）だけだった。

この話から二年後、大正十一（一九二二）年に、法政大学においては、法学部を法文学部に改め従来の法律学科・経済学科に加えて文学科と哲学科を設けることになるが、これにむけての準備が野上の「両三年に法政に文科（文学部）ができる」という言葉の意味である。

野上は大正九年四月から予科長をつとめており、やがてできる文科の教授人事を差配する役目にあった。大学予科は、大学で専門学科を研究するための予備教育機関で、旧制高等学校に該当した。ただし大学予科は、旧制高校とちがって、大学ごとに付設されていた。帝国大学は原則として旧制高等学校卒業者が進学するので、当時、予科がある帝国大学は北海道帝大だけで（その後大正十三年に京城帝大予科、昭和十六年に台北帝大予科ができる）、予科のほとんどは大正七（一九一八）年の大学令十二条によって官立大学（帝国大学以外の国立の単科大学）や公立大学、私立大学に設置されたものだった。

野上から話があったあとに嘱託講師をしていた慶応から教授会に出席しないかと次郎に言ってきた。それまでに専任の話がでては消えていたが、いよいよ専任への就任含みのことだろうと思いながらも、次郎は日記にこう書いている。「結局は（慶応では――引用者）外様で何も出来ないやうな気がする」、法政のほうがいいかもしれない、「成行に任せて見よう」（日記大正九年六月）。

安倍能成や森田米松（草平）は大正九（一九二〇）年八月に文学科転任予定で予科教員としての採用が認可されていた。しかし、次郎のほうの話はそれ以上進まない。次郎のほうにも今一つ気が進まないところがあったからではなかろうか。野上からの誘いがあった頃に次郎は日記（大正九年五月）にこう書いているからである。

もし僕にその新しい文科を組織させるならそれをやつて見たいやうな気がする。日本には新しい精神の文科大学が必要である。併し単に学科を分担する教授ならば何処にゐたつて同様である。（傍点原文）

文科つまり文学科と哲学科の専任教員の招聘と編成は野上がおこなっていたから、次郎に差配する余地はなさそうだ。安倍能成の予科教授就任時に主任（学部長）は安倍と内々に決まっていると次郎は憶測したかもしれない。事実、法文学部ができると文科・哲学科の主任（文学部長）には安倍が就任している。とすると、次郎に「新しい文科を組織させる」余地がないことになる。そこらあたりが次郎を乗り気でなくさせた原因かもしれない。

この頃の次郎は、すでに文筆家として著名で、毎月数本の論稿を雑誌や新聞に寄稿していた。それに『三太郎の日記』をはじめとする著作の印税も入った。第8章でふれたように、大正十年九月の税務署からの所得決定書には四二〇〇円と記載されていた。次郎よりも五歳上の吉野作造の東京帝大の給与（大正十一年）三七六八円五十銭を上回る所得だった。

とはいっても印税に頼る生活は不安定である。前年六月の感想日記では、経済生活についてこのように書いている。支出が一月百五十円かかる。収入は日本女子大学校が五十円、慶応から二十円、残りの八十円を著述で補わなければならない。年に千円不足だが、昨年の例では既刊本の印税が不足分を補ってきた。しかし、「(既刊の――引用者) 本の売行はあてにする訳には行かない」。新刊を毎年三、四冊刊行するだけの勉強をしなければならないとしている。専任にならなくともなんとかやっていけるのではないかということが頭にあったことからも、法政の話に積極的にならなかったのだろう。

田辺元からの内輪情報

法政の話が進まない頃の大正十(一九二一)年三月十六日。当時、京都帝大助教授だった田辺元《はじめ》(一八八五〜一九六二)から次郎のもとに手紙が届く。田辺はこの二年前の大正八年に東北帝大理学部講師(自然哲学)から京都帝大文学部西田幾多郎教授の後継者(助教授)として赴任していた。田辺は東京帝大文科大学哲学科で次郎より一年後輩であり、卒業後、波多野精一を中心としたヘーゲルの『精神現象学』研究会で次郎と一緒だった。

手紙には東北帝大の新設学部である法文学部の美学担当として次郎への話が出ているという件が書かれていた。田辺がこんな内輪の情報をわざわざ次郎に知らせたのは、京都帝大教授(憲法・政治学)だった佐藤丑次郎《うしじろう》(一八七七〜一九四〇)から田辺をつうじて次郎への打診をしてほしいという依頼があったからだろう。

佐藤は東北帝大法文学部の創立委員だった。創立委員の内命が佐藤に下ったのは大正九(一九二〇）年十一月。佐藤が東北（山形県）の出身であったこと、仙台の二高卒業生であること。それに専門が政治学だから法文学部に開設される史学や経済学にも精通し、採用人事が可能だろうということからだった（佐藤丑次郎「法文学部の創立の思い出」『東北大学法文学部略史』）。史学、哲学、経済学については佐藤にいくらかの心当たりがあり、まず三人を選んだ。かれらはすでに（大正十年一月）留学に旅立っている。三人が赴任の前に留学に旅立ったのは、前章の吉野作造や次郎の留学のところでふれたように帝大助教授は教授昇進の前に、教授赴任の者は赴任前に留学するのが慣例だったからである。

たしかに三人については、佐藤は自ら人選した。しかし、それ以外となると、畑違いの文科で、心当たりがない。なによりも文科の要となる教授がほしい。佐藤は次郎より六歳上。仙台の二高出身であるが、東北帝大出身ではない。東北帝大は、京都帝大（明治三十年創立）のつぎに第三の帝大として明治四十（一九〇七）年六月に設置されたが、法科（大学）はなかった。法科志望者は東京帝大か京都帝大のどちらかに進学しなければならなかった。法科志望の佐藤は二高を卒業すると、京都帝大法科大学に進学した。そのため、東北帝大の内状に詳しくはない。

大正八年まで東北帝大理学部で自然哲学を教えていた田辺元と佐藤は、京都帝大文学部と同法学部で学部がち

佐藤丑次郎（1877-1940）
東北大学史料館提供

がうとはいえ、同じ大学の助教授（田辺）と教授（佐藤）。そのことから佐藤は、東北帝大の事情にも明るく、文科の人脈に詳しいと踏んで田辺に接触したと思われる。

次郎が『三太郎の日記』の著者で、『倫理学の根本問題』や『美学』という著書もあることは佐藤も知っていたはず。佐藤の出身地は鶴岡、次郎は飽海郡出身だが同じ庄内という同郷の誼もある。さらに、佐藤は荘内中学校第五回卒業生（明治二十九年）だから、次郎が二年生まで在籍した同じ学校の先輩・後輩の間柄でもある。かつ任地が郷里山形県の隣接県。この人事を進めやすいと思っただろう。次郎を文科の扇の要にすれば申し分ない。次郎を中心にカリキュラムや教授陣をそろえることができる。佐藤はそう思ったが、しかし次郎との面識はない。人物や学識などを含めて田辺に相談し、次郎の感触をさぐってほしいという依頼をした。そのようにみえる。

田辺から脈ありの返事が佐藤丑次郎に伝えられた。大正十年四月二日に佐藤から次郎に会って話したいという手紙が届く。四月五日に会見をする。その一月あとの五月十日には慶応の教授の話もでるが、次郎の気持ちは東北帝大に傾いていた。すでにふれたように、「新しい文科を組織させるならそれをやつて見たい」としていたが、まさにそれが実現できる新学部からのオファーであるからだ。

五月二十二日、次郎は師大塚保治に東北帝大赴任について相談する。「よかろう」といわれる。同月二十八日、次郎は佐藤に承諾の手紙を書く。六月三日、次郎は講演で神戸、大阪に行く。六月五日に京都で佐藤丑次郎と遅くまで話し合う。文科のカリキュラムや教授人事が話し合われたのであろう。翌日、京都帝大の波多野精一や西田幾多郎などと昼食をともにする。次郎はこのときはじめて西田に会う。

東北帝大法文学部教授陣は、次郎の推挙で宗教学の鈴木宗忠、英文学の土居光知《こうち》、仏教学の宇井伯寿、ドイツ文学の小宮豊隆、哲学の高橋里美などに決まっていく。東京帝大や京都帝大にかった文化史学を第一、第二と二講座も設置したのも次郎の意向によったものではないかと思われる。文化史学の教授も次郎の推薦で決まっているからである。文化史学第一講座の教授に赴任したのが、のちに日本思想史の泰斗となる村岡典嗣《つねつぐ》(一八八四～一九四六)である。

留学ブーム

しかし、当時東京にいる学者にとって、帝国大学教授とはいえ東京から列車で八時間以上もかかる仙台への赴任はかなりの決断をともなうことだった。

昭和二十年代ですら、こんな逸話がある。社会学者清水幾太郎に東北帝大赴任の話があったときに、すでに「決定し決意していた」東北帝大教授の話が実現しなかったのは、清水夫人が強硬に反対したからだ、と。清水夫人の反対の理由は「上野から以北は全くの田舎であり辺境であって、東京の町の子にとって、その都落ちは堪え難いものであったからだ」(鈴木広「清水幾太郎私論」『社会学評論』一六〇号、一九九〇)。まして大正時代である。東京からみれば、仙台は寂しい田舎である。高等学校教授ポストを提示されても東京から遠い地方となると断る人もいた時代である。次郎でさえ年譜遺稿に「中央を去るに未練ありしが」としている。しかし、留学させてもらえることが帝国大学教授赴任へのかなりの誘因になった。

逆にいえば、留学が実現してしまうと東北への赴任が疎ましくなるということもあった。小宮豊隆がその口だった。同じく東北帝大法文学部赴任予定によって留学していた鈴木宗忠（宗教学）が小宮のところにやってきて、「社会学講座を兼担させてくれないなら、やめたい」と言った。それに対して、小宮は「自分もいやになってはいるが、義務年限をすましたうえで後継者をつくってあと始末をきれいにつけたうえでなければやめる気はない」と言っている（『ベルリン日記』）。赴任の魅力が長期の留学ができるというところにあったことがわかる。

これらのことより少しあとのことになるが、安倍能成が法政大学教授をやめて京城帝国大学に赴任することが決まったときに、野上彌生子は日記（大正十三年三月十一日）にこう書いている。文中の「ヘル・A」は安倍能成のことである。

ヘル・Aが朝鮮に新設される大学（京城帝大――引用者）に行くことになつたよし、今さらなぜそんなところに行くのか分らない　年俸四千円で、それで一年半洋行させるよし、次郎も小宮さんも行つたので、それはきつと行き度いのだとおもふ――彼はそれには余り興味がないと云ふさうだけれども――法政では兄さん（野上豊一郎――引用者）のあとになるし、それ（留学――引用者）が一寸といつの事やら分らぬといふので意が動いたとおもふ。

彌生子が、能成について、「一年半の洋行」につられたと書いたことには、安倍が法政に招聘され、哲学科・文学科主任（学部長職）に就いていながら、一年ちょっとで京城帝大に転出することへの不満も重なっての記述ではあるだろう。さらには『新潮』連載の『森』第一回の「作者の言葉」で、亡夫豊一郎にふれて「私立ながら（傍点引用者）とにかく大学で教え」云々と言っているように官学教授へのこだわりもあったようだ（岩橋邦枝『評伝　野上彌生子』）から、帝国大学に移る安倍へのやっかみも混じった皮肉だったかもしれない。

留学にそれほど魅力があったのは、日本の知識人にとって西欧の哲学者や文学者は「普遍」の体現者で、西欧は範とすべき社会だったからである。かの地の著作家によるレクラム文庫の香りにさえ感動した時代である。その地に住んで範と仰ぐ西欧学者をじかに知り、西欧社会の空気を吸えることは大きな魅力だった。当時の帝大教授には、留学期間中には給与の三分の二が留守手当、在留費が月四百円。旅費は別途支払われている。これを個人でまかなおうとすれば、全部で一万円以上必要である。

次郎にとっても留学はかなりの誘因だった。東北帝大教授赴任にともなって、ドイツ、フランス、イタリアに一カ年半の旅行をする話がでると、その情報をかぎつけた新聞記者が、次郎が教鞭をとっていた日本女子大に向かう。大正十（一九二一）年六月二十一日、講義を終えると記者が待っていた。外遊が記事になる時代ゆえの取材である。次郎は、自分個人でも外遊の希望をもっていて旅費の工面を考えていたところだが、東北帝大赴任の話が渡りに船になったのだと語っている（「永年の願望が叶って阿部次郎氏が洋行」『読売新聞』一九二一年六月二十二日）。

次郎の留学前後、大正八（一九一九）年からの文部省派遣の在外研究員は多い。高等教育の拡張で大学や学部が新設された時代だったからである。表10－1は大正六（一九一七）年からの文部省派遣在外研究員数である。大正七年から急増し、次郎が留学した年（大正十一年）は、二〇八人が派遣され、ドイツを中心に四五七人もが留学していたのである。なお文部省派遣在外研究員は、東京帝大をはじめとした帝大がもっとも多く、専門学校や旧制高校は少なかった。こうした留学ブームはさらに洋行熱を高める。さきほどふれた安倍も野上彌生子によって留学熱をあおられた一人とみなされていたわけである。

年度	1917	1918	1919	1920	1921	1922	1923	1924	1925	1926	1927	1928	1929	1930	1931
派遣	45	60	110	129	174	208	154	138	163	165	178	158	113	32	110
滞在	105	128	204	273	357	457	434	374	351	405	437	428	361	219	191

（出所）加藤哲郎『ワイマール期ベルリンの日本人』岩波書店，2008

表10－1　文部省派遣在外研究員年次別実数（1917－31年）

新学部建設に意気

しかし、次郎が新設の東北帝大法文学部教授就任を引き受けたのは、留学のせいだけではない。仙台のある宮城県は次郎の故郷山形県の隣県であったこともあろう。東京のジャーナリズムでは華々しい生活だったが『人格主義』に対する激しい攻撃で、いくらか嫌気がさしたことや、押し寄せる原稿を書く生活から逃れたいということもあったかもしれない。東北帝大にうつると、次郎は「中央論壇から仙台へ失踪した」といわれたが、大正十一年を最後に次郎の雑誌・新聞への寄稿は激変する。執筆テーマは論壇の中心的話題ではなく、追憶や身辺雑記的なものとなる。『三太郎の日記』の著者の知名度によるエッセイの依頼によるものである。

しかし東京から仙台への転居の決意にはそういった消極的理由もさることながら、積極的な気持ちも働いていた。それはさきほどふれたように新しい文科大学を組織してみたいということだが、その内実についてはのちの「仙台の七年」(『秋窓記』集・十)に書かれている。

仙台にうつる決意をしたのは今までのつかみどころのない生活を離れ、「一つの責任を負担して、狭い範囲に深刻に働いて見たい」からだ。これまでも講義をしてきたが、嘱託講師(非常勤講師)だから、学校組織については何の責任も権利もなかった。フリーランスの文筆と嘱託講師で生活することは「男子の事業欲」を満たすものではない。このくだりを読んで、あれあれと思う読者も多いだろう。第7章でふれた『思潮』創刊号の「雑記」には「自分は雑誌記者となることを恥としない」と意気軒昂だったからである。しかし、次郎は第1章でみたようにそもそもが聖人志望で教育者になりたいと思っていたのだから、先祖返りである。新学部の組織にかかわって、カリキュラムをととのえそれにふさわしい人材を集め、学術研究の府を新しくつくる責任ある立場をあたえられたことで高揚する気持ちも大きかった。ライフワークにしたいと思った美学の研究を講座担当教授として本格的に展開できるとも考えただろう。

次郎がアカポス（アカデミック・ポスト）に就職できたのは、佐藤の引きによるものだが、そもそもは東北帝大に法文学部ができたからである。では、法学部と文学部の合体した法文学部という新設学部がどうしてできるようになったのか。

法科偏重の弊

大正時代は上級学校志望者が激増し、受験競争の過熱が社会問題となった。その緩和策として高等教育機関を大幅に増設すべきという輿論が台頭してきた。第一次大戦後の欧米における高等教育拡張も刺激となった。こうして大正七（一九一八）年末の原敬内閣のときに、高等教育機関の創設と大拡張が計画される。

高等学校を増設すれば、帝国大学の収容人数も増やさなければならない。旧制高等学校の卒業生は原則として帝国大学に入学できることになっていたからである。帝国大学の既設学部の拡張と新設学部をつくって収容人員を増やすことも計画される。新設学部は京都帝国大学には農学部、東北帝国大学と九州帝国大学には法学部の設置が予定されていた。そのための予算審議が貴族院でおこなわれた結果、法学部ではなく法文学部の設置となる。貴族院で法学部から法文学部に変更された背景には、大正期における知識人界の輿論が大きく影響していた。

この輿論の引き金になったのは大正六（一九一七）年十月に東京帝大文科大学教授芳賀矢一博士が『帝国文学』に発表した「法科万能主義を廃す」という論文である。

論文は次郎も編集にたずさわり、寄稿もしていた『帝国文学』に掲載された。国政の執務から会社の事務にわたるまで、経営し指揮し監督するのは帝大法科大学出身者でなければならないという風潮を批判したものである。法科以外の専門の出身者は単なる技師のような位置におかれているが、平安朝時代では法科万能主義ではなかったし、徳川時代の各藩の政治は儒学によっていたではないかとする。さらに第4章でふれたように明治二十（一八八七）年の「文官試験試補及見習規則」では文学士も高等官となれたとして、のちに文部大臣になる文科大学出身者の澤柳政太郎や岡田良平を例にあげている。

センセーショナルな題名とタイムリーな論説だったから、新聞や雑誌に関連記事や論文を誘発した。『太陽』大正六年十二月号の「教育時言」は「修養のない者が官吏になるが為に、行政といふものは、ただ県会議員を操縦したり、簿書を整理したりすることになってしまふ」と言い、高等文官試験に「文科的学問」を加えよ、としている。同年の『中央公論』十二月号には古川学人の筆名で吉野作造が芳賀教授の論文に呼応して、「所謂法科万能主義によつて暗示せられたる三大通弊」を書いた。法科万能主義の弊害を指摘する声が大きくなる。

それは大正七（一九一八）年の臨時教育会議大学案委員会の草案にも影響を与えている。そこでは官立大学において「教授の定年制を設けること」が決議されている。希望事項のひとつには「大学各分科の均等なる発達を期し文官任用の事にも従来の方針を改め法科偏重の弊を匡正せん事を望む」が挙がっている（戸陵隠士「官僚臭に包まるる大学制度改革」『大学評論』一九一八年七月号）。法科万能主義批判の輿論が沸き上がったことによるものであろう。

このことから大正時代に法学部ではなく文学系や哲学系を合体させた法文学部ができたのは、法学士には教養がないからといわれ、文学部的なカリキュラムを加えることが必要との判断によって設置されたと言われることが多い。次郎自身が法文学部のできた事情について、後年、次のように言っている。

貴族院では法学士出身の役人は法律家ばかりで教養がひろくない、立派な役人を養成するには法科関係の学問のみならず文科系の講義も沢山しこまなければならない。こんなことから東北に法文全体の学部をつくらうといふ提案がでてそれで設置された。（「法文学部の思ひ出」『東北大学法文学部略史』）

文科大学不振論

たしかに法文学部構想に次郎の言うような面はあったが、他面では文学部の不振をなんとかして打開するという別の面もあったことを忘れてはならない。話題をつくったさきほどの芳賀博士の論文も最後にはこうある。

国家の思想界を指導すべき文科は、今日全く、度外視せられて居る。（中略）今日の状勢で行くと、全国の秀才は、文科には最も縁が遠い。（中略）今日の有様で行つて、将来第二流第三流の人のみが、文科に入ることが、国家教育の方針に叶つてゐるのであるか。（「法科万能主義を廃す」）

ところで、芳賀博士のこの論文より一年ほど前の『帝国文学』（大正五年八月号）に、文科大学教授上田万年《かずとし》（国語学者、一八六七〜一九三七）の文科大学不振論（「文科大学につきての感想」）が出ている。第4章で述べたように、次郎が文科大学に入学した頃から「食えぬ文科」と文科大学がパンとは縁遠いことがいわれていたが、その問題が一向に解決しない。高等学校入学者にやむをえず文科に入学したものが過半をしめている状況を表にして数字で示している。大正二年の文科合格者二二〇人のうち第一志望は一一一人、大正三年は合格者二一九人に対して第一志望一〇一人、大正四年にいたっては合格者二一九人のうち第一志望は八一人に減っている。第二志望どころか、第三志望や第四志望が多くなっている。大学進学にあたっては、文科卒業の生徒の半数近くが文科大学ではなく、法科大学に進むことも明示されている。

このようなことは高等学校文科の気風に「不良の影響」を及ぼし「文科大学の不振」となるとされる。芳賀博士の論文はこの上田万年の文科大学不振論を受けて書かれたものであろう。つまり法科大学弊害論が出たときに、それと並行して文科不振論も出ていたのである。文科大学の学問を「通俗化」するか、法科大学のような実社会に直ちに応用できるような「社会的学問」を付加すべきだという論（渡辺吉治「文科大学の為に弁ず」『帝国文学』二十四巻十二号、一九一八）がでていたのである。

たしかに法文学部構想は法学士に文科的教養をという意図がこめられてはいたが、文科がそのまま是認されていたわけではないのである。積極的には法学士に文科的な教養を、であるが、消極的には文学士もまた法学や政治学などの素養を持つことで社会に適応させようという意味での文科振興策である。これを頭において、東北帝大と九州帝大に法文学部を設置することが決まったときの、『東京朝日新聞』の以下の記事（「九大と法文学部　変更の理由」）を読むとわかりやすくなるはずである。記事は、臨時教育委員会で大正十年創設の東北帝大法学部と大正十一年創設の九州帝大法学部がいずれも法文学部になった事情を次のように報道している。

> 従来法学部は法律専門の研究にはしり形式主義に流れ又文学部は兎角超越主義に陥り世情に通ぜざる余弊あるを以て各《おのおの》極端に走るの弊を緩和せんとするに在り（中略）従来の法学部は余りに権利義務の思想に拘泥せしを以て之に対して哲学歴史等の文学的科目を加ふるにあり故に此点より云へば従来に比し司法官試験、弁護士試験の如き特殊的法律試験を受くるに不便ならんも行政官等となるには寧ろ円満なる知識を有して好都合なるべく又文学部に対しては法学通論或は政治学等の科目を教授し以て超越的の文学部生に対し世間的知識を注入するものにて此点に於て法文学部制は存在の意義を有するものなるべし（「九大と法文学部　変

更の理由」『東京朝日新聞』一九一九年十二月二日。傍点引用者）

法文学部は予定よりもずれて、大正十一（一九二二）年に東北帝大に、大正十三年に九州帝大に設置された。同年には京城帝大が創設され、予科が設置され、大正十五（一九二六）年には法文学部と医学部の二学部が開学した。法政大学教授だった安倍能成や、次郎と一高の同級生で一高講師だった上野直昭、荘内中学校で次郎の同級生だった新潟高校教授の宮本和吉、一高教授で哲学叢書の『論理学』がベストセラーとなった速水滉などが赴任した。

北海道帝大にも法文学部が新設確定と報道されていたが、こちらのほうは実現されなかった。台北帝大は昭和四年に創設され、文政学部と理農学部が設置された。大阪帝大と名古屋帝大に文学部が設置されたのは、戦後になってからである。

しかし、法文学部設置とともに文科的科目が高等文官の試験科目に取り入れられたわけではない。そうなったのは昭和四（一九二九）年三月公布の「高等試験令全文改正」によってである。たしかに、この改正により試験科目に哲学概論、倫理学、論理学、心理学、社会学、国史などの文科的科目が加えられた。しかし必修科目ではなく選択科目にすぎなかった。選択科目には、商法や刑法などの法科的科目もあったから、受験者は文科的科目を選ばずに済ますこともできた。だから、法文学部ができても、文科専攻者は少なかった。東北帝大法文学部卒業生の専攻別割合を大正十五（一九二六）年から昭和十九（一九四四）年まででみると、法学が七二％、経済学が一三%、文学は一五%にすぎない。ほとんどの者は法学を専攻しているのである。

予期せざる幸運

東北や九州の帝国大学に法文学部ができたのは、さきほどふれたような高等教育機関の増設によるものである。かくて教授バブル時代がおきる。次郎をはじめ、安倍、森田、小宮など漱石山房の高等遊民に大学などの高等教育機関から誘いが来るようになったのは、そういう時代だったからである。そんな時代について同時代に書かれている論文がある。

> 大学を卒業したばかりで、就職と《ママ》して中学の教師か、会社銀行員か、運よく高文（高等文官試験、法令では文官高等試験――引用者）にパスして地方の高等官になるれば見付物、属官（下級官吏――引用者）にでもなるか、学資が続くならば大学院に席だけ置いて翻訳位して行かうなど考へてゐた若い学士が、高等学校、専門学校の増設、大学の拡張のため、若いプロフェッサー又は助教授となることが出来、又私立学校の薄給の一講師から官立大学の教授、或はそのまゝ私立の昇格と共に教授となつて、予期しなかつた幸運に驚いたものも少くあるまい。（香原一勢「大学の清算期」『祖国』一九三〇年九月号）

昭和五年前後に高等教育教員の需要がいちじるしく増したから、「予期しなかった幸運」で大学や専門学校、旧制高校の教授になった学士がかなりいたというのである。次郎もまた「私立学校の薄給の一講師から官立大学の教授」になった口である。

そこで右の論文のくだりを統計（文部省『わが国の高等教育』）で確かめてみよう。まず、大学は大正九（一九二〇）年から昭和五（一九三〇）年の間に十六校から四十六校に、専門学校は一〇一校から一六二校に、旧制高校は十五校から三十二校に急増している。同期間の高等教育在学者も七万五千人から十八万人に急増している。十年間で二・四倍である。

日本の高等教育人口（人口一万人に対する）は、一九〇〇（明治三三）～二〇（大正九）年にかけてドイツ・フランス・イタリアの先進国の水準に到達するが、一九三〇年には、ドイツ・フランス・イタリアを抜いてアメリカにつぐ高等教育人口をもつにいたる（潮木守一『近代大学の形成と変容』）。

高等教育人口の増加は高等教育（大学・専門学校・旧制高校）教員数の増加をもたらす。それを大正十四（一九二五）年から昭和五（一九三〇）年の五年間でみると、一万五九九五人（一九二五年）から一万四四四六人（一九三〇年）と三六％も増えている。さきの引用論文がいう「予期しなかつた幸運」という教授バブルが納得できる数字である。

法文学部の設置だけではなく、旧制高校や大学予科がふえる。さらに第3章の表3-1（一一二頁）でみたように旧制高校のカリキュラムにおいて、文理共通に大正八（一九一九）年から「法政及経済」「心理」がくわわる。文系は「哲学概説」がくわわる。それまでの理系では人文社会系科目は語学だけが必須で、ほとんどが理系科目だった。こうしたことは、高等遊民（つまり教養難民）といわれた人文社会系専攻者の高等教育教員市場を大きくひろげることになった。かくて大正末年の旧制高校教授の六割もが帝大文科出身者となったのである（橋本鉱市「近代日本における『文学部』の機能と構造」『教育社会学研究』第五九集、一九九六）。

哲学者の出隆《いでたかし》（一八九二〜一九八〇）は、大正二（一九一三）年に東京帝大文科大学哲学科を卒業し、大正十（一九二一）年から東洋大学教授をしていた。高等教育機関増設で高校の頭に府県名や都市名のついた地名高校がいくつも設立されたのもこの頃である。東洋大学教授だった出にも新設の浦和高校や静岡高校から話があった。同期のかなりの人に就職口があったと具体的に記した上で、「哲学では食えないと思っていた先輩も、だいたいどこかに落ち着いた」としている。旧制高校のカリキュラムで哲学が必須となったから、「哲学では食えない」どころか「哲学景気」さえおこったのである（『出隆自伝』）。

大正教養主義といわれるようになる背景には、このような高等教育のカリキュラムの変更やそれにともなう人文系教員需要の増大があったのである。

次郎の友人の藤原正も大正九（一九二〇）年七月、広島県立忠海《ただうみ》中学校校長を退任し、北海道帝大予科教授に就任している。法文学部ができたとき就任した教授の前職をみると、法科系は実務家つまり、社会人教授が多かったのに対し、文科系は藤原正のように中学校教諭や宮本和吉のように高等学校教授や予科教授が多い（通堂あゆみ「京城帝国大学の再検討」『史学雑誌』一一七巻二号、二〇〇八)。

明治四十四(一九一一)年から大正九(一九二〇)年までの帝大文学部(東大と京大)卒業生五九九人を対象に、大正九年の職業とかれらの十一年後の昭和五(一九三〇)年の職業をくらべた教育社会学者山田浩之による集計では、高校・専門学校教員一〇一人のうち二十五人が大学に、中等学校教員一三九人のうち五十人が高校・専門学校に、九人が大学に移動している(「帝国大学文学部卒業生のキャリア」『松山大学創立七〇周年　記念論文集』一九九四)。高等教育の拡張という構造変動によって玉突きのような「上向的」教職員移動が大量に起こったのである。

第11章

小春日和の中の嵐

自分の諸君に希望するところは、世間的成功を収めることではなくて、人らしい人となることである。自分もまた人らしい人となることを心願として、これからも諸君と手を携へてディヤレクティクの途を進んで行きたいと思ふ。「某大学の卒業生と別るる辞」

東北帝大法文学部は、大正十一（一九二二）年八月に設置された。翌十二年四月、授業が開始される。次郎は同年九月に一年半の留学から帰国し、十月、法文学部教授美学講座担当に就任する。

しばらくは東京から仙台に通っていた。赴任して半年ほどたった大正十三（一九二四）年三月、一家で仙台に移る。次郎四十歳のときである。翌年四月、終の住処となる仙台市若林区土樋《つちとい》の広瀬川に面した四百坪の敷地に建てられた新居に移る。広瀬川を隔てて大年寺《だいねんじ》山《やま》や愛宕山《あたごやま》がみえる景勝の地である。椅子とテーブルがおかれていた二階の廊下からは、広瀬川のせせらぎの音が一段とよく聞こえた。庭には、百日紅《さるすべり》、アジサイ、梅の木などが季節ごとに咲き誇っていた。現在は、阿部次郎旧居跡という掲示板があるが、駐車場と空き地になっている。

次郎は焦茶、ときに鼠色のソフトを頭に、羽織に袴を着け、桐の駒下駄で大学に通った。片手にステッキ、もう一方にノートや資料をおさめた風呂敷包を持っていた。愛宕橋を渡り、大年寺山をとおり、向山《むかいやま》に立つ東洋館（料亭）の前を経て、大学に通った。眼下には広瀬川、仙台市が見える。

東洋館はいまもある。名づけたのは次郎である。次郎の留学日記を研究した福田秀一は、次郎がベルリンで行っていた日本料理屋東洋館を懐かしんで名づけたのではないかと推定している（「文人学者の留学日記　大正篇」『国際基督教大学学報　Ⅳ－Ｂ　人文科学研究』二八、一九九七）。芭蕉や記紀歌謡の研究会で、山田孝雄《よしお》、太田正雄（木下杢太郎）、村岡典嗣《つねつぐ》、小宮豊隆などとともに次郎は東洋館を利用した。会合で筆記役をしていたのが当時副手の島田謹二（一九〇一～九三）で、のちの東京大学教養学部教授（比較文学）である。

人気教授

前章でみたように、法文学部の中で文科生は少なかった。法文学部の第一回卒業生（大正十五年）七十六人の内訳をみると、法学五十三人、経済学十二人、文学は十一人である。しかも文科生の大半は英文、国文、哲学で、美学や独文は少なかった。しかし、次郎の講義には『三太郎の日記』の著者という知名度により、法科生も大勢押しかける。広い教室が一杯だった。次郎は、低いが肚の底からでる力強い声で熱のこもった授業をした。

大正十五（一九二六）年度の次郎の講義を授業便覧でみると、「美学概論」ではカントの美学を、「美学特殊講義」ではゲーテの『ヴィルヘルム・マイスターの遍歴時代』（ドイツ語）をテキストとしながらゲーテを講じている。「美学演習」ではリップスの『美学の基礎』（ドイツ語）とニーチェの『ツァラトゥストラかく語りき』（ドイツ語）をテキストにしている。講義や演習をもとに『ギルヘルム・マイスター遍歴時代』や『ファウスト』などの翻訳書を刊行する。研究と教育の統一というフンボルトの大学理念そのままの、いまでは羨ましい大学生活である。

文科では自宅での面会日を設けている教授が多かった。小宮は水曜日を、次郎は漱石と同じく木曜日を面会日にする。玄関前には「面会日、毎週木曜日の夜分　急用でない限りは右の時刻にお出で下さい」とあった。

玄関のすぐ左の階段をのぼった八畳の日本間が面会者が集う部屋だった。面会者が集まると、次郎は愛用のキセルと煙草盆をもち二階に上がってくる。面会は六時から十二時頃まで続いた。六時と八時頃に和菓子が出る。文科の教授の中で次郎の面会日がもっとも賑わう。多いときは三十人も集まり二階の二間が一杯になり廊下にはみだしていた。次郎は、木曜会での漱石と同じように黙って皆の言うことを聞いていて、時々口をはさむ。遅くなるとおでん屋にくりだし、夜明けに解散となることもあった。

話題は身の上相談から、時事問題、卒論のテーマまで万般にわたる。卒論のテーマを持ち出して次郎にうかがいを立てる学生もいたが、それには、次郎はこう言うのが常だった。「僕は自分の問題になることしか書かない。自分の問題として取り組むように」。知識のための知識に馴染みがたかった次郎らしい学生への助言だった。

大学教授の給与

仙台で、東北帝大教授という定職を得て次郎の経済生活は安定した。第4章でみたように、次郎は大学一年生になってすぐに婚約を解消し、学資の仕送りが無く苦労した。卒業後も定職に就かなかったことから辛苦を舐めてきた。経済生活が安定し始めるのは『三太郎の日記』刊行のあと数年後あたりからである。経済状態が盤石なものとなったのは東北帝大教授に就任して定職を得ることによってである。

では次郎の帝大教授としての給与はどのくらいだったのだろうか。大正十二（一九二三）年の東北帝大着任時の年俸は七級二千四百円。帝国大学教授（助教授）にはこれに職務給にあたる講座俸があった。教授の場合千二百円前後だから、本俸と合わせると、年俸三千六百円。月俸にすると三百円となる。

ところで、戦前の大学教授について高給与だったという説もあるが、それは本当だろうか。高給与だったと言えるのは、大学教授の給与を小学校教師や旧制中学校教師と比較してのことである（竹内洋『大学という病』）。同じ年齢の帝大卒官僚や大企業管理職とくらべれば、戦前の大学教授の給与はかなり低かった（岩田弘三『近代日本の大学教授職』）。しかも、これは帝国大学教授の給与であり、私立大学教授はさらに少なかった。このときより十数年あとの昭和十年のある私立大学教員の給与をみると、教授の最高年俸が二千二百円。それに加俸があるが月額二十円ほどにすぎない。助教授は年俸千円前後である。

しかし、当時の次郎には教授としての俸給以外に印税収入もあった。この頃は『三太郎の日記』はもちろん、『倫理学の根本問題』や『美学』などの増刷分の印税が継続的に入って来ていた。そのことは「倫理五百印税受取」のように日記に頻繁に記入されている。

とはいっても仙台に移ってからは新聞雑誌への寄稿は激減した。新学部の開設や授業の用意もあったろうが、大正十三年には『婦人之友』への短い寄稿ひとつである。だから大正末の日記には「今年は一体何をしたか、筆の仕事は皆無」と書いている。

大正十五（一九二六）年五月に次郎は大学の評議員になる。評議員とは帝国大学の最高議決機関である評議会の構成員である。評議会は総長（議長）と評議員兼任の各学部長、それに各学部から選出された二名の評議員からなっている。表11－1（次頁）の法文学部学部長・評議員一覧にみることができるように、それまでの評議員は、法文学部でもっとも早く留学し、赴任した中村善太郎と小山鞆絵だった。学部長は法文学部の創立委員で初代学部長の佐藤丑次郎が引き続き就任していたが、次郎は学部長につぐ評議員になった。次郎が文科の要の教授とみられていたから順当な選出だったといえる。次郎はそこから昭和六（一九三一）年度までずっと筆頭評議員をつとめることになる。佐藤丑次郎のあとの学部長には、大正十四年まで筆頭評議員だった中村善太郎が就任するから、次郎の法文学部長就任は中村のあとということになるはずだが……。

日本文化研究に

さきほど仙台に移ってから次郎の新聞や雑誌への寄稿が激減したことにふれた。しかし、第5章でみたように、何にもしないといわれた大学卒業直後の時代に戻ったわけではない。研究のほうは着々と進んでいた。次郎は留学後、日本文化研究に軸足を移した。昭和十年代になると知識人の日本回帰が雪崩のようにおこるが、外遊という契機があったにしても、次郎はいち早くコスモポリタン的遍歴である大正教養主義的なものを自省している。それは『思潮』創刊号の「思想

大正 11 年度	佐藤丑次郎（大 11.9 ～昭 4.8、事務取扱昭 7.12 ～ 8.1）
大正 12 年度	佐藤丑次郎　中村善太郎
大正 13 年度	佐藤丑次郎　中村善太郎　小山鞆絵
大正 14 年度	佐藤丑次郎　中村善太郎　小山鞆絵
大正 15 年度	佐藤丑次郎　小山鞆絵　阿部次郎
昭和 2 年度	佐藤丑次郎　阿部次郎　栗生武夫
昭和 3 年度	佐藤丑次郎　阿部次郎　栗生武夫
昭和 4 年度	中村善太郎（昭 4.8 ～ 7.12）　阿部次郎　栗生武夫
昭和 5 年度	中村善太郎　阿部次郎　河村又介
昭和 6 年度	中村善太郎　阿部次郎　河村又介
昭和 7 年度	武内義雄（昭 8.1 ～ 9.10）　石原謙　石田文次郎
昭和 8 年度	武内義雄　石原謙　石田文次郎
昭和 9 年度	武内義雄　石原謙　小町谷操三
昭和 10 年度	武内義雄　石原謙　小町谷操三
昭和 11 年度	石原謙（昭 9.10 ～ 12.7）　小町谷操三　土居光知
昭和 12 年度	石原謙　土居光知　長谷田泰三
昭和 13 年度	高橋里美（昭 12.7 ～ 14.7）　長谷田泰三　廣濱嘉雄
昭和 14 年度	土居光知（昭 14.7 ～ 16.7）　長谷田泰三　勝本正晃
昭和 15 年度	土居光知　勝本正晃　和田佐一郎
昭和 16 年度	阿部次郎（昭 16.7 ～ 17.3）　勝本正晃　和田佐一郎
昭和 17 年度	高橋里美（昭 17.3 ～ 19.5）　和田佐一郎　中川善之助
昭和 18 年度	高橋里美　中川善之助　中村重夫
昭和 19 年度	廣濱嘉雄（昭 19.5 ～ 21.2）　中川善之助　中村重夫
昭和 20 年度	廣濱嘉雄　中村重夫　高橋里美

表 11 － 1　東北帝大法文学部年度別評議員・学部長一覧
（出所）東北帝国大学一覧（大正 11 ～昭和 18）、評議会議事録（昭和 19 ～ 20）、『東北大学百年史 十』資料三
※（　）内は学部長在職期間
作成にあたっては、東北大学史料館加藤諭准教授の協力を得た。

上の民族主義」の次のような書き出しにあらわれている。


余は日本人である。

余は日本人の血を受けて生まれ、日本の歴史によつて育《はぐく》まれ、日本の社会の中に生息してゐる。ゆゑに自ら好むと好まざるとを問はず、日本人であることは余の運命である。自己の素質に内省の眼を向けるとき、余はいかに多くの日本的なるものを自己の中に発見することであらう。（『合本　三太郎の日記』所収、集・一）

留学から帰国後大分経った昭和八（一九三三）年に書かれたものであるが、「日本と親しくなった話」（『秋窓記』集・十）にはこう書いている。

子供のとき日本は金甌無欠万国無比の国柄だ、お前は日本に生まれた者としてそう思い込むべきだという「外硬内空な愛国主義」の教育を受けた。そのせいで、自然に湧いてくるはずの日本への親しみが奪われた。そこで魂の一部分が自己を離れてひたすら「見知らぬ異邦の間に、自己の空腹を満たし自己の発展を幇助すべき食糧を捜しに行く」という「不思議な迷路」にはまりこんでしまった。

自己の中に掘り下げていくことをしないで、「遠きものに対する憧憬の幻」をもってこれに変えていたと自省する。外遊によって次郎は次のように考えるにいたった。

異邦の中を歩きまはりながら、自分がどれほど彼と異れる文化的地盤の上に育つて来た生物であるか、彼らの喜、悲しみ、生き方と自分のそれとはどれほど違つた土壌に培《つちか》はれた根を持つてゐるか、このことを身にしみて感ぜずにはゐられなかつた。さうしてこの差別の自覚が始めて日本人としての使命の意識を私のうちに確立してくれたといつても、決して過言ではないであらう。さうしてこの使命の意識が私を、自分が日本人としていかに不完全であるかの反省に導いた。自分は日本のことを知らなすぎる。（傍点原文）

『徳川時代の芸術と社会』

こうして帰国すると日本文化の研究に着手する。『改造』大正十四（一九二五）年九月号から「游欧雑記」としてはじめ、昭和六（一九三一）年五月号まで断続的に連載する。それをもとに昭和六年六月に『徳川時代の芸術と社会』が改造社から刊行される。七年間かけた大作である。次郎は「自分は日本のことを知らなすぎる」としたが、知らないというより、括弧に括って来たのである。次郎は若いときから歌舞伎や浄瑠璃などの江戸文化への関心を持ち続け、嗜みも深かった。小宮豊隆などと芭蕉研究会もずっとつづけていた。だから留学中に蓄音機で「薄墨」の「しめやかな哀音」を聞いて涙を流した。

「薄墨」は、苦界に生きる女性が愛しい男への思いを唄ったもの。「〽うすずみに　かく玉章《たまずさ》も

おもひして　雁なきわたる　宵やみに　月かげならで　ぬしさんに」で始まる。端唄は江戸庶民が口にした唄である。

しかし次郎の江戸芸術の素養と感受性は趣味という袋に入れられたものだった。外遊後、趣味の袋から取り出され研究として結実していくのである。もっとも、江戸芸術など日本古来の文化をいずれ本格的に研究したいという思いは早い時からあったようである。次郎が大学卒業後まもなく『東京朝日新聞』文藝欄に寄稿した論稿「田舎、田舎者、田舎文学」（明治四十三年八月二十六、二十七日）に、すでにそうした思いが示唆されている。

この論稿では、明治の文明と文学が外国の文明と文学の猿真似であり、このままでは田舎文明と田舎文学であるとして、「我国古来の文学を精査したならば或は青く聳ゆる山々の様な胸を躍らす可き光景に接するかも知れない」としているからである。江戸芸術は袋にいれられたが、機がくればいつでも取り出す用意ができていたわけである。

私は本書をまとめるために、はじめて『徳川時代の芸術と社会』を読んだ。『三太郎の日記』や『人格主義』などよりこちらのほうに引き込まれるところがあったほどである。子どもの頃の大人の会話に時折挟まれた「野暮」や「通人」、「粋」といった言葉、色街の奥まったところにあった芸者の住まいから聞こえた三味線の音色などの記憶との呼応もあった。口絵に華麗とも蠱惑的ともいえる「鏡台二美人図」（喜多川歌麿）や「雪中相合傘」（鈴木春信）などが原色版で掲載されているのも目を引いた。

次郎の友人でもあった九鬼周造の『「いき」の構造』や谷崎潤一郎の『陰翳礼讃』などが心に残っていたことも興味を促すことになった。『「いき」の構造』は、『徳川時代の芸術と社会』の前年に岩波書店より刊行され、『陰翳礼讃』は『徳川時代の芸術と社会』刊行の二年半ほどあとに『経済往来』(一九三三年十二月号・三四年一月号)に掲載される。永井荷風の浮世絵などを手がかりにした『江戸芸術論』(一九二〇、春陽堂)はこれらすべてよりもずっと前に断片的な随想として発表されていた。

「悪所」論の先駆

『徳川時代の芸術と社会』への興味は、わたしのような世代特有の関心によるところも大きかった。もちろん私の世代でも、江戸時代の庶民芸術は遠すぎるものだった。庶民芸術をささえた風景が高度成長という近代化の中でどんどん消えていき、ほとんど消滅していたからである。しかし、というよりそれゆえにかもしれないが、一九六〇年代後半から七〇年代前半あたりまでに若者だった世代にとっては、「悪所」は国文学者広末保(一九一九~九三)の『悪場所の発想――伝承の創造的回復』(一九七〇)や『辺界の悪所』(一九七三)などによって再発見されていた。堅気=常民の生きる世界とは異質な場である「悪所」的なるものは近代の超克への手掛かりのような扱いを受けて、ちょっとしたブームだった。アングラ演劇でも鶴屋南北の作品が演目になっていた。やがて、そうした反近代へのまなざしは、反近代や反秩序というより近代と秩序の補完でしかないノスタルジックな江戸幻想となるのだが。

『徳川時代の芸術と社会』は言う。徳川時代の芝居町（劇場）と遊廓（吉原）は代表的悪所とみられていた。しかし、「悪所として擯斥《ひんせき》せられた劇場と遊廓こそ、まさに徳川時代の平民文化を多産にし、特色づけ、流動発展せしめた二大源泉であつたのである」。悪所こそが江戸時代の文学、音曲、絵画芸術の苗床だった。したがって、広末保の「辺界の悪所」（『文学』一九七三年一月号）は次郎の『徳川時代の芸術と社会』の引用から始まっている。

広末の「悪所論」は、あとにふれるように『徳川時代の芸術と社会』が近代の鏡による江戸芸術の裁断（前近代の不可能性）であったのと反対に、江戸芸術によって近代の鏡自体を相対化する（前近代の可能性）ものである。そのことが一九六〇年代に近代主義的左翼と対抗する形で台頭した土着主義左翼の気分と共鳴した。土着主義左翼とは、民俗的な土着主義思想こそが革命の原動力だとするものである。その意味では、広末の悪所論は次郎の『徳川時代の芸術と社会』の土着左翼的読み破りである。

読み破りといえば

いま、読み破りといったが、ここで次郎の人格＝教養主義について読み破りがあったことについてもふれておきたい。それは、戦前・戦後の政財界人・官僚に大きな影響を与えた陽明学者安岡正篤《まさひろ》による「治者的」読み破りである。

安岡は明治三十一（一八九八）年大阪府に生まれた。次郎より十五歳年少である。大正五（一九一六）年、第一高等学校独法科に入学する。同級生には作家になる芹沢光治良《せりざわこうじろう》（仏法科）や中退して評論家となる林達夫がいる。『三太郎の日記』の東雲堂版が出て二年目、岩波の『三太郎の日記　第弐』が出た翌年の入学である。安岡より三歳上の谷川徹三は、第6章でみたように、『三太郎の日記』に魅了され、次郎に会いにいったほどだが、安岡も魅了されたかどうかわからないが『三太郎の日記』に目を通したであろう。つまり安岡は大正教養主義真っただ中に第一高等学校に入学したのである。

安岡は少年時代から漢詩文に親しんでいたが、高校生になってはじめてドイツ語を勉強することになった。ゲーテの詩集からフィヒテやオイケンなどの西洋哲学を原書で読む。またベルクソンのエラン・ヴィタール（生命の飛躍）にも大きな関心を寄せた。西田幾多郎や朝永三十郎の哲学書も読むという大正教養主義的な雰囲気の中で読書生活を始めている。しかし、安岡は、それらの思想が第一次世界大戦後の人格の機械化や支離滅裂化を打破することはできないと考えた。そこで、少年時代から親しんだ儒教と国学の書に立ち返り、人格の統一と完成を目指す思想の構築に取りかかる。悟性人（教養主義インテリ）は、木を分析観察するのみでは「木の生命」を味わえないとし、「概念的知識」よりも「思修的智慧」のために「孔孟に還れ」と唱えた。

安岡の文章は、漢語的表現が多いが、西欧哲学用語もちりばめられている。だから片山杜秀《もりひで》は、安岡の思想を「大正教養主義の右翼的読み破り」（『近代日本の右翼思想』）と喝破したのだが、大正教養主義的であればこそ、教養主義の中で育ったものには、安岡の思想を違和感なく読むことができた。官僚や保守政治家にとっては、西欧的教養では知識人に太刀打ちできない。安岡に代表される陽明学をまじえた日本主義的教養（＝特殊の普遍化＝文化的保守主義）こそが「知者（知識人）の（西欧的）教養」への対抗教養、対抗知性となりうるという利点があった。安岡の日本主義的教養は、次郎の知者（知識人）の人格＝教養主義を治者（政治家、テクノクラート）の人格＝教養主義（治道）に変換したものといえる。

日陰の芸術

閑話休題。次郎は留学中に多数の美術館をみてまわっている。『徳川時代の芸術と社会』も留学中の印象から始まる。ルーブル美術館の三階には十九世紀のフランス印象派があり、そこを上がると歌麿や写楽の浮世絵があった。印象派の絵画が「腹の底からの人生の第一義に参ずる自信」がつたわってくるのに、浮世絵には「小さな反抗」と「弁疏」しかみられなかったとする。浮世絵をはじめとする徳川時代の平民芸術は、虐げられつつも内より育つ力の主張をどうすることもできなかった新興階級の「へし曲げられた芸術」「日陰の芸術」ではないだろうか。このような結論めいた冒頭文から始まる。

　しかし、わたしには少し理解しにくいこともある。ゴッホが浮世絵の模写をしていたように浮世絵は印象派に大きな影響を与え、その影響はジャポニスムともいわれたことはいまではよく知られている。次郎が『徳川時代の芸術と社会』をまとめたときは昭和初期だったが、大正期にかかれた荷風の『江戸芸術論』には、そのあたりのことも書かれているから、そのことを次郎が知らなかったわけはないだろう。知っていながらも無視したのか、美術史に専門外のわたしには立ち入る能力はないが、いずれにしても、次郎はフランスの印象派と浮世絵を二項対立のようにみていくのである。

そのような疑問はあるが、本論は江戸平民芸術への内在的アプローチをおこなっている。前篇は畠山（藤本）箕山《きざん》の『色道大鏡』と柳沢淇園《きえん》の『ひとりね』を紹介しながら、遊女道と遊客道の成立と変容を士大夫（武士）と町人階級の徳川時代における勢力関係の変遷と絡めて論じていく。

『色道大鏡』の著者畠山箕山という人物が西鶴の『好色一代男』（天和二年、一六八二）よりも数十年前に実在していたことは驚く。箕山が六十余州の花街をめぐり、三十年間かけて書いたものが『色道大鏡』だが、箕山その人は「世之介から西鶴の附加した誇張的な空想的な分子を取り去つて、これに野心と覇気とを加へたやうな」人物だったのではないかと次郎は書く。『ひとりね』の柳沢淇園（柳里恭《りゅうりきょう》）は、柳沢吉保の筆頭家老の次男で、十代のときから荻生徂徠や服部南郭などに師事し、漢詩人や文人画家としても名高い。次郎は文学的深みと味わいで秀でている『ひとりね』が二十一歳の青年の作であるのは驚嘆すべきものとしている。

しかし、徳川時代の平民芸術は、人をしてなごませるものであっても高めるものではないとする。平民芸術を「日陰の芸術」、つまり光をつくる力の欠如として次のような強い言葉で清算してしまうのである。「今日の徳川研究における二つの立場と明瞭に自分を区別した」とする。ふたつの立場とは徳川時代の平民芸術を復活させることとノスタルジーとして浸ることである。次のように言う。

> 現代の混乱を脱け出でて前代の回顧に美しい夢を結ばうとする道楽は、もはや新生活の創造に参加する精根の抜け果てた、耄碌頭巾をかぶつた隠居共の玩具にあてがつて置け。私はそんな閑人の仲間入りは御免である。又現代の真中に徳川時代を復活させんとする努力は、その実、現代を再びあのやうな混沌たる堕落の中にひき戻さうとする甚しい時代錯誤である。徳川時代の平民芸術は、現代の民衆芸術を基礎付けすべき権利と実力とを全然欠如してゐる。むしろ徳川時代の民衆芸術を、その根本精神においては全然排斥せよ。たゞその中から永遠に価ひするもののみを、精選してしかして保存せよ。恐らくさうすることによつてのみ、それは未来を醱酵せしむべき酵母の一部分となることが出来るであらう。（傍点原文）

次郎は「ぬきさしならず身に沁みる面白さ」として徳川時代の平民芸術を正面から研究対象にし、悪所芸術を再発掘し、倫理的自由への意思や道徳と別に開拓された美の領域という悪所の探求に向かった。にもかかわらず「徳川時代の平民芸術よ、安らかに眠れ」としてしまう。人格主義という鏡に照らして江戸芸術に引導を渡してしまう。人格主義という体系をつくってしまったがゆえにそこからのがれることができなかったのではないかと思うほどである。江戸芸術を平民の意気と凱歌とした荷風の「江戸芸術」論や谷崎の『陰翳礼讃』のようにはならなかったのである。

明治終りには元禄ブームがあり、大正初期には浮世絵ブームもあったが、次郎の平民芸術論はそれに水をさすかっこうになった。『三太郎の日記』が時代に棹さしたのとは真逆だった。七年もかけた大作であるが『徳川時代の芸術と社会』の売れ行きはよかったとはいえない。「『三太郎の日記』ばかりが売れる」と次郎はぼやいた。

それでも結論的な引導を別にすれば、『徳川時代の芸術と社会』は悪所の美学や倫理を内在的に掬い上げた名著といえるだろう。野間光辰《こうしん》（京都大学教授、一九〇九～八七）は、大学一回生のとき、『徳川時代の芸術と社会』の虜となり、徳川時代における文化的生産力の秘密の解明に瞠目する（「一冊の本」『朝日新聞』一九六三年五月十九日）。野間は昭和三十六（一九六一）年に『完本 色道大鏡』を刊行するが、その解説で、『色道大鏡』の精神的意義を解明した最初の人が阿部次郎であると、『徳川時代の芸術と社会』を再三引用をし、学恩を謝している。

『徳川時代の芸術と社会』を書いたあと、次郎は、奈良時代あるいは鎌倉室町時代の宗教や思想、美術、文学を一つにした文化史をまとめようとしていた。そして大陸文化との関係で固有文化の伝統をあきらかにしたいと思っていた（「研究生活の内的障礙」集・十）。だから、健康に恵まれ、さらに日本文化の研究が進めば、平民芸術の評価も違ったものになっていた可能性はあるだろう。実際、次郎は、昭和二十三年六月四日の日記では季刊の『日本研究』という雑誌発行を空想しており、翌年十一月二日の日記には、『徳川時代の芸術と社会』について「引導を急ぎ過ぎたるを思う　未熟」としている。

道楽貧乏

次郎は帰国後、本格的に日本研究を始めたことも重なって書画骨董趣味が嵩ずる。東一番丁を散歩して骨董店でいろいろと買い求めたり、自宅に書画屋がやってくることも多かった。次郎の逝去後、遺品が整理されたときに、掛物巻物類が六百本、浮世絵が三千枚、和本が二千冊もあった。書斎や座敷、応接間にも時々取り換えられる掛物があり、面会に来る人の楽しみになっていた。また、正月最初の木曜日には小宮や太田（木下杢太郎）などの教授たちを招き、次郎コレクションの書画を楽しむのが恒例になっていた。その席では酒や雑煮も振る舞われた。栃木県那須に別荘用の土地も買う。そこに家を普請しなければならない。

そもそもが次郎はお金に無頓着で、知人からの借金の申し込みに気安く応じ、催促もしない人だった。身売りされそうな見も知らぬ女児の話を聞いて、その子を救うために、芸者屋に匿名で五百円をぽんと差し出したなどの逸話もある。これでは家計がもたない。昭和五（一九三〇）年九月三十日の日記に次のように書くにいたる。

那須の土地を買つたために、借金を負ふ位置に立つた。三年間一定額を稼ぎ出すために計画を立てなければならぬ。学校を出る前後にはひどく金に困つてゐた。併しその当時は月末の勘定が合へば余裕の有無は（小遣の有無さへ）問題にならなかつた。家を持つてもこの無頓着は継続した。必要な金策以上に金の苦労を知らずに貧に処して来た。そのうち本が売れ出して必要以上に金がはひつて来た。

経済的に苦しかったときに当座の勘定があえばよいとしていたような金銭感覚が定職をもってからも続いたとしている。

雑誌、新聞などの寄稿も従来にくらべて大幅に減っている。この日記を書いた翌年、昭和六（一九三二）年十一月十一日、『徳川時代の芸術と社会』刊行の半年あとには来年もらう印税とあらたにいくばくかを借金できないかという相談の手紙を岩波茂雄に書いている。岩波には那須の別荘購入のときにも借金していたが、さらなる借金を依頼しようとしている。これではあまりにもと思い返したのか、この書簡は投函されなかった（未投函書簡、集・十六）。とはいいながら、これは貧困というものではない。道楽貧乏というものだろう。

このような道楽貧乏とよべるところはあるものの、これまでの生活から比べれば仙台の生活は次郎にとって小春日和の状態だった。しかし、この小春日和を破る事件がおきていた。『徳川時代の芸術と社会』が刊行された数カ月後のことである。

長女和子逮捕

事件はさきほど言及した岩波茂雄への借金依頼の手紙（未投函）を書いた一カ月前におこった。だから事件についてはその未投函の手紙の冒頭にでてくる。

此間中は非常に御高配に預つて難有う、矢張こちらから退学願を出してうちに引取ることにした、その方がいいと思つたからだ、今僕の手許に置いて少しづゝものを教へてゐる、（中略）子供を退学させたので従来の学費百円ばかりを払はなければならないがそれさへ手許にないといふ仕末だ

長女の和子が治安維持法違反で逮捕されたのである。手紙の冒頭の「御高配に預つて難有う」は、貰い下げなどで岩波に警察へ出向いてもらったことの御礼かもしれない。

和子は昭和五（一九三〇）年四月、東京女子高等師範学校国文科に入学したが、翌年十月に検挙される。マルクス主義がキャンパスを席巻し、検挙される左傾学生が多くなった頃である。

この年、高等教育機関に在籍する女子学生の検挙人数は七十七人。和子は無産青年同盟女高師連盟に参加していたことで検挙された。昭和六年度に左傾関係で学校から処分をうけた高等教育

阿部和子（1913-1989）、東京女子高等師範学校時代。
阿部和子遺稿・追悼集刊行会『子どもたちを主人公に　親たちと歩んだ道』

機関在籍の女子学生は百二十人（自主退学を含む）。東京女高師でも和子を含めて二十三名が関係者とされ、上級生数名が退学処分になった。和子は、いま引用した次郎発岩波茂雄宛書簡（未投函）にあったように退学処分が出る前に自主退学した。

和子が逮捕された翌月十一月十八日『東京日日新聞』の記事（「学生の左翼運動　著しく表面化」）はこの時期について、こう書いている。学生の左翼運動が公然とおこなわれるようになったので、学校当局も学内の左翼分子に対してはこれまでのように教育することで改悛させるという方針をやめて、「発見次第直ちに退学処分に付する方針」をとるようになった、と。こうした厳しい処分の時代になったから、退学処分になるよりはと次郎は和子を自主退学させることにしたのだろう。

和子は、東京女子高等師範に入学すると、左傾思想に共感する。検挙される一年前、一年生のときの十月八日。『三太郎の日記』を読んでこう書いている。

「三太郎の日記」のK子のところをよんで、又涙を流した。

（中略）

私はたしかに父より頭は良くない。だが、この熱意だけは、真を求めて歩いて行く一生懸命さは、父に劣らない事を信ずる。

父のなし得なかった事をなしとげ得る人間になりたい。

五十位の私が、今の父の様になってしまふとはどうしても考へられない。

和子が涙をながした『三太郎の日記』の該当箇所は、前年に生まれたK子つまり和子のことを書いている箇所である。そこにはこうある。

K子を抱きて宵寝す。眠りながら三度四度続けて片頬に笑む。

力んで赤くなる顔。乳房をさがしてあせる口。（中略）

フト鏡の傍を通つて自分の顔を見た。自分の顔を見てK子が俺に似てゐると云ふ話を思ひ出した。

三代にわたる父と子の確執

翌年、和子は釈放後、岩波書店に勤める。次郎が岩波茂雄に頼んだものだろう。しかし、和子は、その後も検挙、釈放をくりかえす。岩波茂雄夫人が中野署に貰い下げに赴いたこともある。

やがて仙台の自宅に蟄居する和子に次郎はドイツ語や英語を教えるかたわら、ときに説諭した。

しかし、和子の意思は固かった。次郎の日記（昭和七年二月二日）には「午前和子を誡《いまし》む、無効果」とある。次郎は和子と一緒に『資本論』を読んだりもした。偽名で自宅に訪れた宮城県立女子専門学校の活動家学生に、和子はこう言っていた。「父と話し合いすると、くやしいけど負けるのよね。でも父の考えは間違っていると思う」（『子どもたちを主人公に　親たちと歩んだ道』）。

昭和十一（一九三六）年、和子は尚絅《しょうけい》女学校（現・尚絅学院大学）専攻部保姆《ほぼ》科に入学し、保育の勉強を始める。同校卒業後、上京し、保育所や社会事業研究所に勤務する。この頃次郎が上京するとき和子が上野駅までいつも迎えに来ていた。昭和十五（一九四〇）年五月十二日の次郎の日記にはこうある。「朝九時常磐線上京、和子出迎、夕食を共にして銀座にて別る」。二人に和解の時が来たかに思われた。しかし昭和十七（一九四二）年十二月、和子は「思想を改悛することがない」と治安維持法違反の科で検挙され、秋田の大曲刑務所で過ごすことになる。懲役二年、執行猶予三年の判決を受ける。

生前の次郎や和子を知る元日本女子大学学長青木生子《たかこ》（国文学者、一九二〇〜）をインタヴューしたとき、青木はこう言っている。「（和子さんは）左傾活動をするようにはみえない穏やかな人でした。主義を押し付けるようなところもなかった。阿部（次郎）先生は和子さんについては一切ふれませんでした。阿部先生の家庭では和子さんの話題をだすことがなかったようです」。しかし、そんな和子も仙台の自宅に蟄居させられたときは、困難ななか活動している同志のことを思っていたたまれず、大声を出したり、新しい屏風にインクを投げつけたりするようなこともしたという。

第2章で次郎が山形中学校で放校になり、山形県視学をしている父を悩ましたときに、その何十年後に次郎が父富太郎の立場になると予告したが、その事件がこれである。思えば、次郎の父富太郎は何回もの出奔によって祖父七郎右衛門を悩ました。父富太郎の出奔は次郎の放校による上京となって再現されたが、富太郎（父）と次郎（子）の確執は父となった次郎と長女和子との間にも繰り返されたのである。

たしかに和子は次郎の人格主義を批判した人々と同じ思想を生き、次郎と確執をもつことになった。だが、左傾学生はマルクス主義に「個性の発展」と「人間的成長」の路を見出したのだから、理想主義的人格主義と通底していた。その意味で、和子（マルクス主義）は、次郎（人格＝教養主義）を異なる姿で継承したともいえる。

次郎は昭和二（一九二七）年以来、ずっと評議員の職にあったが、和子が左傾活動で検挙されたことにより、検挙の翌年（昭和七年）一月に評議員を辞職している。表11－1（二八八頁）の東北帝大法文学部学部長・評議員一覧をみるとわかるように、学部創立委員だった佐藤丑次郎が長く学部長をやり、そのあと法文学部創立時に一番早く着任した佐藤丑次郎を除く三人のうちの一人である中村善太郎が学部長を引き継いでいる。評議員は実質上、副学部長職にもあたるから、表11－1をみれば、中村の次の学部長は次郎であったろう。それが頓挫した。

法文学部長には次郎より後任で次郎が呼んだ武内義雄（中国哲学、一八八六～一九六六）が就任する。いったん学部長の世代が若返ると、次郎が法文学部長になる目が消える。武内の後も石原謙や土居光知、高橋里美などが就任する。次郎が学部長になるのは、昭和十六（一九四一）年になってからである。定年も迫っていることであり、学部創設の功労者である次郎をヒラの教授のまま定年退職させるわけにはいかないという配慮が働いた結果かもしれない。

なお和子は昭和十九（一九四四）年二月に釈放され、次郎のもとに帰る。敗戦後の昭和二十二（一九四七）年三月に日本共産党に入党。労働者のための保育園開設に奔走する。自らも保育園を設立し園長となる。その後、尚絅短大講師や宮城教育大講師などを歴任する。平成元（一九八九）年十月、七十六歳で逝去。

左傾処分者数推移

和子が逮捕された二年後あたりから、左翼活動の取り締まりは一層厳しくなる。昭和八（一九三三）年六月、獄中にあった日本共産党幹部鍋山貞親と佐野学が転向宣言「共同被告同志に告ぐる書」を出した。これをきっかけにマルクス主義からの転向が加速する。

といっても昭和十（一九三五）年あたりまでは、マルクス主義関係の書籍はまだひろく流通していた。マルクス主義は、読書人的マルクス主義として生き延びた。それにとどまらず、ある程度は時局批判や文化運動さえも可能であった。左翼活動で検挙されても、共産主義思想を放棄して運動から離脱すれば転向と認められた。偽装転向という隙間もあった。

しかし、昭和十一（一九三六）年に思想犯保護観察法が成立し、「転向」認定の基準が厳しくなる。過去の思想を放棄したと表明しても、それだけでは転向したとは認められなくなった。根底において階級意識をもっている者は「非転向」、日常の行動や思考に階級意識や共産主義思想の残滓がみつかる者は「準転向」とされ、予防拘禁の対象になった。「日常生活裡に臣民道を躬行し居るもの」のみが「転向」とみなされた（荻野富士夫『思想検事』）。マルクス主義を積極的に批判し、「日本精神」を実践することが必要になったのである。マルクス主義関係の書籍の発禁や自主的絶版の時代となる。

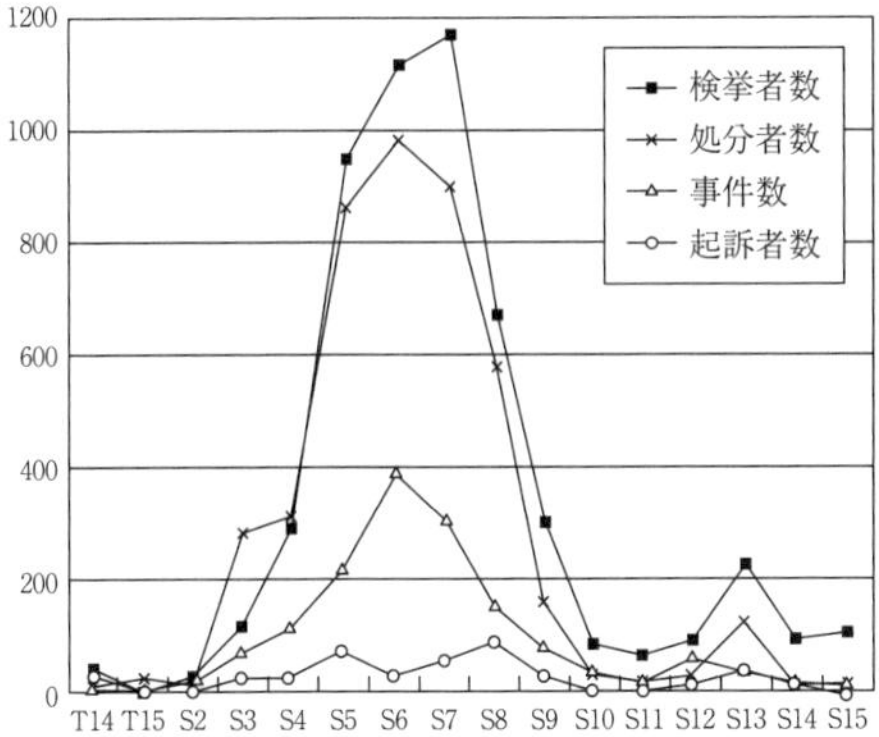

図11－1　左傾学生の事件数・検挙者数・起訴者数・処分者数

(出所)昭和15年度思想特別研究員　検事松村禎彦報告書『最近における左翼学生運動（主として学生グループ関係)』より作成

図11－1は大正十四（一九二五）年から昭和十五（一九四〇）年までの左傾学生（大学・高校・専門学校・中等学校）の事件数、検挙者数、起訴者数、処分者数の推移を年度ごとにみたものである。

事件数、検挙者数、起訴者数、処分者数のいずれの指標においても昭和三（一九二八）年からの増加傾向がいちじるしい。昭和三年は三・一五事件（三月十五日未明から一道三府二十七県にわたって共産党、労働組合評議会、無産青年同盟関係者など千六百人の一斉検挙）があり、左翼運動の興隆の一方で司法当局による左翼活動家検挙が厳しくおこなわれだしたときである。事件数と処分者数は昭和六年、検挙者数は昭和七年、起訴者数は昭和八年がピークだが、昭和九（一九三四）年以後、いずれの指標においても急速に減少する。たしかに処分者数も検挙者数も起訴者数も取調当局の匙加減で決まるが、昭和九年以降匙加減が弱まったわけではなく、むしろ強まったのだから、実態としても昭和九年以後左傾活動が弱まったとみることができるはずである。

復位する人格＝教養主義

こうしてマルクス主義が知識人の関心圏の外側に強制撤去されると、その空隙が人格＝教養主義で埋められることになる。人格＝教養主義が復位するのである。昭和十年代の初頭、三木清は「教養の流行」についてこう言っている。

この頃教養論が流行してゐる。教養といふ言葉が頻りに語られてゐるのを聞くと、嘗ての阿部次郎氏、和辻哲郎氏の時代に還つたやうな感じがする。（「教養論の現実的意義」『改造』一九三七年四月号）

大正教養主義はマルクス主義を呼びこみ、マルクス主義によって人格＝教養主義は古層に追いやられたが、マルクス主義が弾圧され引き潮になると再び、人格＝教養主義が息を吹き返した。

しかし、復位の旗手は次郎ではなく、河合栄治郎（一八九一～一九四四）である。河合は次郎より八歳下、新渡戸稲造が一高校長の時代の生徒である。東京帝大を銀時計組で卒業する。銀時計組とは、帝大卒業式において成績優秀の学生には「御賜《ぎょし》」の文字が刻まれた銀側懐中時計が下賜されたことにちなんだ優等生の呼称である。卒業後、農商務省に入省。そのあと、新設の東京帝大経済学部助教授（社会政策講座）となった。昭和十一（一九三六）年から同十六年にわたって、河合栄治郎を編者として全十二巻の『学生叢書』が刊行される。

『学生叢書』のうち『学生と教養』は発行三年後に二十四刷にもなった。『学生と生活』は発行三年半後に三十三刷を数えている。『学生と読書』も発行後一年で二万九千部にもなる。『学生教養講座』や『現代教養講座』などの類似シリーズが刊行され、それらのシリーズもベストセラーになった。いずれも人格＝教養主義の復位によるベストセラー化だったが、同時にベストセラー化によって人格＝教養主義の勢いをも増した。

『三太郎の日記』が大正教養主義のバイブルだとすれば、『学生叢書』は昭和教養主義のバイブルとなった。

もちろん河合の昭和教養主義は次郎に代表される大正教養主義の単純な反復ではなかった。人格の発展は、内面の陶冶にとどまらず、社会のさまざまな領域の中での行為によって現わしていくものだった。河合栄治郎が哲学者ではなく、社会政策学者であり、理想主義を掲げた政治活動をおこなった英国の社会哲学者トマス・ヒル・グリーン（一八三六〜八二）の研究者だったことに由来する。河合は人格主義と、議会主義による社会民主主義と、左右の全体主義と闘う戦闘的自由主義を唱えた。大正教養主義が哲学的教養主義や文化的教養主義だとすれば、昭和教養主義は人格主義を定礎としながらも社会科学的教養主義や政治的教養主義の趣があった。

しかし、このことによって次郎の著作が古いと見なされることはなかった。河合もこう言っている。「理想主義は人格の成長に最高の価値を置く、（中略）それは目的であって決して手段ではない。凡《あら》ゆる人格が目的たることに於て、人はすべて平等である」（「時局と自由主義」『河合栄治郎全集』十二巻）。次郎の『三太郎の日記』や『人格主義』が召喚され人格＝教養主義の古典の位置になる。次郎はこの『学生叢書』全十二巻のうち八巻に寄稿している。

次郎は『学生叢書』第二巻の『学生と生活』に収められている「教養の問題」では、必読書などでマニュアル化され通俗化される昭和教養主義に反撥するかのように、こう言っている。

教養とは自分を造りあげることである。自分を造り上げることに本質的に貢献するところなき一切の営は教養と無関係である、多くのものをのぞき廻ること、喰ひ散らすこと、嘗めて見ることは、自分を造り上げるための教養にとつて本質的ではない。（中略）これよりも遥かに本質的な教養の途は、彼がその職務に全身を打ち込むことである。全身を打ち込むことによつて自分を鍛へ上げて来ることである。（「教養の問題」集・十）

「自由主義」と「人格主義」が多い

ここで第9章で示した『三太郎の日記』の重版や増刷の年度別変化（表9－1、9－2、二五二頁）を振り返ってみたい。『合本　三太郎の日記』は、大正十五（一九二六）年までは、重版数が多く、その後は重版数の勾配がやや下がる。しかし、昭和十年代になると、重版（刷）数が増える。

表11－2は、第9章で『三太郎の日記』の重版や増刷を調べたのと同じ方法で『人格主義』の増刷年度を大学図書館を中心に調べたものである。大正十一（一九二二）年から昭和十一（一九三六）年までは十五年間で八刷であるのに対し、昭和十一年から十五（一九四〇）年までの五年間で七刷である。昭和十年代によく読まれていることが推測できる。

大正11年6月	1刷
大正13年11月	3刷
大正15年1月	4刷
昭和3年6月	5刷
昭和7年4月	6刷
昭和9年10月	7刷
昭和11年7月	8刷
昭和12年	10刷
昭和13年	11刷
昭和14年	13刷
昭和15年2月	14刷

表11－2　『人格主義』年度別増刷（大正11年～昭和15年、著者作成）

昭和十三（一九三八）年に文部省教学局によって実施された『学生生活調査』の「最近読みて感銘を受けたる書籍」をみると、『三太郎の日記』は、官公私立高校で六位である。帝大・官公立大予科では八位、官公立高等商業では十二位、高等師範（女子除く）では十四位。『人格主義』も官公私立高校で十位である。河合栄治郎の『学生生活』、河合編纂の『学生叢書』の『学生と生

順	東京帝大／昭和９年		東北帝大／昭和10年	
1	自由主義	(522)	人道主義	(203)
2	人格主義	(452)	自由主義	(155)
3	人道主義	(398)	日本主義	(136)
4	文化至上主義		博愛主義	(42)
5	日本主義	(255)	基督教主義	(15)
6	理想主義	(148)	自然主義	(10)
7	仏教主義	(113)	理想主義	(9)
8	基督教主義	(110)	人格主義	(8)
9			唯心論	(8)
10			仏教主義	(7)
11			個人主義	(6)
12			文化至上主義	(5)

表11－３　信奉する主義
（出所）『東北大学百年史　九』資料二

活』『学生と社会』『学生と教養』なども感銘を受けた書籍に挙げられている。

人格主義的な志向がふえてきたことは、昭和九（一九三四）年の東京帝大調査での「信奉する主義」という項目への回答結果（表11－3左欄）にもみることができる。

この調査は、『昭和九年十一月現在　東京帝国大学学生生活調査報告』（東京帝国大学学生課、一九三五）として存在するが、報告書には「（信奉する）主義又は世界観」の人数は記載されていない。報告書では、「主義・世界観」は、「多種多様」で近似するものを概括しても五十以上にあがるからとして、人数が百人以上のものを列挙している。しかし主義の列挙は「五十音順」になされ、基督教主義、自由主義、人格主義、人道主義、日本主義、仏教主義、文化至上主義、理想主義が挙げられている。どの主義が多いのかはわからない。人数の多寡を公表したくなかった意図がみえる。

では、どうしてそれぞれの主義別回答人数がわかったのか。意外にも『東北大学百年史』（二〇一〇）に人数が掲載されているからである。

人数内訳がどうして東北大学で把握されていたのか。それは東北帝大でも昭和十（一九三五）年に学生生活調査をすることになったことによる。質問項目の作成などで前年の東京帝大調査を参照したのだろう。実人数が入ったものが配布されていたのではないかと推測される。ということは東京帝大調査で人数は捕捉されていたが、『東京帝国大学学生生活調査報告』にそれを記載することが憚《はばか》られたということになる。表11－3にみることができるように「自由主義」が多すぎて当局の忌諱《きい》に触れることをおそれたからではないか。実際、この生活調査の後継にあたる『昭和十三年十一月現在　東京帝国大学学生生活調査報告』の質問項目をみると、「趣味娯楽」や「崇拝人物」など、前回（昭和九年）調査の質問項目を踏襲しているものが多いにもかかわらず、「主義又は世界観」は質問項目から削除されている。

もちろん主義の定義がなされていない調査だから、回答者がどのように理解して回答しているかはわからないが、東京帝大では「自由主義」がもっとも多く、「人格主義」はそれにつづいて多い。表11－3の右欄は東北帝大の調査結果である。「人道主義」が多いが記載例として「人道主義」のみを定義していたので、回答のさいこれに影響されたのではないかと『東北大学百年史』は書いている。

『三太郎の日記』も『人格主義』もマルクス主義が浸透した時代にはいったん底流となったが、マルクス主義の勢いが弱くなると、人格＝教養主義が表面にあがってきた。第9章でマルクス主義の時代にも『三太郎の日記』も『人格主義』も読まれていたことをみてきたように、底流には持続的に人格＝教養主義が存続していたからだ。

重層的な文化地層

いま底流という用語を使ったが、底流というなら第3章で述べた武士的エートスこそ旧制高校的なるもの＝旧制高校文化の古層を形成する文化だった。その後の旧制高校文化である人格＝教養主義もマルクス主義もこの古層の上に堆積し、あらたな文化地層を形成した。たしかに人格＝教養主義は武士的エートスへの対抗文化として、マルクス主義は人格＝教養主義への対抗文化として台頭し、それぞれ大正時代と昭和初期に覇権を握り始める。しかし、新たな覇権文化が既存の文化を駆逐してしまったわけではない。明治時代の武士的エートス、大正時代の人格＝教養主義、昭和初期のマルクス主義はそれぞれ古層、中層、新層のように堆積した。

こうして、この旧制高校文化の二層構造（大正時代）あるいは三層構造（昭和時代）で旧制高校文化の下位文化や人間類型が存立することになった。

たとえば大正十二（一九二三）年に第一高等学校を卒業したドイツ文学者手塚富雄（一九〇三～八三）は、そのころの自身の高校生活をふりかえりながら、運動選手を中心とするやや古い「豪傑型」と、個人的心情を基調とする「文化型」の類型を指摘している（『一青年の思想の歩み』）が、「豪傑型」は武士的エートスに、「文化型」は人格＝教養主義に呼応した類型である。昭和になるとマルクス主義に呼応した「左傾型」がくわわる。新しい文化はそれまでの文化（地層）と覇権闘争をおこない、新文化（地層）となり、地層間の文化的折衷がおきるが、軋轢の種ともなった。

しかし、旧制高校文化を考えるうえで大事なことは、旧制高校生と文化地層との一義的な対応がおこなわれたわけではないことである。のちに日本共産党幹部となった志賀義雄（一九〇一〜八九）がそうであるように、昭和初期の一高柔道部に左傾学生が輩出した。だから、豪傑型であれ、文化型であれ、左傾型であれ、それぞれは他の類型のいくらかの文化成分をもっていた。それこそが旧制高校的なるものといわれるものであり、それがエリート文化となり同級生としての紐帯となったのである。

本章では、次郎の東北帝大時代についてふれてきた。次郎にとっては小春日和の時代だったが、それでも嵐はあった。和子の左傾による逮捕という嵐があり、それによって評議員を辞職する。しかし、次郎にとってはもっと大きな嵐が和子左傾問題の四年前、昭和二（一九二七）年八月に起こっていたのである。時間がさかのぼるがそれを次章でみることにしたい。

第12章 哲郎の憤怒と能成の毒舌

人間の恋愛はわかたれたる半身を求むるの憧憬である。（中略）そのある者は友人もしくは友人の妻として我知らず深くなり行く親しみに前世の因果の怪しく現在に働きかけてゐることを覚つて身慄《みぶる》ひする。そのある者はその半身にめぐりあはぬ間に空しく死んでしまつてゐる。「影の人」

ここで序章の最後に書いた疑問に立ち入ることにしたい。山形県酒田市の、次郎の生家に設立された阿部記念館に展示されている小宮豊隆宛書簡についてである。和辻哲郎でも安倍能成でもなく、なぜ小宮だったかということを言った。展示には次郎の遺族の意向が大きく働いたはずだが、和辻哲郎や安倍能成は、はなから書簡展示の候補にならなかったのではないかとも言った。どうしてなのか……。

そもそも次郎からの能成宛書簡は『阿部次郎全集』の書簡集（集・十六）や書簡補遺（集・十七）に収録されていない。能成が次郎からの書簡を一通も保管していなかったというのは考えにくい。第三次『和辻哲郎全集』第二十五巻「書簡篇」（一九九二）には和辻からの能成宛書簡が多数掲載されているからである。次郎の遺族が安倍能成に次郎発書簡借用の依頼をしなかったからであろう。そう思えるのは『阿部次郎全集』の月報にも安倍能成の寄稿がないからである。次郎の遺族は能成に対して含むところがあったのだ。

『阿部次郎全集』月報には、和辻哲郎の寄稿もない。哲郎は昭和三十五（一九六〇）年二月に心筋梗塞の発作をおこし、同年十二月、つまり、次郎逝去の一年ほど後、七十一歳で泉下の人になっている。『阿部次郎全集』企画の時期には、哲郎は体調を崩していたか存命していなかったことによるが、能成とは別の理由で月報寄稿依頼はあり得なかっただろう。だが能成とちがって次郎発和辻宛書簡は『阿部次郎全集』の第十六巻書簡集に数多く収録されている。しかし、次郎発和辻哲郎宛書簡の収録は昭和二（一九二七）年二月十日、和辻照（夫人）宛書簡は同年十二月七日、哲郎・照両名宛書簡は大正十五（一九二六）年四月十八日が最後である。あれだけ親しく、しげく書簡を交換しあっていたのに、その後ぷっつりと書簡の交換が途切れてしまったのは、どうしてなのか。

反対に和辻からの次郎宛書簡は、さきにふれた第三次『和辻哲郎全集』（「書簡篇」）に一通もない。同巻の「解説」（古川哲史）によれば焼却されたということである。次郎の遺族が依頼に対してそう答えたのであろう。しかし、未投函の書簡類まで保存してあった次郎にしては解せないところがある。果たして、第三次『和辻哲郎全集』刊行から大分たって、和辻哲郎・照発の書簡を三女千枝子が土樋の自宅の思わぬ場所に発見している。この発見された書簡については第14章でふれるが、次郎はなにゆえわからないような場所に和辻夫婦からの書簡を保管していたのか。次郎と哲郎、照の間に何かがあったからであろう。

まず、和辻からみていこう。和辻は次郎より六歳下。和辻は次郎よりも五年あとの明治三十九（一九〇六）年に第一高等学校に入学した。『「いき」の構造』で著名な哲学者九鬼周造とは一高と東京帝大の同級生である。

和辻は東京帝大を卒業する一カ月前に熱烈な恋愛で高瀬照と結婚した。明治四十五（一九一二）年六月である。卒業後、大学院に籍をおく。新婚生活は府下大森山王の小さな庭がついた借家だった。次郎と和辻夫妻が交際を深めたのは、この年の晩秋からである。

「僕はあの人が好きなんだ」

次郎はこの年九月（七月三十日に改元したので大正元年）に東京府下大井町字森の農家の離れに引っ越す。和辻夫婦の新居がある大森山王の家からは歩いていける距離にあった。

ある日、和辻哲郎は照とのいつもの散歩で足をのばし、次郎の居る農家の離れ屋まで行く。哲郎が兄事する次郎を照に紹介するのが目的だった。「家内です」といって和辻が照を次郎に引き合わせる。「よく来てくれましたね。さ、おあがんなさい」と次郎は二人を促した。縁に上がって三人で談話する。

そのときの次郎について、照はのちにこう書いている。「聡明そうな広い額をした、背の低い人」で「度の強い近眼鏡の奥の目がやさしく微笑んで私をみた」。帰り道の哲郎と照の会話は次のようなものだった。

哲郎が、

「どう？　感じのいい人だろう？」

と言った。うなずくと、

「僕はあの人が好きなんだ」

とつけ加えた。私が、

「私も好きよ」

と言うと、

「そうか、そりゃよかった」

と嬉しそうな声を出した。（和辻照『和辻哲郎とともに』）

こうして次郎と和辻夫婦との付き合いが始まる。次郎は毎日か一日おきに足しげく和辻宅に立ち寄った。哲郎夫妻が照の実家がある神奈川県藤沢町鵠沼《くげぬま》に転居したのが、大正四（一九一五）年六月。松林の中の一軒家だった。次郎は仕事をもって二週間も滞在するほどだった。その三年後、大正七（一九一八）年六月、和辻夫婦は東京市三田綱町に居を移す。次郎は慶応義塾大学の授業がおわると必ず和辻宅を訪問していた。それだけではない。哲郎宛だけでなく、照宛書簡も頻繁に書いている。哲郎と照からも次郎宛に書簡が頻繁に送られてきた。

貧乏次郎と余裕の和辻

こうして次郎と和辻夫妻は数日おきに行き来し、夕食をともにし、次郎が和辻の家に宿泊するほどの仲になった。序章の最後にふれた阿部記念館の次郎からの小宮宛書簡は、そんな和辻との交際から四年目のときのものである。

小宮に借金を頼まれた次郎は「和辻に頼まうと思つてゐるが」としながらも、「和辻の方は僕が借りればもう余裕がない筈だし、僕が借りなくても百円は困りさうだから君のあてにはならないだらう」ともある。小宮の借金に応じる以前に次郎のほうが和辻に借金しようとしていたのである。

和辻も当時定職がなく、大学院生だった。そんな和辻が借金依頼の当てにされたのは経済的余裕があったからだと序章で書いたが、それをここで詳述しておこう。

和辻は、『ニイチェ研究』（大正二年〔一九一三〕に引き続き『ゼエレン・キエルケゴオル』（大正四〔一九一五〕年）を出したばかりであるが、後者はほとんど売れず、前者は出版社の印税支払いが悪かったから、懐を潤したとは言い難い。

和辻哲郎（1889-1960）

和辻が借金の当てにされるほどだったのは、収入源が複数あり、いくらか生活に余裕があったからである。実家から大学院生としての学資を毎月四十円もらっていた。また照の実家から照の財産分として毎月十四円八十銭が送られていた。これに哲郎の新聞や雑誌の稿料が十円ほど、照が週に一回アルバイトで英語の家庭教師をして十円、先の哲郎の実家からの仕送りと照の財産分とを合わせると七十五円ほどあった。しかし、それだけでは不自由はしなくとも借金に応じるほどの余裕があるとはいえない。「持参金」にと照が彼女の実家から現金を貰っていたことが大きかった。

『三太郎の日記』もどき

東京帝大生になってからの和辻は、一学年上の谷崎潤一郎などとともに八歳上の劇作家・演出家小山内薫が創刊した総合文芸誌『新思潮』（第一次）の仲間に加わる。同誌に小説や戯曲を書いて発表した。小山内のもとにかれらが集まったのは、当時、創作の領域では、東京帝大文科大学卒業生や在校生は小山内薫しか頼るべき先輩がいなかったことによる。赤門派の文学志望者は早稲田派から門を閉ざされ、第4章でみたように、赤門派の『帝国文学』（明治二十八〔一八九五〕年創刊）は往年の輝きを失っていたからである。

しかし、和辻の小説などの創作は評価を得るにいたらなかった。しだいに、もともと興味があった哲学研究に力を入れるようになる。ところがすでにふれたように、『ニイチェ研究』で評判を得たものの、第二作の『ゼエレン・キエルケゴオル』のほうは、ほとんど売れなかった。「本の売れないことも殆どお話にならない位です。売れるように書いた本ではありませんが、売れないとやはり困ります」（和辻照、前掲書）と言うほどだった。

それに対して、一高で和辻の一年上だった谷崎潤一郎は、明治四十四（一九一一）年に発表した「少年」（『スバル』六月号）で文壇デビューしていた。同年秋には、第8章でみた『中央公論』の名編集者滝田樗陰が谷崎に執筆依頼に行っている。『中央公論』の文芸欄は若い作家にとって檜舞台だったから、お墨付きを得たようなもの。同年十一月号の同誌に「秘密」が掲載される。

同じ十一月号の『三田文学』では、永井荷風による「谷崎潤一郎氏の作品」で絶賛された。荷風の絶賛は勝ち馬に乗った格好だが、谷崎の文名を完璧にした。

和辻が小説や哲学に呻吟していた頃には谷崎はすでに新進の有名作家となっていた。また先輩の次郎は、『三太郎の日記』で大きく運命が転換し、メディアの寵児となっていた。第7章でふれたように、次郎は岩波書店が満を持して刊行した『哲学叢書』の編者であり、全十二篇のうち、二篇（『倫理学の根本問題』『美学』）を担当した。岩波書店の看板学者と期待されていた。そんな次郎は和辻にとって仰ぎ見つつ目指すべき先輩だった。

次郎は和辻の初期の作品の『ニイチェ研究』『ゼエレン・キエルケゴオル』にも有益な助言をしていた。『ゼエレン・キエルケゴオル』は、キェルケゴールよりも、哲郎の独白が多く、『三太郎の日記』もどきといわれたりもした。その後、大正七（一九一八）年に刊行した『偶像再興』も主観的体験にもとづく随想と思われていた。

『偶像再興』は「土下座」や「面とペルソナ」などの秀作が収められている。いまの読者は、『偶像再興』を和辻の初期作品として読むことでより深い意味をもつことができる。しかし、こうした著者の後年の栄光を知ってからの読書と和辻が未知の新人にすぎなかった刊行当時とでは読書の背後文脈がちがっている。『偶像再興』の主観的体験にもとづく随想を並べた構成は、当時の読書の背後文脈では『三太郎の日記』の文体と構成を模倣しているとみられやすかった。

となると、和辻の作品はどうしても次郎と比べられやすい。次郎は文壇のスターである。次郎と比べて和辻への評価は厳しくなる。だからでもあろうが、評論家の赤木桁平《こうへい》は、『偶像再興』の刊行直後に思索や体験において次郎の著作と比べて精緻さと深刻さが乏しく、対象に食い入る「凝視の力が弱い」としている（「最近の評論界」『文章世界』一九一六年十月号）。

和辻が文名を上げるのは『古寺巡礼』（大正八年）や翌年刊行した『日本古代文化』あたりからである。日本文化論に軸足を移した和辻は、日本文化にも造詣の深い次郎に教えを乞うたことはひとかたではなかった。大正九（一九二〇）年の『日本古代文化』初版序には「この書の成立について、とくに阿部次郎君に感謝しなくてはならない。君はその同情と洞察とソクラテス的な助産術とによって、しばしば自分の考えの開展を助けてくれた」と書いている。

猜疑の芽生え

こうして次郎と和辻夫妻はますます親交を深めた。次郎がそれまでの下宿を引き上げて東京市内に住むようになると、たびたび和辻宅を訪れるというわけにはいかなくなったが、そのかわり来宅すると十日以上宿泊することもあった。次郎から哲郎だけでなく、照と連名で、さらに照個人宛の書簡のやり取りがふえた。この頃次郎は文壇の寵児で、哲郎は雌伏の時代だった。そんな時だけに、次郎と照の睦まじい関係を哲郎が兄妹の愛として胸におさめておくことができなくなってくる。哲郎にとって照と次郎の仲睦まじさは嫉妬や猜疑に転化した。照は哲郎と次郎のホモソーシャルな関係（男同士の擬似同性愛的親愛・連帯関係）の触媒役から破壊役になり始めたのである。
次郎が和辻宅に長期宿泊したのち東京に引き上げていって一カ月ほど経った頃、照は歯痛の治療のため、東京の歯医者に行った。治療中気分が悪くなり、その日妹の家に泊まる。翌日、帰宅すると、哲郎はいなかった。原稿用紙に書かれた手紙が机の上にある。哲郎がまず心配したのは、歯の治療がうまくいかなかったのではないかということである。つぎに、照が東京でなにをしているかという不安がもちあがってきた。そこにはこう書かれていた。

しかしグラグラしている頭の中に、また余計な考が浮んで、ひどく熱が出たような心持になった。それは照が東京で何をしているのかを知らないために起る妙な不安だ。××へ行く、□□（註・Bの家のある所）が近い、一寸《ちよつと》寄って来よう……そうなった所で別に不思議もない。けれどもそれに思いついた時に、私は逆上しそうになった。（中略）照があそこへ行ったとしたら、私は……死にたくなるかも知れない。（中略）ああ行かないでいてくれ、行かないでいてくれ。

こんな状態だったから、哲郎は照に「ね、本当の事を言っておくれ。お願いだ。本当にB（次郎――引用者）と僕と、どっちが大事なんだ」と言いだすほどになっていた。
前章でふれたように次郎は東北帝大教授就任が決まり、大正十一（一九二二）年五月に留学に旅立った。同十二年十月に帰国すると、翌年三月、一家をあげて仙台に移った。次郎は仙台に居を構えてからも上京すると和辻宅に宿泊している。

この頃になると、哲郎は、洋行から帰ってきたときから次郎の様子が何となくちがってきたと思うようになる。後に哲郎は安倍能成宛書簡（昭和五年四月十一日付）にこう書いている。「何処となく下品な様子が見えて来た様に思ひました。照も何となくあの男をうるさく感じる様になりました」。かつての頻繁なつき合いで兄弟のように接していたときには、抑え込んで隠れていた感情が、つき合いが減ることにより、せり上がってきた。

京都帝大からの誘い

次郎が留学する一カ月前、大正十一年四月から哲郎は森田米松（草平）や小宮豊隆などとともに法政大学教授に就任した。哲郎三十三歳のときである。哲郎は大正九（一九二〇）年四月から東洋大学で教鞭をとっていたが、第10章でふれた法政大学法文学部新設人事による招聘である。大正十三（一九二四）年四月に、文学科・哲学科主任だった安倍能成が、京城帝大に転任したあと主任は哲郎が引き継ぐことになった。

主任の引継ぎの話が出た頃、哲郎に京都帝大からの誘いがある。京都帝大哲学科の藤井健次郎（倫理学講座）や波多野精一などが和辻に哲学科の総意として招聘の話をしている。ところが和辻は返事をしぶる。

哲郎の躊躇の理由は、官学で自分の目指す学問がさらにできるかどうかを疑問視したことによる。哲郎は、この頃は、ドイツの歴史家カール・ランプレヒト（一八五六～一九一五）の文化史を紐解きながらライフワークを文化史に定めていた。『日本古代文化』の原稿を書き上げた大正九年八月はじめに綴った照への手紙にはこうある。

哲学は西洋の模倣に過ぎず、芸術も大体そうだ。日本で最もすぐれた人も、西洋の一流にはとてもかなわない。しかし日本文化の研究だけは、どんな西洋人が来ても恐ろしくない。この点では世界で一流のものが書ける。そうして日本が世界史上の名物となればなるほど、この研究は不朽の意味を持つ。（和辻照、前掲書）

こうして、哲郎は学問的野心を固めていたが、帝国大学の講座には、新設の東北帝大を除いて、文化史の講座はない。歴史ということになれば、国史講座の人間との折り合いも面倒なことになりかねないと懸念する。西田幾多郎が和辻招聘に乗り出してきたときに、哲郎はそのあたりのことをしたためた書簡を送った。

西田はそんな和辻の躊躇に対して、返書をよこす。「民間に於いて一旗あげる御考えであってもー度はアカデミックな圏内に入つて見られるのがよいのではないかと思ひます」。そして倫理思想を中心に研究講義をすることを提案している。哲学科の教授はすべて賛同しており、史学の有力教授も熱心に賛同しているとも添えられてあった（「大正十三年三月十七日付」『西田幾多郎全集』十八巻）。

それまでは、かならずしも乗り気でなかった和辻が、この西田の手紙に心を動かされたことは、西田の手紙が哲郎に届いた直後の野上彌生子の日記（同年三月二十二日。『野上彌生子全集』第Ⅱ期一巻）にみることができる。そこにはこうある。「父さん（野上豊一郎――引用者）学校から帰つての話に、和辻さんがまた京都の方へ気が動いて法政の方はまだ確定しないと云ふ」。彌生子はこの文のあとにこう添えている。「あの人（和辻――引用者）が迷ふのは能成よりは可能性がある。無理はないのである」と。この日記の十日前には、第10章でみたように安倍能成の京城帝大への転学に悪口を書いたのとは打って変わっている。彌生子は和辻の才能を高く評価していたのである。

和辻は赴任を承諾する。教授会の投票の結果、二十一人が賛成、一人が反対で、哲郎は大正十三（一九二四）年三月、京都帝国大学文学部講師となり、京都に移住する。同年七月助教授に任ぜられ、倫理学を担当することになった。

哲郎の京都帝大赴任については、西田をはじめとする哲学科の面々の熱心な勧めがあったからだが、照が熱心に勧めたことにもよると哲郎はさきにふれた能成宛書簡の中で書いている。照が勧めた理由のひとつについては、同じ能成宛書簡にこうある。「あの男に度々来られるのはやり切れないから、それからのがれるといふ意味だつたのです」。「あの男」とは次郎のことである。

和辻夫婦ともどもが敬愛し、三人一緒に床を並べて寝るほどの仲だった次郎は、哲郎によって「あの男」と憎しみをこめていわれるようになったのである。こう書かれた能成宛書簡は、和辻が京都大学に赴任し、留学から帰国した後、昭和五（一九三〇）年のものである。あの「事件」があってからのものである。

京都帝大と三高で噂

次郎と哲郎の間に穏やかならぬ気配がただよいはじめたとき、哲郎は教授就任の前の留学という当時の慣例で昭和二（一九二七）年二月十七日、ドイツ留学に旅立った。哲郎が出発してから半年後、八月二十三日に次郎と照の間に「事件」がおきる。その日哲郎はベルリンにいた。

照は留学から帰った後に事件について哲郎に喋った。事件について、哲郎は身近なものにしか喋らなかったが、人の口に戸は立てられない。事件はしだいに京都帝大や三高の教授連の間で噂になった。

その噂は和辻の帰国から半年ほど経った頃の野上彌生子の日記（昭和四年二月二十五日）に出てくる。彌生子と夫の野上豊一郎についてはすでにふれたが、豊一郎は第一高等学校では安倍能成と同級生で、漱石山房の一人だった。当時は、法政大学教授をしていた。北海道帝大予科教授をしていた藤原正が出張で京都に行き東京に寄り道した。そのとき野上宅に立ち寄った。藤原正はすでにみたように次郎と山形中学校以来の友人であるが、一浪して第一高等学校に入学したから、豊一郎と同級生だった。

そのときの話題を彌生子の日記から引用するが、その前に日記の文言の理解のためにいくらかの説明をしておきたい。まず引用文中の×××は阿部次郎、××は阿部である。ここにでてくる林久男は第一高等学校と帝大で次郎の同級生である。一高と帝大生の時代に次郎とは人生問題研究会（後に五月会）の仲間だった。

三高は京都帝大と道路をはさんであった。林は三高教授で、京都帝大文学部助教授の和辻と懇意にしていた。のちに哲郎は、この事件についての安倍能成への手紙で、事件について照に聞いた直後、それについて自分が喋った相手は少数として、安倍のほかに「岩波、林、原善一郎、西郷夫人の四人丈《だけ》」（昭和五年四月二十四日付安倍能成宛書簡）としている。ここにある原善一郎（一八九二～一九三七）は横浜の三溪園当主原三溪（富太郎）の長男で、本章のあとに出てくる西郷春子（一八九四～一九五一）は原三溪の長女である。春子は照とは年来の友人だった。その縁で哲郎は貴重な絵画に接することができた。また原三溪のもとに集まる画家たちと親交を深め、美術の鑑賞眼を磨いた。漱石晩年の大正四（一九一五）年夏、和辻は文人画に興味があった漱石を三溪園にさそって喜ばれたこともある。

和辻が事件について喋ったのは、ごく少数の人だったが、そのうちの林久男から藤原正に伝わり、藤原から野上豊一郎・彌生子に伝わったことになる。彌生子の日記は以下のようである。

××××と和辻さんとの間になにかよくない感情が醸されてゐると云ふ噂はかねてきいてゐたのであるが、真相はまだ知らなかつた。（中略）和辻さんの洋行中にフラウ・和辻と××さんの間に事件が生じたのであるさうな。フラウ・和辻が自責の念からドイツの和辻さんに告白の手紙を出したとか、和辻さんは離婚の決心で帰朝したところ、だん〳〵調べると××さんが可なりアクチーヴでフラウ・和辻のみを攻めることが出来なくなつたとかいろ〳〵と京都で大評判ださうである。（中略）

しかし話をきくと××は可なり露骨であったらしい。何等の美しいものもない。

ここにあるドイツにいる和辻哲郎に「告白の手紙」を出したというのは、和辻が留学期間を早めて帰国したから立った噂である。あとにみるように照が事件を哲郎に告白したのは、哲郎の帰国後である。

照が世間に暴露

では、この事件とはいったいどのようなものだったのか。事件の概要は、戦後になり、次郎も哲郎も黄泉の国の人となってから、和辻照によって雑誌に発表される。

照は『新潮』昭和四十（一九六五）年七月号から「和辻哲郎とともに」の連載を始めた。雑誌連載のきっかけとなったのは、哲郎の『自叙伝の試み』の連載が哲郎の突然の病気によって中断されたからである。哲郎の連載は昭和三十二（一九五七）年一月から『中央公論』に連載されたが、哲郎は昭和三十五（一九六〇）年一月に入院し、十二月に没したため連載は同年一月号で中断されてしまった。記述は哲郎の一高生時代の半ばで終わってしまう。そのこともあって、照が和辻との思い出を書き、哲郎の『自叙伝の試み』の欠をいくらかでも補おうとしてとりかかったものである。

連載（「和辻哲郎とともに」）は高瀬照と和辻哲郎の出会いから結婚（明治四十五年六月二十七日）にいたる章から始まる。全部で十七回、その半ばの（九）（昭和四十一年三月号）の「洋行」に「事件」はさながら小説のように再現されることになる。小説のようにと言ったが、照はアララギ派の歌人で小説にも手を染めていた。習作を次郎に見せて助言を仰いでいたほどで、筆達者である。「洋行」の最後には括弧書きで、こう書かれている。

この章（「洋行」――引用者）は発表いたさないつもりで居りました。自分自身のつらさは兎も角、もし他人《ひと》様の心を苦しめるようなことがあってはと、それがひどく心配だったからなのでございます。

この度、亡き哲郎の親しかった友人二人の、誠意のこもった忠告と、情理をつくした教示とに従い、思いかえしてここに入れることにいたしました。

連載は同年十一月、連載と同じ題名で単行本となり、多くの人の目にふれることになった。私は当時、この連載も単行本も読んでいなかった。当時サラリーマンになり立てで、職場の上司が私を本好きと思ってか、なにかの話題がきっかけでこう言った。「『三太郎の日記』の阿部次郎って、食わせ者なんだね。和辻の奥さんに横恋慕して」。そのあと、「洋行」に書かれてある内容を聞かされたことがある。もっとも当時のわたしはすでにふれたように、高校から大学にかけて『三太郎の日記』を読んだことはあるにしても阿部次郎に格段の興味があるわけでもなかった。また、恋愛沙汰の真相は片口ではわからないと思ったから、それ以上の興味をもたなかった。だからそんな情報をどこから得たかを上司に聞くこともなかった。

「一度でいいから」

事件は、昭和二(一九二七)年八月二十三日におこった。次郎は改造社主催の九州での夏期大学の講演を終え、帰路、京都に立ち寄った。京都駅に照が迎えに出た。照は、あらかじめ次郎に、娘時代からの友だちの西郷春子とともに来宅してほしいと話していた。京都駅ではふたり連れだってきた。しかし春子のほうは、急用ができたので、若王子にあった和辻邸には次郎がひとりで行き宿泊することになる。和辻の家は若王子の神苑にあった。近くに清流もあったから京都では比較的涼しいところである。

風呂上りの次郎は和辻夫婦の長男夏彦が持ってきたオペラグラスを天にむけて覗き、「アッ見える。遠いお国が、夏ちゃんのパパのいらっしゃるお国が」などと言って遊んだ。子どもたちが寝室に引き上げたあと、照と次郎が座敷で静かに向き合った。このとき次郎四十三歳、照三十八歳。「久しぶりね」と次郎が口火をきり、照の言葉から二人の会話が始まる。原文をいくらか略しながら引用する。


「本当にありがとう。遠くから……」

「瘦せたね」

「夏はいつでもなの」

「もっと昔、最初僕が泊った時のこと、覚えている?」

「三人並んで手をつないで寝た時のことでしょう?」

「あなたは長い髪をといて編んでね。両肩に下げた夜の姿が可愛かった。ファウストの中のグレトヘンのようで……」

いつのまにか月が空に高く澄んで、庭樹々の葉が濡れたように光っていた。

暫くだまっていたB(次郎——引用者)が、何を思い出したのか和やかな笑顔を向けて、

「昔ね、その若い時分よ。僕の本『×××□××』(『三太郎の日記』——引用者)あげたでしょ。あれ読んでくれた?」

「ご本はいただいた時に直ぐ読みましたけれど。……でもなぜ?」

「あの中にね、あなたの事を書いたんだけれど、わかっていた?」

「いいえ。ちっとも」

私は驚きながら正直に答えた。


ここで「あれ読んでくれた?」とBがいったのは、『三太郎の日記』の付録「西川の日記」にある「三　山の手の秋」のことである。そこでは、地味な妻Aと A の友人で華やかで潑剌とした未婚のBの間を揺れる男の感情が書かれている。Aは次郎の妻恒で、Bは照である。

次郎はさきの会話のあとに、「山の手の秋」についてこう言い添える。「そりゃね、あちこちいろいろ変えてもあるし、まぎらせてもあって……。例えば細そりしたあなたをふっくりさせたり、若妻をお嬢さんにしたり、……でもそうしなかったら、直ぐ他人《ひと》にわかってしまうでしょう?」。次郎と照の会話は熱をおびたものになっていく。

照には次郎の顔が、いくらか上気しているように見えた。照も「何とも甘い香気に酔いしれたような心持になった」。それを断ち切るように照が「さあ、もう、おやすみにならなくては」と次郎を促し、立ちかけた。


「そうね、でも一と晩中起きていたい位。もう一度お坐りなさい。もっとこっちへよって。さあおやすみの握手をしましょう。良寛と貞心尼の話を知っている?　西洋にはね、八十を過ぎてから、昔の思い人を訪ねて行くおばあさんの話がありますよ」

そう言うと、握っている私の手をぐっと引き寄せるようにして、私の耳もとで囁《ささや》いた。

「ね、一度でいいから、たった一度でいいから、ね、キスを」

ハッと驚いて私はとびのいた。と同時に何か厳《きび》しいものが光のように身内を走り、同時に思いもよらず、何ともいやな気持が胸の底から突きあげた。

「それはいけませんわ。ね、それはいけないでしょ?」

聞くとBは俯《うつむ》いて静かに、

「そう、それはいけない。それはいけない」

とつぶやくように繰りかえした。


翌朝、照は次郎を駅まで見送りにいった。列車が遠くはなれると、「これがこの方《かた》の見納めになるのではあるまいか」と思い、涙がにじみ出てくる。

驚きと疑問

以上が照が書いた事件のあらましである。あくまで照の側からの事件の様子であるが、これをさきの大正時代の初期に書かれた次郎の「山の手の秋」と引き合わせてみると、なんとそこには次のようにある。

彼は又こんな夢をも自ら描いて自ら破つた――

「俺は女に別れなければならぬ話をする。二人は涙を流して握手する。二人は最初にして最後のキスをする――これでエピソードを終とする。

（中略）

俺はどこまでイゴイストなのだ。」

照の「洋行」の記述が正しいとすれば、この事件は次郎が十数年間思い描いたことがシナリオとなって現実を呼び込んだことになる！　おそらく、「最初にして最後のキス」で別れるつもりだったのだろう。なるほど「イゴイスト」だ。それもシナリオどおりの。しかし、「山の手の秋」にはこうもある。Bには照が想定されている。

Bは自分では、たゞ男を尊敬し信愛してゐるだけだと信じてゐた。しかし彼女は男の尊敬すべき人格を思ふとうつとりするのであつた。男に対する信愛の感情が昂進して来ると懊悩を感ずるのであつた。

これは、次郎の都合のよい、得手勝手な妄想だろうか。照の「洋行」の中の次郎との会話はさきに一部引用したが、そこに照は書いている。「たとえ一瞬の間だったとはいえ、命とも思っている夫のことを完全に忘れて、美酒に酔いしれでもしたかのように、浮々と振舞った自分を、私は恥じ悔み悲しんだ」。この文言から考えれば、「山の手の秋」で次郎が描いたB（照）の胸の内は必ずしも次郎の都合のよい妄想としてしまえないだろう。もっともこの文言だけからそこまでいえるかと思うむきもあるだろうが、一方的な次郎の妄想ではないことはのちの第14章で明らかになるだろう。

哲郎は翌年夏帰朝する。照はその事件を哲郎に告白する。照が「私がわるかったのだ」と哲郎にいうと、「照はわるくなんかない」として、哲郎は『偶像再興』に書いた次郎への献辞の部分を破り捨てた。照は、事件を哲郎に打ち明けたという書簡を次郎に出す。

「洋行」は哲郎が逝去したあとに書かれたものである。しかし、照が哲郎に告白した内容は「洋行」のような内容だったのだろうか。「洋行」を哲郎が読んだとしたら「照はわるくなんかない」と断言できただろうか。

さきにみたように、次郎と照の関係は、すでに事件以前から哲郎を悩ますものだったが、照が帰国直後に哲郎に告白した内容が哲郎の能成宛書簡のようだとすれば、後年の「洋行」とは大分ちがうことになる。

それ――事件後照が哲郎に言った事件の内容――については、これまで部分的にふれてきた哲郎から能成宛の書簡（昭和五年四月十一日）にみることができる。

そこには、こうある。照は話相手としては次郎を「喜んで迎えて」おり、友情もあったが、照にはまったく次郎への恋愛感情はなく、「あの肉体に対しては強い Abscheu（嫌悪——引用者）を持ってゐる」とされている。哲郎の猜疑を打ち消すために照は次郎への思いについて強い否定を表明する必要があったからではないか。事件直後の照からの哲郎への告白は、哲郎がこの世にいなくなったあと書かれた「洋行」のようではなかったことはたしかである。

絶交

哲郎に話したという照の手紙を受け取った次郎は、哲郎のもとに手紙をよこす。この手紙は残っていない。その返信を哲郎が書く。哲郎の返信のほうは、照が下書きを読んだとしてさきの「洋行」に引用されてある。長文なので、途中をところどころ略して引用しよう。

　お手紙拝見しました。この十六年来、大兄に対して持ちつづけて来た敬愛と信頼とが、単に小生のイリユージョンにもとづいたものでないならば、多分来るであろうと予期していた手紙でした。小生は喜んで大兄の陳謝を迎えます。そうしてなお、大兄の手紙に現われている二三の誤解を明かにして、大兄の承認を得るならば、大兄に対する敬愛と信頼とが、元に還る喜びを持ち得ようかと思います。
　今更申し上げるまでもなく、大兄に対する敬愛と信頼とは、永年の間の小生の幸福でした。

この世に生れてかかる友情を持ち得ることは、類《たぐい》まれなる恩寵であるとさえ思って居りました。先日照より一切を打ちあけられた時、先ず小生を苦しめたものは、自分の生涯の誇であるとさえ思っていたこの友情が、単にイリュージョンに過ぎなかったこと、そのために今の今まで落ちついていた世界が、突如姿を変えたことでした。

（中略）

元来大兄の照に対する感情を、最初より小生が知らないでいたとはまさかお考えにはならないでしょう。小生はそれを熟知し、またしばしば照との間に話し合った事もありました。然し小生の眼にはその故に一層大兄の人格が尊敬すべきものに見えたのでした。（中略）

それほどの信頼を大兄は裏切られたのです。小生が旅行に出て丁度半年、照は淋しさの頂上に達していました。かかる淋しさの折に人間の心が如何なる状態になっているかは、これも大兄が熟知せられる筈の事です。小生の面前に於てさえもあれほど大兄に甘え寄っていた照が、この淋しさの折にいかに高まった感情を以て甘え寄るかは、遠くにいた小生にさえも充分想像が出来ました。然し小生の大兄に対する信頼は、ふと影の如く心を過ぎる疑念を直ちに払い去って、大兄が我々二人の運命を狂わせない様に、梶を取らるるに相違ないことを信じさせました。この永い間あれほど照をいつくしんで下すった大兄が、自分のイゴイズムの故に照を不幸に導いて行かれるだろうなどとは、毛ほども思うことが出来ませんでした。

このあとには、次郎の手紙にあった「過ちに陥る前に踏留まった事を信じてくれ」との言葉に対して以下のように反駁している。

あの際大兄が果して踏留まられたのでしょうか。(中略)「踏留まった」のは照であって大兄ではありません。大兄はただ踏留まらせられたに過ぎないのです。

そして哲郎の手紙はこう結ばれている。

小生は小生の「心の痛手」が何であるかを申し上げました。照の大兄に対する感情の真相をも申し上げました。これらの点を承認された上大兄が自分の過失を悔いられるのであるならば、小生はそれをまで追及して責めようとは思いません。それによって永い間大兄に対して持ちつづけていた敬愛の念を恢復する事が出来ようと思います。

哲郎の手紙は情理を尽くしたものであるが、次郎の反論を封ずる理詰めの手紙でもある。双方に罪があり、双方が踏み止まったのだという次郎の言い分に対して完膚なきまでに反論している。こうして二人は事実上、絶交となった。哲郎と次郎にこういう経緯があればこそ遺族は和辻宛の書簡を開示することにはならなかったのであろう。それにしても咎は次郎にのみあるといえるのだろうか。これについては第14章と終章でみることにする。

では、安倍能成のほうはどうだろう。哲郎と次郎の関係は研究業績であとの雁（哲郎）が先になった（後輩が先輩を追いこすこと）ものとすれば、次郎と安倍能成の関係は社会的経歴で、あとの雁（能成）が先になったものである。

神童に見る影なし

安倍能成は、愛媛県松山市に次郎と同じ明治十六（一八八三）年に生まれた。明治三十四（一九〇一）年、松山中学を卒業する。一年間母校の助教諭心得として勤めながら受験勉強をし、翌年（明治三十五年）、第一高等学校に入学する。能成の同級生には藤村操、次郎の山形中学校以来からの友人藤原正などがいた。次郎や岩波茂雄の一学年下である。

次郎や岩波が二年生、能成が一年生のとき、能成の同級生の藤村操が、日光の華厳の滝の大木に「巌頭之感」を書いて投身自殺するが、この事件のショックは大きく、人生問題の煩悶による中退者や落第者が多くなった。岩波は一年落第し、二年生をやり直すことになり能成と同級生になる。能成も二年生の学年末試験（七月）で落第し、二年生をやりなおす。能成は、次郎と同年生まれだが、結局、高校と大学は次郎より二年後に卒業する。したがって、次郎は能成に対しては兄たるをもって振舞ったから、同じ年齢の能成にとっては、いくらか押しつけがましく、煙たい存在であったかもしれない。

明治四十二（一九〇九）年、東京帝大文科大学卒業。大学院に進む。第4章でみたようにケーベル博士によって阿部次郎と安倍能成はそれぞれファースト・アベ、セカンド・アベと呼びかけられていたが、二人の交流も深かった。第一高等学校の文藝部委員同士で、東京帝大を通じての友人にとどまらず、ともに漱石門下であり、卒業後は共著『影と声』を刊行した。

第5章でみたように、能成の高等遊民時代の文筆活動は次郎を凌ぐほどだった。次郎は『三太郎の日記』でスターとなったが、それでも『三太郎の日記』刊行前あたりまでの能成は、学者として次郎の近傍にいた。しかし次郎が能成を同人の一人として『思潮』を刊行したときには、次郎をはじめ同人の和辻や石原謙などはほぼ毎号力作を寄稿していたが、能成は同人にもかかわらず、『思潮』終刊までに論文は三本ほどしか寄稿していない。

その後、第10章でみたように法政大学法文学部から京城帝大に移ったあとは、著書は随筆集が多くなる。能成の岩波書店からの刊行図書は多いが、『山中雑記』や『青丘雑記』のようにほとんどが随筆集である。そうしたことから「神童に見る影なし」と陰口をいわれようにもなる。田辺元とは双方の妻が従姉妹どうしだったが、学問に厳しい田辺は、安倍の書くものを非難し、それに対し、能成は「ぼくは田辺のようには勉強しない。元来なまけものだから」と応酬し、関係が悪くなったといわれている。

安倍能成（1883-1966）

文部大臣に

しかし人生はわからないもの。安倍能成の戦後の活躍は目覚ましい。そのきっかけは、橋田邦彦（一八八二～一九四五）が第一高等学校校長から近衛内閣の文部大臣に就任したことから始まる。能成がその後任として、京城帝大教授を辞し、昭和十五（一九四〇）年九月、第一高等学校校長となる。一高校長から文部大臣というキャリアの前例ができたときの就任である。

能成は、軍部や文部省からの圧力が厳しいときに当局に直言し、第一高等学校の校風を守る。戦後、昭和二十（一九四五）年十二月には貴族院議員に勅選される。翌年一月はじめに一高同級生で前文部大臣前田多門によって慫慂され、幣原喜重郎内閣の文部大臣に就任する。しかし、四月十日の衆議院議員総選挙で幣原の支持母体である進歩党は町田忠治や鶴見祐輔など多数の有力議員が公職追放されたこともあって自由党に議席数で大敗した。その結果、能成は五月に文部大臣を辞職する。わずか四カ月ほどの文部大臣就任だったが位《くらい》人臣をきわめた。

文部大臣辞任後は、帝室博物館総長や憲法改正案特別委員会委員長、教育刷新委員会委員長などの要職に就く。また戦後の進歩的文化人の牙城となった平和問題談話会（一九四八年十二月、平和問題討議会として発足。米ソを含むすべての連合国との全面講和、中立不可侵、軍事基地反対を唱えた）の中心的位置もしめる。昭和二十一年十月から晩年（昭和四十一年六月）まで学習院院長を務めた。一高校長や文部大臣などの経歴がハロー効果となって以後の数々の要職を呼びこんだことはたしかだが、能成には文化官僚にふさわしい資質もあった。

能成は、小柄な次郎とちがって、堂々とした体軀だった。「鬼瓦のような風貌」とか「容貌魁偉」といわれた面相も押し出しをよくした。それに内気で話下手の次郎とちがって「私はどうも口に慎みの足りぬ方」と自ら認めたように、誰に対してもずけずけ物をいうことは有名だった。こんなふうだから能成は「傍若無人」といわれるほどであったが、反面大いなる稚気の人ともみられ、担がれる人としての器量のあらわれともなった。

追悼文

それに対して、戦後、阿部次郎が表舞台にでることはなかった。オールド・リベラリストの牙城となった生成会「心」同人には、東京在住者以外にも京都の田中美知太郎や吉川幸次郎、仙台の土居光知や高橋穣などもいるのに次郎は入っていない。同人誌である『心』にも執筆していない。平和問題談話会に呼ばれることもなかった。誘いを受けたが次郎が断ったのは、第13章にふれる『世界』の原稿依頼があるが、それ以外については誘いがそもそもなかったのではないか。次郎が排除されたというのではなく、すでに次郎の健康が上京したり執筆したりするに十分でないことが、安倍能成をはじめ周囲の文化人には知られていたからだったように思われる。

昭和十六（一九四二）年十二月半ばに、次郎は日本学術振興会の仕事で上京し、岩波書店の二階に泊まっていた。そこで脳溢血から眼底出血になった。一週間、絶対安静で、帰仙後三カ月を床の中ですごした。その後教壇に立つことはできるようになったが、気力が大幅におとろえてきていた。昭和十七（一九四二）年以後は執筆もほとんどできなくなっていた。翌年には、中風症状がでている。昭和十九（一九四四）年春を最後に、上京して委員会などに出席できなくなっていた。

和辻は学問で次郎を越してしまったが、能成は位人臣をきわめ、社会的経歴のほうで次郎をはるかに凌駕した。そんな文化人の代表格になった能成だけに、次郎逝去のとき、『朝日新聞』が追悼文を能成に頼んだのは当然だったかもしれない。追悼文はこう始まる。「阿部次郎もとうとう死んだか、という感慨で一ぱいである。明敏な頭脳と鋭利な感覚と深刻な情熱との持主が、こうして死んだのは惜しみても余りある」。そして、高等学校時代から自分は及ばないと次郎に兄事していたとしている。ところが東北帝大時代に筆が及ぶと、こう書いている。

始めは随分大学の事に心魂を注ぎ、法文学部内の政治にも関心を持ったが、阿部の我が強く、自己中心的な性格が累をなして、学部内は必ずしも阿部に悦服せず、阿部自身もだんだん学内のことに冷淡になって、彼に敬事する学生の間に喜びを見出すようになった。定年で大学をやめてから十数年になるであろうが、この間における阿部の生活はかなりさびしかったらしい。子供達も思想の相違などから、自分の我慢を譲らず対立する所もあったらしい（後略）。（「思想の対立に苦しむ」『朝日新聞』昭和三十四年十月二十三日）

このくだりは遺族にとって我慢できなかったであろう。たとえ風聞としてあったとしても、遺族にしてみれば、追悼文になにもそんなことまで書かなくても、と思うのは当然であろう。『阿部次郎全集』の月報に安倍能成の寄稿がないどころか、次郎からの能成宛書簡もおさめられていない所以であろう。では我儘な性格が災いして学部長職を投げ出したという安倍能成の言は事実だろうか。照との事件を含めて、真相はどうだったのか。本章が残した問題は、第14章と終章でふれることになる。

第13章

残照

書を読むとは自ら生きることを停止することを意味するならば、又他人の著作を研究するとは自ら省ることを中断することを意味するならば、我らはもとよりいかなる場合にも、書を読むことを、他人の思想を研究することを、生活の中心とすべきではない。こゝに読書と云ひ研究と云ひ、師につくと云ふは、自ら生き、自ら省るための一つの途を意味するものであることは、明瞭に記憶して置く必要がある。「某大学の卒業生と別るる辞」（傍点原文）

昭和十九（一九四四）年六月十五日、米軍はサイパンに上陸する。七月にはサイパンの日本軍は全滅。サイパンが米軍の手に落ちたことにより、大型爆撃機Ｂ－29が日本本土まで航続できるようになる。本土を守るための防衛地の一角が崩れた。といっても、本土空襲が始まるのはもう少し先である。そんなときに次郎のもとに一通の手紙が来る。熊本の五高生重国（仮名）からである。次郎は、毎週木曜日を面会日にしているので「おいで下さい」と返書を出した。

重国の下宿に東京の予備校からの友人で一年下の同じ五高生中野がやってくる。重国が「ああ、来たぞよ、とうとう」と次郎の葉書を中野にみせる。中野が「ひゃあ、凄いのう」と嘆声をあげる。「うむ。で、どうだ、おまえも一緒に行かんな、仙台まで」「ふわあ、仙台までか」。

二人は、込み合う長距離夜行列車で、二昼夜かけて仙台にむかった。仙台で、高等工業学校生のもうひとりの友人青木（仮名）と合流し、三人づれで次郎宅にむかう。青木も東京の予備校で友人になった仲間である。昭和十九（一九四四）年七月九日の夜だった。

二階の二間が面談部屋に使用されていた。すでに先客が七、八人いた。当日の次郎の日記には「夜面会――内尾、中川、佐藤謙、五高生二人等十三人」（傍点引用者）と書かれている。この「五高生二人」が重国と中野である。

「ひゃあ、凄いのう」と嘆声をあげた中野が、後年のドイツ文学者・作家の中野孝次（一九二五～二〇〇四）である。このとき中野は一年生だった。これまでの記述は中野の小説『麦熟るる日に』に出てくるもの。重国は予備校からすぐに五高に進学した。青木は一高を目指していたが、仙台高等工業学校に進学する。中野は松本高校を不合格になり、翌年五高に合格する。小説によって、三人が次郎に会いに行こうとなった経緯と面談の様子をさらにみていくが、その前に当時の学生がおかれていた状況にふれておこう。

中野孝次（1925-2004）
朝日新聞社提供

重苦しい時代

日米戦争開始直前の昭和十六（一九四一）年度から、大学、専門学校、実業学校等の卒業が三カ月繰り上げされる。翌十七年度には大学、高等学校、専門学校等の卒業が六カ月繰り上げされる（実業学校は三カ月）。それでも在学期間中は原則として徴集されることはなかった。ところが戦局が苛烈になると、事態は変化した。

昭和十八（一九四三）年の勅令「在学徴集延期臨時特例」で「当分ノ内在学者ノ事由ニ因ル徴集ノ延期ハ之ヲ行ハズ」となった。医学部、工学部、理学部、農学部の一部、医科大学、工業大学の予科、高等学校の理科、理系の専門学校、師範学校などの教員養成系学校等を除いて在学徴集延期ができなくなった。学徒出陣が実施されることになったのである。

重国や中野たち文系高校生は、大学に進学しても、在学中に徴集されるかもしれなくなった。まもなく徴兵されることがひしひしと感じられる重苦しい時代である。さきほどふれた中野が一年上の重国の下宿を訪ねて喋っていたのはそのようなさなかだった。重国が郷里で徴兵検査を受けて帰ってきたばかりの蒸し暑い夏である。中野は重国にこう言う。

「二、三代前の連中は、おれらが感じてるようなこんな気分は、味わわんで済んだんだろうがな。阿部さんが『三太郎』を書いたころは、時間なぞいくらでも先へつづく気がしていたんだと思うぜ。だから、あれもこれも、sowohl als auch なんて呑気なことを言ってられたんだ。（中略）おれはこのごろ『三太郎』がなんだかぴんとこなくなったよ」

ここでいう「あれもこれも、sowohl als auch」は、「三太郎の日記　第三」（集・一）の「不一致の要求」にある次の箇所である。

自分は恐らくは Synthesist である。

自分の世界にももとより幾つかの Entweder-Oder がある。しかし自分は人生の中に「あれかこれか」を発見するに特に鋭敏なる感覚を持つてゐるか。自分はこれを発見する事に対する一種の要求、一種の歓喜とも名づくべきものを持つてゐるか。恐らくはさうではあるまい。自分の「あれかこれか」はやむを得ずして逢着する突きあたりの壁である。自分はむしろ sowohl-als auch を喜ぶ性情を持つてゐるらしい。さうして多くのものを並び行はれさせながら、その中に生きて行く能力をもまた相応に持つてゐるらしい。

この書だけは手に入れたい

中野は友人青木の影響で、予備校に通っていたときから河合栄治郎編の『学生叢書』を買いもとめ、『学生と読書』の巻末にある教養必読書を読んでいた。中野にとって『三太郎の日記』は、『哲学以前』(出隆)や『善の研究』(西田幾多郎)、「トニオ・クレーゲル」の入った文庫本『トオマス・マン短編集』などとともに特別な位置をしめていた。

『三太郎の日記』には次のような特別の思い入れもあった。中野が『三太郎の日記』を読もうとしたときに、書籍も配給制となり入手できないことが多くなった。『三太郎の日記』は復刊になったが、中野は、配給制のもとで手に入らないかもしれないことを危惧して、直接岩波書店店主岩波茂雄に手紙を書く。「見ず知らずの私如きが突然お手紙を差し上げることをお許し下さい」で始まる手紙(昭和十八年十一月二日付)を出したのである。配給制になってからは、岩波文庫などを予約しても自分のようなものにはほとんど手に入らない窮状と書店が少数の固定客優先に販売している実情を訴えて次のように書いている。

……十二月には阿部次郎《あべじろう》先生の三太郎の日記が出るとのことです　私は前の書(『人格と人類性』『日本思想史研究』など――引用者)はまだあきらめ得ますがこの書だけはどうしても手

に入れたいのです

この手紙への返事があったかどうか、本人も記憶がない。しかし、『三太郎の日記』は手に入ったのだから、岩波が手配をしてくれたのかもしれない。当時は予備校生で睡眠時間は五時間くらいだったというが、中野は猛烈な受験勉強のあいだに、熱い思いで『三太郎の日記』を読んだ。中野は当時を思い起こしてこう書いている。

『三太郎の日記』は青灰色の装幀《そうてい》で、四六判より小さな判型の、非常にぶ厚い本だったが、そのほとんどあらゆるページに赤線を引いて、高等学校に入れたらそのときこそ心ゆくまでこれを読み返そうと思いつつ暇を盗んでは覗《のぞ》いたのであった。十八歳のわたしの小さな本棚には、河合栄治郎が『学生と読書』の巻末に教養のための必読書として挙げている本が少しずつ増えていたが、その中で『三太郎の日記』は格別だった（「十八歳の自分に逢う」『図書』二〇〇二年十二月号）。

そんな中野が、「おれはこのごろ『三太郎』がなんだかぴんとこなくなったよ」と言い出したのである。

こうして二人は上述のように仙台に向う。仙台でもうひとりの友人青木と落ちあい、三人で次郎の家に面会に訪れる。二階に上がると、床の間を背にして次郎がいる。当時六十二歳だった。中野はそのとき渋い焦茶の着物をきて背をかがめて坐っていた次郎についてこう書いている。「思いのほか老人で小柄であるのが意外だった。純日本風の座敷の感じも着物姿も、自我の充実だの内的生活だのというより、お茶の師匠かなんぞのようであった」。

三人の学生は、次郎が現役の東北帝大教授であることは知っていても、次郎が内気で話下手であったことに加えて、このときは病み上がりで気力と体力を半分以上失った状態にあったことは知らなかったであろう。

中野たちが部屋に入っていくと、先客である一高生と背広の男が、倫理学説をめぐって論じている。当日の次郎の日記に記されていた内尾や中川などである。三人の女性が耳を傾けている。中野はそこに都会人の知的サロンのような雰囲気を感じていらいらしてくる。「もっと正直に腹のたしになることをしゃべれ」と思い、乱暴な言葉を口にしようとした。その時、青木が目を次郎にひたと向け、「ぼくらもうじき戦争に行かにゃならんです」と切り出した。「国のために死ぬ」というときの国とはなんなのか、「ぼくには国家という抽象的な存在がようわからんです。先生、国家と個人とは、どう考えたらいいんでしょう」と問う。

青木の一言一言押し出すような言葉は、中野には自分の言いたかったことの代弁のように思えた。次郎のほうは、しばらく黙っていた。やがて、アリストレスを持ち出して古代ギリシャ哲学の全体と個の問題について抑揚のない低い声で話す。「それは答えるというより、知識のなかに逃げ込んだ」ような感じがした、と中野は書いている。次郎の心酔者とおぼしき背広の男と一高生、そして女子学生は、中野たち三人の闖入者に対して露骨に不快感を示し始める。

中野は、かれらにつっかかる思いもあって、「正直言って、さっきから先生方の話を聞いていてもぼくにはよくわからんです」と、強い乱暴な口調になった。

そのわからん自分を情ないと思いますが、一方では結局学問とか芸術とか、要するに教養というものは、平和で時間のいくらでもある人たちの贅沢で、ぼくらのいまの悩みにじかに答えてくれるものではないんじゃないかって疑いも湧いてくるんです。哲学とか倫理学は人生のことを考えてるみたいだが本当はそうじゃなくて、実はなにか、人生とじかに関らない間接的な思索の体系なんじゃないか。が、自分がいま切に聞きたいのはもっと直接的なものだ、生きている人間の全部が現れた声、魂の息遣いのようなもの、つまり人間そのものだ、と思うんです。(中略)ぼくはたった一言でもいいんです。こっちの魂にひびく声がききたい。

これに対して次郎の心酔者の背広を来た男が「そんな乱暴な、まるでめちゃくちゃだよ、きみの言うことは。それじゃ野蛮の謳歌じゃないか」と言う。そこにいた女性たちもこの男の発言にうなずいた。青木は背広の男を無視して次郎にむかって話しだした。「内面的生活が充実するまで自分は実社会との葛藤を避けねばならないと、『三太郎の日記』にあったです」と言い始める。

それまで自分はどんな矛盾する思想でも貪婪に吸収して、Entwederoder（あれかこれか）の決定をせず、あれもこれも全部を受け入れて自分を充実させたいと、書いてあって、あれがぼくは羨しくてならんかったです。が、ぼくらの場合は、内面的に充実するまで待ってくれと願ったって、外の社会が許してくれんです。否も応もなく自分のいる場所からつまみ出されてしまいます。二者択一も許されない、ただ国家の命令があって、お前たちは国に生命を捧げよというだけです。先生、そういうとき、この未熟で無知なまま中途で死ななければりゃならん者の存在は、いったい何なんでしょうか。なんによって自己を正当化したらいいんでしょうか。

次郎は背を丸くして、目を畳に落としながら低い声で言う。「若者に成長を許さない歴史的現実と、普遍的価値の問題とは別だとぼくは言っている。きみらはたしかに気の毒だが、だからといって学問や知識の普遍性を否定することは許されない」。これに対して中野は、次郎というよりも、背広の男につっかかる気持ちで言う。「この今の歴史的現実と真正面から取組んでいる自分を全面的に肯定するのが先であって、もし普遍的価値とやらがその外に宮殿みたいに聳えているんだったら、そんなものくそくらえって気がするくらいです」。

こんなやりとりで部屋の空気がとげとげしくなる。中野の別の作品『ブリューゲルへの旅』には、このときのこわ張った部屋の雰囲気が再現されている。一高生とおぼしき学生が「きみたち先生に失礼だ、帰りたまえ」と言う。中野たちは正座して次郎に礼を言い、「先生の人格主義も戦争に駆り出されるぼくたちには役に立たぬようです」と言って立ち上がった。三人は、次郎の思想は自分たちの運命とは「無縁な、飾り物的思想」だとする。重国と中野は熊本に戻ると、次郎の本を全部古本屋に売り払った。

大学教授と全共闘

背広の男や一高生、それに同調する女学生が同席せず、次郎だけだったならば、こうも激しい言葉が飛び交う場にはならなかったかもしれない。

青木や中野の詰問調の激しい言葉に、次郎は、第9章でみた二十年前の竹内仁や平林初之輔などからの激しい批判を思い出したかもしれない。竹内仁よりも前に次郎の人格主義を批判した平林初之輔は、次郎の労働問題に対する人格主義者的な発言は実際の患者を診察した上での処方ではなく、医師が頭の中で考えた健康法だと批判したのが、次郎の思想は、自分たちの運命とは「無縁な、飾り物的思想」とした中野たちの断定と重なる。

しかし、中野よりも後の世代であるわたしにはこのやりとりは、まるで、ここから三十年ほど後の全共闘学生の進歩的教授へのヘイト・アンド・ラブ（絶望的な求愛）を思い起こさせるものである。中野は、次郎に対して、「ちんまりと自分の中に、というより学問の鎧のなかにもぐりこんで出てこない用心ぶかい老人への反感」から「学問否定論みたいなことまで言ってしまった」と『麦熟るる日に』に書いている。次郎と中野たちの問答は、全共闘学生の糾弾の場の教授連の対応とそれに対する学生の反感と二重写しにみえる。「学問とはなにか。言ってみろ」で始まった糾弾が「へん。ベートーベンなんか聞きながら、学問しやがって」というような反知性主義的言動にいたる過程がそっくりである。

中野は、昭和二十五（一九五〇）年に東京大学文学部独文科を卒業すると、出版社などに勤務したあと、昭和二十七（一九五二）年、国学院大学専任講師となった。昭和三十九（一九六四）年に同大学文学部教授となっている。教授を辞したのが、昭和五十六（一九八一）年である。だから、中野は一九六〇年代後半から七〇年始めにかけての全共闘学生による進歩的教授糾弾の時代を大学教授として生きている。自身が糾弾されず、糾弾の場を見ていなかったとしてもニュースや友人間での話題でよく知っていたはずである。全共闘が糾弾したのは、身を安全地帯においた講壇左翼や講壇教養主義の大学教授だった。とすれば、このときの中野は、こう思わなかったであろうか。かつての次郎が教授になった中野たちで、かつての旧制高校生だった中野たちが全共闘学生だと。

全共闘学生の標的になった教授たちこそ普遍的真理を希求する『三太郎の日記』的な教養主義の化身だった。中野たちに面談した次郎がそうであったように、全共闘学生の時代に教授たちは普遍的真理の代弁者として振る舞った。全共闘学生たちが「おれたちはただのサラリーマンになるのに、大学教授たちよ、おまえらは大学という安全地帯でのうのうと高踏的な言辞を垂れている。いいご身分だ」と思ったことは、青木の「ぼくらもうじき戦争に行かにゃならんです」に重なるところもある。『三太郎の日記』に代表される教養主義への愛憎併存は世代闘争として繰り返すことになったのである。

戦後の風潮を忌避

時間を中野たちが次郎宅を訪問したあとに戻そう。かれらとの気まずい時間から八カ月あと、次郎は昭和二十(一九四五)年三月東北帝大を定年退職した。しかし、当時の慣例で、定年退職後一年間は、嘱託講師として授業を担当する。

戦局は日本にとってますます悪くなっていた。本章冒頭にサイパンが米軍の手に入り、本土空襲の用意が出来たとしたが、はたせるかな、昭和十九年十一月末にB-29がマリアナ諸島を飛び立つ。都下武蔵野町にあった中島飛行機の工場が爆撃される。本土空襲が始まる。次郎が定年を迎える昭和二十年三月には東京・江東地区に焼夷弾の雨がふった。

翌月から仙台市内にも頻繁に空襲警報が鳴る。七月十日午前零時をわずかに過ぎた頃、仙台市中央部から南部にかけてＢ－29の大群がおそう。焼夷弾がばらまかれて、仙台中央部は焦土と化した。この日（七月九日）は奇しくも、中野たちが次郎宅を訪問した前年の七月九日から一年後だった。当日の次郎の日記にはこうある。

食後会談中警戒警報。零時過よりＢ29七十機来襲、二時間の空襲。火災北天を焦す、東天も焼く。自宅無事

仙台市中心部は焦土と化したが、次郎宅は無事だった。七月十七日、疎開のため山形県東村山郡大郷村に出発する。八月十五日正午、疎開先で玉音放送を聞く。次郎は武力と資本を持たぬなかでの新文化国家建設の召命が日本に下ったのだと翌日の日記に書き留めている。九月十日、疎開先から帰仙する。

十一月にはデモクラシーとヒューマニズムに基づく新日本文化創造を目指す「文化人連盟」への誘いがくる。この誘いの書簡を読んで、戦前の「報国会」の会員がまじっていることに気がつく。ここでいう報国会は、主として昭和十年代に国民の軍事と国威高揚のために組織された団体である。次郎がいうのは「日本文学報国会」（昭和十七年六月発足）のことであろう。戦前の文学報国会から戦後の文化人連盟に横滑りする文化人の名前を見つけて「早変わりの忙しさを憐れむ」としている。

それに続けて、「余自身は「秋思」に書ける孤立主義を守りて前の報国会に入会を拒めると同様にその会にも入会せじ」（十一月十七日）とある。ここで「前（戦前——引用者）の報国会に入会を拒める」とあるように、戦前の言論報告会や文学報国会から次郎に役員就任などの要請があったが、次郎は強く辞退した。それどころか、当時からそのような組織について強い反感を学生たちに吐露していた。「君たちは、なぜ反対闘争しないのか」と言っていたほどである。また、「秋思」とあるのは、『思想』（昭和九年十一月号）に発表された同名の随想（『秋窓記』再録、集・十所収）のことで、そこでは自分の行こうとする途は、他人を頼みにせず自分一人で行き得る方向であるから、未知の人とともに社会に働きかける大同団結には加わらないとしている。徒党をくんで風潮にのることへの忌避はいかにも次郎らしい。

十一月二十六日、岩波書店より『世界』創刊の挨拶と同誌の原稿執筆依頼がくる。『世界』の創刊号は翌年（昭和二十一年）一月号だから、おそらく二月号の原稿依頼である。創刊号には安倍能成や和辻哲郎が執筆している。しかし次郎は二月号に執筆することはなかった。以後も執筆していない。健康状態がすぐれなかったことが大きい。回復したとはいえ講義だけで精一杯だった。

翌年、昭和二十一（一九四六）年四月二十六日、岩波茂雄逝去の電報が届く。東京出張中に次郎が脳溢血で倒れて、岩波書店の二階で臥せていたとき、次郎と同じように動脈硬化の気味があった岩波がそれでもてきぱきと働いていたことや次郎が倒れると店員とともになにかと心配りしてくれたことを思い出した。しかし、体力なきゆえ上京することができず、お悔みの手紙をしたためている。

もし次郎の健康状態がよければ、安倍能成や天野貞祐のように、次郎は戦後の代表的文化人としてかれらに劣らぬ活躍ができたかもしれない。しかし、先ほどふれたように、文化人連盟への誘いにのらず、敗戦後すぐの報道の調子の変化に「日本精神に入れ替りて民主主義への迎合的説教口調いやしく、阿諛卑屈は同じことなり」(昭和二十一年三月二十八日)と日記に書きとめている次郎である。健康状態がよくても、戦後的風潮の波にのって旗振りしたり担がれたりすることをよしとしなかったように思われる。むしろ定年後にしたいと言っていた三つの仕事、『美学概論』の刊行、ゲーテについての研究論文、奈良時代や鎌倉室町時代の文化史に黙々と取り組んだだろう。

予約だけで十六万

このあたりから、出版が活況を呈し、次郎の既存の刊行物をあらたに出版したいという申し出が多くなる。『三太郎の日記』を五万部刷り、条件は何でも聞くというようなものまであった。

昭和二十一(一九四六)年五月、羽田書店から次郎の選集を出したいという企画がはいってくる。羽田書店は、当時公職追放になっていた政治家羽田武嗣郎《はたぶしろう》(一九〇三～七九)が昭和十二(一九三七)年に興した出版社。羽田の東北帝大法文学部学生時代の恩師が次郎で、その縁で羽田の長男孜《つとむ》の名づけ親が次郎だった。「孜々として働く」の意からつけられた。孜は第八十代内閣総理大臣羽田孜（一九三五～二〇一七）。そんな間柄からこの企画が軌道にのる。昭和二十二年（一九四七）から翌々年にわたって羽田書店から『阿部次郎選集』全六巻が出された。予約だけで十六万部をこえた。

つづいて、次郎の著作は角川書店から続々と刊行される。角川書店は昭和二十年十一月にできたばかりの出版社。創業者の角川源義《げんよし》（一九一七～一九七五）は仙台まで足しげく通う。その熱意が次郎を動かした。旧著の岩波版『人格主義』の最初の四章と旧稿を入れた『人格主義序説』（昭和二十三年十一月）が刊行される。それを皮切りに、『合本　三太郎の日記』や『倫理学の根本問題』などが刊行される。角川版『合本　三太郎の日記』は、昭和二十五（一九五〇）年三月に初版がでると年度末までに八万部を売りさばいた。こうして『三太郎の日記』は、戦後日本社会で再び大きく脚光をあびることになる。

『三太郎の日記』のリバイバルブームは、戦後の読書ブームの中でおきた。敗戦後の読書ブームはそれまで用紙不足や灯火管制、勤労動員などで読書ができなかったことの不満が、戦後、読書熱として沸騰したものである。それに加えて、新制高校や新制大学によって教育爆発がおこったことも大きい。中等教育進学率と高等教育進学率が上昇し、読書人口がふえたことが追い風となった。第10章で大正時代の教養主義が高等教育の第一次マス化によったことをみたが、それをはるかにうわまわる戦後の中等・高等教育のマス化の始まりが読書ブームに火をつけた。

教養未修世代と既修世代

こうした中で、すでに定評のある名著を読んでみたい、読まなければならないということが『三太郎の日記』をはじめとする戦前の名著のリバイバルブームとなった。そうなったのは、文化や教養が欠如したから戦争を食い止められなかったのだとされ、さらには新しい文化国家の建設には、なによりも文化や教養が大切だという敗戦後の「感情構造」(structure of feelings)によるところも大きい。

しかし、戦争を食い止められなかったことを教養や文化の欠如に帰因させるのは、戦前はまだ子どもだった教養未修世代のものである。戦前を成人として生きた教養既修世代のほうは、むしろこれまでの知識人の文化・教養が無力であったからではないかと思いやすい。戦前の教養定番書のリバイバルによる教養ブームが興ることは、却って既修世代の教養をめぐる悔恨感情を刺激することになった。若い世代が無力だった教養をなぞることを否定することこそが既修世代の知識人の役割となる。

そんな教養のリバイバルとそれゆえの反撥の二重性は、昭和二十六(一九五一)年一月一日『日本読書新聞』の「青春の古典」という特集に端的に読み取れる。

特集の趣旨は次のようなものである。かつての青春の書である『善の研究』『三太郎の日記』『愛と認識との出発』などが、複数の版元から再び出版され、若い読者の間に「相当な売行をみせている」。そうした現象について識者に解説と意義を書いてもらうというもの。解説は唐木順三、意義については古在由重《こざいよししげ》、竹内好、亀井勝一郎が書いている。

意義については「歴史的現実から目をそむけた内省の書にすぎない」から「忘れられるべき」（古在）、「精神鍛錬の道具」として認めるにしても「今日の青年に共感されるとは考えられない」（竹内好）、「青春の〝助産役〟」ではあるにしても「二十世紀最大のテーマとの対決がない」（亀井）と酷評されている。唐木は評価よりも解説に徹しているが、あとにみるように、これらの書、とくに『三太郎の日記』とそれを代表とする大正教養派についてすでに痛烈な批判をしていた。

このとき古在は四十九歳、竹内好は四十歳、亀井は四十三歳、唐木は四十六歳。いずれも戦前に旧制高等学校と帝国大学を卒業している。この特集は、若い人にこれらの本が人気があることで組んだものである。しかし、その書について意義や解説を書いている年長世代、つまり教養既修世代はそろって批判的である。記事が想定する若い読者の期待と壮年の執筆者の評価に捻《ね》じれがある。教養主義の洗礼を受けていない世代の教養への「憧憬」と既修世代の教養主義に対する「反撥」のすれ違いが如実にあらわれているのである。

この特集に寄稿した亀井はこの二年ほど前にすでに「大正の教養派」や「大正的教養人」としてのかれらとそのエピゴーネンを批判していた。かれらは野性的な反逆心を欠き、徹する信仰も理想もない、聡明といえば聡明だが、「実生活を犠牲にしようと苦闘したときの傷痕と云つたものは遂に彼らにみられな」く、「微温」と「保身」だとしている（『現代人の研究』角川新書。初出は『風説』昭和二十四年五〜十月号)。印象批評ではあるが、敗戦を通過した既修教養派からの教養派やそのエピゴーネンへの憤懣がこもっている。

教養派批判

さきの特集の解説者である唐木のほうは、亀井よりすこし早く、「型の喪失」を『展望』(昭和二十三年三月号)に書いている。のちの教養派批判のもとになる論文である。

その中で世の中に形式が滅んだことを慨嘆した鷗外の「礼儀小言」を取り上げている。鷗外その人には「修養」という「型」があったとして、この論文の最後で次のようにいっている。教養は古い形式が滅びて、新しい形式が形成されていないときに型の代用としてあらわれたものである。教養は、あらたな形式がうみだされない過渡期の仇花というわけである。唐木の「型の喪失」は、つぎに書かれる大正期の教養派批判を予告したものである。

唐木は『展望』のこの論文の一年後、昭和二十四(一九四九)年『現代史への試み』(筑摩書房)に所収された「型と個性と実存——現代史への試み」という論稿で、本格的に大正教養派批判をおこなう。

竹内仁などマルクス主義者の次郎の『人格主義』に対する攻撃は第9章で、日米戦争まぢかの頃の中野孝次ら旧制高校生の次郎への失望、そして教養派大学教授への全共闘学生たちの憤懣については本章のはじめにふれてきたが、中野などによる批判と全共闘学生による批判の間に亀井や唐木の大正教養派批判があったことになる。

唐木は明治を修養の時代で、大正を教養の時代とする。修養の時代は型があったが、教養は型の喪失だと言う。そして、大正教養派の「一見本」として『三太郎の日記』を俎上にあげる。唐木の教養派批判は、三木清の影響が大きい。

三木は唐木の七歳上で、京都大学哲学科の先輩。唐木は昭和三（一九二八）年に、親友が下宿していた本郷菊坂上にあった菊富士ホテルを訪れた。そのとき、親友の紹介で同じホテルに止宿していた三木清の知遇を得て交わりが深くなる。

それがきっかけでマルクスの著作をかなり読み、三木の編集の『新興科学の旗のもとに』（昭和四年八月号）に「観想的態度の克服」を発表している。大正教養派への疑問はこのころから芽生えていた。唐木は『三木清』（一九四七）も上梓している。三木は昭和十年代に知識人論、読書論などとならんで教養批判をしていた。だから戦前の三木が書いたものを精読していたはずである。

この論稿（「型と個性と実存――現代史への試み」）にも三木の「読書遍歴」や「個性の問題」が引用されている。三木は自らもその時代に高校生として経験した教養について「文学的乃至哲学的」であって意識的に「政治的なものを外面的なものとして除外

唐木順三（1904-1980）

して排斥していた」（「教養論の現実的意義」『中央公論』一九三七年四月号）と総括している。唐木もそれを踏襲して、『三太郎の日記』における社会的契機の欠如を次郎の「自序」を引用しながら次のように批判する。カギカッコの中の文章は、『三太郎の日記』の「自序」からの引用である。

この書（『三太郎の日記』——引用者）は「凡そ六年間に亙る自分の内面生活の最も直接な記録である」といひ、「自分は自分の悲哀から、憂愁から、希望から、失望から、自信から、羞恥から、憤激から、愛から、寂寥から、苦痛から促されて此等の文章を書いた」といふ。さうして外面的に見れば何等かの「社会的動機に動かされて書いた」といつて、その社会的動機としてあげてゐるものは「経済上の必要や、友人の新聞雑誌記者に対する好意や、他人の依頼を断りきれない」といふことである。即ちこの著者は、明治から大正へかけての社会的大変動の時期に於て、自分のふところ具合や、雑誌記者の催促以外は、外の社会に目をつぶつて、専ら自分の内面生活の悲哀や希望を書き綴つてゐたといふことになる。（傍点引用者）

そして、大正教養派なるものは、一つの理想、一つの古典を選ぶことをしないで、「古典といわれるもののさまざまの花から、さまざまな蜜をあつめること」だとされる。このような教養は、つまるところ社会的関心を封印し、自己の内面に集中しようとする「小市民の自己優越と自己逃避」であると断定する。

教養・半教養・反教養

しかし、『三太郎の日記』を子細に読んだ今では、次郎の言う教養は唐木の言うようなものだったのかという疑問がでてくる。『三太郎の日記』には、実は「修養」や「修行」、「修練」という言葉が多く、「教養」は大正期に書かれたものにのみ登場してくる。それも、教養とは「自分を造り上げること」という意味で使用されている。自己を教養するというように動詞で使用してもいる。読書はあくまで教養、つまり「自ら省る」材料だとしているのである。

あれもこれもと古典をあさり歩くという唐木の批判もどうだろうか。「過度の包摂は俺の心の生命を傷つけた」(「断片」)にあるとおり、すでに次郎が自覚し、それを乗り越えようとしているものである。とすれば、次郎の論説を唐木がフレームアップ(でっち上げ)して批判している感は否めない。

フレームアップということで言えば、さきほどふれた、次郎の社会的関心が「経済上の必要」などの懐具合や原稿依頼の好意に対しての考慮だけにあるとしたところについてもそうだ。次郎は唐木が引用した文の前に「平俗の意味に於ける何等かの社会的動機」とことわった上で言っているのである。そうした平俗な意味での「社会的動機」は執筆の火をつけたにしてもそれによって「爆発したものではない」と念を押しているのである。そのことは無視されて、あたかも懐具合と原稿依頼がすべてであるかのようにされてしまっている。

とりわけ、次郎の社会的なものへの関心が最初から皆無であったように言うのも、フレームアップ的である。次郎は自己は社会と世界とを超越してありえないし、人は社会の影響を免れない、自己の実現は社会に働きかけることがなければ完成しないことは認めている。その上で自己の問題は世界や社会の問題に対して特殊独立の問題になりうるとしているのである（「二つの途」）。

次郎にとって、教養は教養主義というようなものではなく、あくまで人格主義である。つまり人格を鍛えることだった。あれもこれもの知識を「ひけらかす」教養ではなく「身を修める」教養だった。

とみれば、唐木の批判は教養派への批判というよりも教養派のエピゴーネン批判とみえる。つまり通俗マルクス主義批判と相似とはいえまいか。それは「さまざまの花から、さまざまな蜜をあつめることが教養といふものとされた」に続く、次の文章に如実にあらわれている。

　自己を雲客にも墨客にも形成せず、まして戯作者にも河原乞食にもならず、といつて厳しい克己を課することもなく、程よく気取り、程よく絶望し、しかも講壇に立つたり、花柳の巷に遊んだりするわけ知りであつた。エピゴーネントゥムといふ言葉がまことによく適ふ諷姿であつた（後略）。（前掲書、傍点引用者）

わたし自身も大学生のとき、唐木の論稿を読み「修養」と「教養」の明快な腑分けになるほどと思ったところは多かった。にもかかわらず、『三太郎の日記』的なものへの憧憬を否定することまでにはならなかった。そもそも教養への関心がなければ唐木のこの本（『現代史への試み』）を手にしないだろう。マルクス主義にコミットメントした者は、はなから教養派をプチ・ブルジョア的とするから、この本を手にはしないはず。マルクス主義に関心をもちつつも教養派にも関心をもつというような者でないとこの本を読んでみようとはしないだろう。そうだとすれば、この本は教養を否定するというよりも、むしろ真の教養を考えるよりどころとして読まれたのではないかとさえ思えてくる。この本自体が戦後の出版界の中で、政治に距離をおいた教養書出版で有名な筑摩書房から刊行されているのだからなおさらである。

さきほど教養未修世代による教養主義ブームが教養既修世代の教養主義批判を刺激したといったが、その反対まわりのループ、つまり、教養主義批判を迂回しての（真の）教養への志向を唐木の本がもたらすことになったと自分自身の経験からも推測するのである。つまり、教養主義批判は、凡庸な教養主義を「半教養」や「疑似教養」とするが、そのことで真の教養への道を開くことにもなるからだ。まさしく、「半教養への批判的な自己反省という形でしか、今日の教養は明日に生きのこる可能性を持っていない」（三光長治訳『ゾチオロギカ』）というテオドール・W・アドルノの言明を地で行ったのが、唐木に代表される教養主義批判の意図せざる帰結ではなかったか、そう思うのである。

第14章

三女の執念

男はBに対して征服せむとする意志を持つてゐなかつた。征服するための術策を講ずることもなかつた。彼はBに対して少しも誘惑者の態度をとらずに、たゞその前に自分の人間を暴露した。Bもまた彼の前にその自然の性格を暴露することを感じた。さうして二人の暴露と暴露とは何の人工をも加へざる相互の親愛を誘つた。彼は自分とBとの間において欠けてゐるものはたゞ女の側における恋愛の自覚だけであることを知つてゐた。

「山の手の秋」

第12章で和辻照や哲郎の側からみた次郎と照の「事件」について述べてきた。また次郎の人格や東北帝大法文学部での次郎の振る舞いについて、安倍能成による「我が強く自己中心的性格」「学部内は必ずしも阿部に悦服せず」という誹謗中傷のような追悼文についてふれてきた。いったいこれらは次郎に関しての事実だったのか……。

『文藝春秋』からの依頼

前者の「事件」が照によって書かれたのは、『新潮』連載「和辻哲郎との思い出」（九）（昭和四十一年三月号）の「洋行」だった。この事件が照によって世間に明らかにされると、次郎の三女大平《おおひら》千枝子は『文藝春秋』編集部から寄稿を依頼される。千枝子は長女和子の七歳下の三女だったので、次郎には「ちいこ」といって可愛がられた。次郎が在職中の昭和十七（一九四二）年東北帝大法文学部を卒業した。千枝子には童話の著作などもある。千枝子の原稿は「父・阿部次郎と和辻哲郎とひとりの女」と題され、「洋行」発表の半年ほどあとの『文藝春秋』十月号に掲載される。

「まえがき」が編集部によってつけられている。この「まえがき」は、「同じく一高、東大に学び無二の親友であった哲学者阿部次郎と和辻哲郎は、昭和四年突然絶交し、終生和解することはなかった」と始まる。照の「洋行」の中にでてくる「今でもあなたは私にとり自分の細君よりも大事な人だ」という次郎の言葉が挟まれ、「本誌は阿部氏の三女大平千枝子さんに二人の悲劇を明らかにしていただいた」としている。

たしかに恋愛沙汰は片口ではいけない。そこらあたりを踏まえての企画といえる。しかし、三女の口からでは真相を知るにはそもそも無理があるだろう。妻ではない女性との恋愛沙汰を次郎が娘に話すことはなかっただろうからである。

隔靴掻痒

千枝子にしてみれば、微かな記憶をさぐるしかない。そういえばと、次郎の死の四、五年前、昭和三十（一九五五）年前後のことを思い出す。次郎は動脈硬化が昂進し入院していた。視力が衰え読書は不可能になる。食物の味もわからなくなっていた。子どもをつれて千枝子が病院に行ったときである。

いつもの次郎であれば、孫の髪をさわって、「おお、よく来た、よく来た」というのだが、その日だけはちがっていた。「小宮はまだか。遅いなあ」と何度も口にしていた。小宮が、東京から次郎の見舞いにやって来る日だったのである。この当時小宮は、学習院大学文学部長兼同女子短大学長だった。

小宮の来室も考慮して、千枝子は後を母恒に託して帰宅した。千枝子が病室をあとにする。その後すぐに小宮がやってきた。次郎は小宮の手を握って泣きながら喋った。「片方の話だけ聞いて、一方的に絶交するなんて、和辻もひどいじゃないか」「このことについては茅野がよく真相を知っていたが、茅野はもう死んでしまったから、今度は君がよくおぼえていてくれなくちゃいけないよ」。それからこまごま話していた。

ここで茅野というのは、茅野《ちの》蕭々《しょうしょう》（儀太郎）（一八八三～一九四六）のことで、第一高等学校と東京帝大で次郎より一学年下。小宮豊隆や藤原正、野上豊一郎と同級生。次郎とはともに一高の文藝部委員だった。ドイツ文学者で日本女子大学校教授や慶応義塾大学教授を歴任した。次郎は蕭々のみならず蕭々の妻雅子とも親しい交際をしてきた。しかし、蕭々も雅子も昭和二十一（一九四六）年に不帰の人となってしまった。そこで次郎は豊隆に「今度は君がよくおぼえていてくれなくちゃいけないよ」と、くだんの事件についての次郎の言い分を託したようなのである。

千枝子はその場にいなかったから、これまで書いてきた病院での次郎の言は、すべては恒からの伝聞である。また恒も、話の内容自体は聞いていない。恒はあとにもふれるが、次郎と照の親しすぎる関係については、知っており、そのことで悩んでいたから、いまになってまた穿《ほじく》りかえすようなことを耳にしたくはない。だから、なおさらどんなことを次郎が小宮に話したかの中身はわからない。しかも恒は、昭和四十一（一九六六）年七月に逝去している。

大平千枝子（1920-2007）
大平千枝子『阿部次郎とその家族』より

であれば、千枝子が『文藝春秋』から原稿依頼を受けたからといって、以前聞いた以上のことを恒にあらためて聞いてみる機会は失われていたはずだ。千枝子は、恒から四、五年前に聞いたさきの場面を思い出したが、肝心の内容がわからない。次郎にも言い分があったはずと、書く以外、反論として使える材料がない。しかし、これだけでは、照の記述の反駁にはなりえない。

次郎の口を借りて言えることは、次郎の全集を編んだとき、照から寄せられ、『阿部次郎全集』第十六巻（書簡集）に所収した手紙しかない。次郎からの照宛と哲郎宛、両人宛書簡である。その中からいくつかを引用して、事件は次郎からの一方的な愛によるものではないことを示す以外手立てがなかった。

「半月もいかないとそんなに怒るようでは、あんまり信用がなさすぎます」や「年の内には屹度遊びに行くからあまり叱らないでください」のような次郎の文面を引用し、次郎の横恋慕ではなく次郎と照の間に「甘ったるい情緒が感じられる」としている。しかし、あくまで次郎からの手紙の文言で、照からの書簡ではない。隔靴搔痒とはこういうことである。

だから、千枝子は「洋行」でリアルに再現された事件についての照の記述について、こう論評するのが精一杯だった。「こうした場合の二人だけの会話を公表することのモラルについて、私は深い疑念をもつ。また相手の死によって照さん一人しか知らない会話の真偽を疑うこともできる」「私はあの手記を事実そのままとする見方には賛成できない。人はめいめい自分の眼鏡をもっていて、それを通してしか人生を見ることが出来ないからである」。

噂の拡散

これでは反論として体を成さないので、むしろ逆効果というべきものがおこった。千枝子の文章が、当時実売数六十万部弱、ということは『新潮』をはるかに凌ぐ購読者数で、国民雑誌の感があった『文藝春秋』への発表だったからだ。『新潮』で「洋行」を読まなかった人に向けて、あらためて事件を世間に拡散させる結果になったのではないか。

ここで、第12章にふれたこと、つまり当時会社員だった私に上司が言った時期をあらためて思い起こしてみた。「『三太郎の日記』の阿部次郎って、食わせ者なんだね」「和辻の奥さんに横恋慕して」と言ったのは、昭和四十一（一九六六）年の秋頃だったように記憶する。つまりこの上司は、時期的にみて『新潮』に連載された「洋行」（同年三月号）を読んで言ったわけではなく、『文藝春秋』の千枝子の論稿を読んで言ったのではないかと思う。『文藝春秋』は当時の管理職クラスの人々によく読まれていたことをあわせ考えるとなおさら符節が合うのである。噂の拡散の例である。

しかも、なんということか、千枝子の原稿掲載の雑誌が発売された一カ月後には、照の連載は『和辻哲郎とともに』として単行本で新潮社から刊行されたのである。これでは千枝子の寄稿は意に反して単行本『和辻哲郎とともに』の販売促進にさえなってしまった気配さえある。千枝子はあとに詳しくみる平成十六（二〇〇四）年刊行の『阿部次郎とその家族』に収録された「出逢いと別れ──和辻哲郎夫妻との交流」の冒頭部分に『文藝春秋』への寄稿についてこう書いている。

このいかにもジャーナリスティックな刺激的な題名を私が拒否しなかったのは、偏《ひとえ》に世間知らずの幼稚な私の怠慢であった。

父の無念だけでなく、母の無念も雪《そそ》ぎたいと筆をとったのに、噂を蒸し返し、事件を世間に広めてしまうことになってしまった。いま母の無念といったが、それは単に照が次郎の心を捕えたということだけではない。照の「洋行」には、恒が「どうぞ自分をあはれんで、お願ひだからB（次郎のこと──引用者）との交際をやめてくれ。拝むからBを自分にかへしてくれ。命がけでおたのみする」という手紙を照によこしたということまで書かれているからである。

大宅壮一も知らなかった

第12章で、この事件が知られていたことを野上彌生子の日記などからみてきたが、あくまで学者知識人界というムラのそれも一部のみに限られていた。というのは事件後六年もたった昭和八年になってもこの事件は当時のスター・ジャーナリスト大宅壮一（一九〇〇〜七〇）さえ知らなかったからである。

昭和八（一九三三）年、大宅壮一は自身が主宰する『人物評論』六月号に「遊蕩人格四兄弟」を掲載している。副題は「阿部次郎、安倍能成、小宮豊隆、和辻哲郎の仮面を剝ぐ」である。しかし、この事件についてふれるところはない。

「遊蕩人格四兄弟」は、人格主義を説くかれらの「遊蕩三昧な私生活」を書き連ねることでその矛盾を明らかにする狙いで書かれた。和辻については若き日の恋の鞘当てと七里ヶ浜での決死の口説きの模様を、見てきたように書いている。小宮にいたっては下ネタのようなスキャンダルが書きつづられている。次郎については、第11章でふれた左傾化した娘和子のことをとりあげ、「娘を「赤化」せしめ、カン詰にし、おかげで東北帝大の首脳部である評議員の地位からすべり落ちて」としている。さらに芸者とのつきあいにいたるまで筆が及んでいる。だから、次郎だけでなく和辻もやり玉にあげることができるこの事件を知っていたら、大宅がそれを書かないわけはなかっただろう。

ネット社会でないから活字以外は口コミでしか広がらない。事件は大宅の地獄耳にも入っていなかったということになる。

今からみれば、当時は官学教授はいうにおよばず講壇（大学人）ジャーナリストと在野ジャーナリストとの間には壁が相当あり、コミュニケーションもほとんどなかったのではないかと推測される。それにしてももし大宅がこの事件を知っていたら、コケティッシュな照に翻弄された田舎者次郎の悲喜劇として書いたかもしれない。どう料理しただろうか。

このように次郎と照の事件は、長い間、教授知識人ムラのそれも一部の人の噂話だった。ところが戦後、照の筆によって明るみに出され、さらに、千枝子の『文藝春秋』への寄稿によって、事件が世に拡散する格好になった。千枝子にはその口惜しさと後悔が残った。そのぶん千枝子には、父の、そして、母の無念をはらしたいという一念がさらに強くなった。

思いもかけぬ場所に

『文藝春秋』にのちに悔やむことになる原稿を発表してから二十数年もたったとき、次郎の死後三十余年、母恒の死後二十数年、和辻照が鬼籍にはいって（昭和五十二年）十年余たった頃。まことに一念岩をも通す、そのチャンスが到来したのである。

和辻夫妻からの次郎宛書簡は事件後次郎によって焼却されたと思われていたのだが、土樋の自宅の思いもかけぬ場所から百余通が出てきた。まるで黄泉の国の次郎が悔しい思いをしている千枝子に導きの手を差し伸べたようにである。

ここから千枝子の逆襲が始まる。千枝子は新たに発見された書簡を読み解き、事件の文脈を明らかにする。『日曜随筆』という雑誌に平成十五（二〇〇三）年に発表されたその文章は、翌年刊行の『阿部次郎とその家族』（東北大学出版会、二〇〇四）に「出逢いと別れ――和辻哲郎夫妻との交流」（上下）として収録されている。

照の一方的陳述で終わったかにみえた事件が、和辻夫婦からの次郎宛書簡を読むことで、別の角度から光があてられることになった。この事件を知っている人でも、三女のこの本について知る人は少ないだろう。重要な証言になっているので、これをみていくことにする。千枝子は、発見された照の書簡から次のような文言を抜き出す。仮名遣いで新・旧入りまじっているところなどがあるが、以下そのまま引用していく。

私は阿部さんが奥さまをお持ちになるのが何だかいやで仕方が御座いません。淋しくなってしまうやうで悲しい気持がいたします（大正二年一月二十九日）。

久しぶりで御一処に東京の町を歩きませう阿部さん。もう嬉しくって楽しみでたまりません。（大正五年四月十九日）

次郎の一方的な照への愛ではなく、照の愛とあいまって二人の関係が兄妹愛以上のものを醸し出していたことを跡付ける言葉として引用されている。なるほど、このような照からの次郎宛書簡を読めば、哲郎からの安倍能成宛書簡（昭和五年四月十一日付）にある照のほのめかし――照の次郎への愛情は兄妹愛以上のものではなかったのに対し、次郎は恋愛感情だった――が、はたして事実だったかということになる。

恋文?

大正五（一九一六）年三月二十五日付の照から次郎への手紙も引用してある。以下のようである。

阿部様

お約束の日は雨降りでしたので出かけませんでした。雨でしたから多分お待ちになっては下さらなかったろうと云ふ事が私を幾分か安心させました。けれども前の夜、私は伺ひ度くて眠れない程悶えながら、どのようにその日が雨である事を願ひましてしょ《ママ》う。願はいれられました。私はがっかりして一日中元気になれませんでした。私は自分の罪に泣きました。私は今迄の長い間どの様に苦しみましてしょ《ママ》う。これから長い間どの様に苦しみますでしょう（中略）いけない私をどうぞ許して下さいまし。そしていつまでもお可愛がりになって下さいまし。（後略）

これはもう恋文そのものであろう。はたせるかな、その二日後哲郎から次郎へ、照の思いをめぐる自身の苦しい胸の内を知らせる次のような手紙がくる。

（前略）先日お眼にかゝりました時、久し振なので照は大変喜んでひどく興奮してゐました。私は正直云へば、心の隅に少し不安を感じてゐました。それが直ぐ照の心持に反映して、大分自分を責めてゐる様子でした。私は不可抗の運命を感ずる様に思つて、決して照の愛の心には干渉しないと云ひました。さうして照も自分の心に、私を憚る――若しくは私に済まないと思ふ種類の愛が宿ってゐる事を認めました。（後略）（傍点引用者、大正五年三月二十七日）

次郎は哲郎のこの手紙も読み、それを踏まえての次のような手紙を照に出している。

（前略）何卒カラマゾフ兄弟の長老ゾシマの教訓に従つて余り罪のために御自分を苦しめないやうにして下さい　お互に無邪気な心持を保つて行きませう　僕は何よりも哲郎さんの心持を煩すことを恐れてゐました　どんなことがあつても哲郎さんを苦しめないやうにお互ひに気をつけて行きませう。何卒兄のつもりで僕をいつまでも深く思つて下さい、僕も貴女を妹のつもりで愛したりいじめたり我儘を云つたりしますから。（後略）（大正五年四月二十一日）

ここまでみてくると、照の次郎への愛は兄妹愛どころか尋常ならざるものであったこと、次郎がそれを年上らしく、「哲郎さんを苦しめないやうに」「兄のつもりで」「貴女を妹のつもりで」と諫め続けているようにさえみえる。照からの手紙は次郎の洋行中も仙台に移ってからも次郎のもとに寄せられているのだ。

哲郎からの能成宛書簡

これを頭において、第12章で一部ふれたこの事件をめぐる哲郎から安倍能成宛書簡（昭和五年四月十一日付）をあらためて読んでみよう。

哲郎からの安倍能成宛書簡は平成四（一九九二）年刊行の第三次『和辻哲郎全集』第二十五巻にはじめて収録されたが、そのうちのひとつである。事件があってから二年半ほど後の書簡である。

安倍能成がこの事件について哲郎から聞いて、「照子さんの誠実については少しも疑を挿むのではないが、然し付合ふ時の態度に先方の誤解なり自惚れなりを引起す様な点のあつた事は認めねばなるまい」と言っていたことを頭においての哲郎の事件についてのかなり長い書簡である。この書簡で哲郎が照の次郎への思いとして書いている内容は、先にみた千枝子が発見した照からの次郎宛書簡の様子とは大分ちがうのである。

哲郎はときに激高すると止まらなくなるところがあるといわれているが、書簡の内容が例の事件だからなおさら激しい調子になっている。次郎については「あの男」と書いて憎悪がむき出しである。

第12章でふれた部分を再述するが、照は次郎についてはあたたかい友情をもっていたが、「然しあの肉体に対しては強いAbscheu（嫌悪――引用者）を持つてゐる」としている。次郎の一方的愛であり、照には友情以上のものは何もないとされ、「然し先方の求めてゐたのは正にその恋愛であり、又そのために苦しんでゐたのです」と書かれている。とくに次郎が洋行から帰って来てからは何となく様子が変わり、「何処となく下品な様子が見えて」「照も何となくあの男をうるさく感じる様になりました」とされている。最後のくだりには、次のようにある。

あの男は「照の気持」についての自分自身の解釈を持ち、その解釈を以て照自身の解釈に対抗しようといふのです。その解釈によれば照は十何年かあの男を「恋」してゐたといふ事になるのです。あの男の自惚れと自尊心がそれを要求するのでせう。

齟齬

しかし、次郎の留学からの帰国後も照からの熱い手紙が次郎に出されていたことはさきにみたとおりである。とすれば、この書簡にあらわれた照の次郎への感情の説明の部分は、照が哲郎の手前自分のこれまでの気持ちをかなり偽って吐露したものをもとにしていると思えてくる。先にみてきた照と次郎との間の書簡にあらわれた照の次郎への感情と哲郎が黄泉の国に旅立ってから書かれた「洋行」、そして今ふれてきた照が哲郎に語ったという次郎への感情（哲郎発能成宛書簡）の三つはかなりちがっている。

哲郎からの能成宛書簡はさきほど述べたように平成四年の第三次『和辻哲郎全集』第二十五巻に発表されたから、大平千枝子が存命のときで、しかも「出逢いと別れ」を発表する前に公刊されていた。しかし、千枝子はこの書簡を読んではいなかっただろう。読んでいれば、「洋行」で書かれたこととの大きな齟齬にふれないわけはなかっただろうからである。

「洋行」は、哲郎の死後書かれたとはいえ、哲郎の信奉者をはじめとする読者が想定されての文である。書きようによっては信奉者や読者の中に生きている和辻哲郎像を傷つけることになる。美しく描きたいという作家的野心も入っていただろう。

照の創作?

「洋行」には、次郎が照を引き寄せるようにして「ね、一度でいいから、たった一度でいいから、ね、キスを」という場面があるが、その直前に、次郎の言葉として「良寛と貞心尼の話を知っている?」とある。しかし、この逸話はそもそもは照の書簡への次郎の返信（大正十五年一月二十日）に「さういふ坊さんと尼さんとのやうな友情の根柢に立つてゐる」（傍点引用者）とある。前出がないにもかかわらず「さういふ」とあるから、照が次郎宛書簡で言及したが、それが未収録ゆえのことであろう。ここでいう「坊さんと尼さんとのやうな」は、良寛と貞心尼の互いに敬愛する恋愛を指している。「洋行」で「坊さんと尼さんとのやうな友情」を次郎の発言とするのは照の創作であろう。

照の創作といえば、千枝子は、照が「洋行」の中で次郎の妻恒について「ほんの三四度会ったB婦人」というが、和辻夫妻が中野の家によくきていたこと、そして仙台に移ったあと中野の家に和辻夫婦が住むことになったことも言い添え、「「ほんの三四度」訪問したどころではない」としている。

媚諛

では次郎は照の与えることと与えないことによって好意と熱望を目覚めさせるコケットリーの犠牲者なのか。次郎は、生前、さきほど示した哲郎の能成宛書簡も照の「洋行」も知る由もなかった。第12章でみた哲郎の激高した手紙からしか照の気持ちがわからなかったが、それを読んで照の裏切りと思っていたようだ。次郎はさきにふれた茅野雅子の追悼文に、以下のように書いている。茅野夫婦との親密な交際と対比しながら照との不幸な結末に対する不満があらわれたと思われる。

雅子さんとの交際が私にとつてありがたかつたのは、女人との交際においてしば〳〵混入して来る苦しさを経験せずに済んだことである。多年にわたる交はりの中には、あの人はこんな人だつたのか、これがあの人の本体だつたのかと思ふ瞬間がえてして紛れ込んで来やすい。そのとき従来誠実な好意と見えたものが、迎合、媚態、誠意なき遊戯と思はれて来る。さうしてそれが昂じては、すべてが自分を利用するために意図せる技巧、誘惑、裏ぎりだつたと見えることさへ決して少なしとはしないのである。(「茅野夫妻と私」集・十一)

「すべてが自分を利用するための意図せる技巧、誘惑、裏ぎり」は、おそらく第12章で引用した、事実上の絶交状となった哲郎からの次郎宛書簡からみえた照を意識してのものだろう。

実はこの追悼文は、次郎の随想風日記「巷の塵」に「媚謏(コケテリー)に基づく裏切り」(集・十一)が書かれ、それが追悼文で再述されたものである。「茅野夫妻と私」が書かれたのは、昭和二十一(一九四六)年九月二十七日で、「媚謏《びゆ》(コケテリー)に基づく裏切り」は、同年九月十三日に書かれているからである。後者にはこう記述されている。

この場合には、対者の信頼は、われ〳〵の意図して獲得した信頼である。しかしこの意図には必ずしも利害の打算を含まない。この点になほ憎みきれないものが残つてゐる。他人をして信頼せしむることの快さに、彼が喜びさうなことを仕向け、媚態を尽して彼の心を自分の方に引き寄せ、これに釣られて、寄つてくる彼の心と遊び戯れる。しかしわれ〳〵の利害や安全がこの遊戯を許さぬほどに切迫して来ると、すました顔をして彼を捨てて顧みぬのである。これにはまた女性的技巧が参加する。それは疎漫をもつてはゆるすことを得ぬ罪深さである。

しかし次郎と照の関係で、照にのみ「媚談（コケテリー）の裏切り」をあてがうわけにはいかない。次郎は、また哲郎の存在を意識することで、兄妹の愛をこえるようになると、さきの手紙のように「哲郎さんを苦しめないやうに」「兄のつもりで」「貴女を妹のつもりで」とするところがあったが、次郎もまた哲郎への配慮から照に対して「媚談（コケテリー）」を行使したことになるからだ。次郎にとっても、時にあからさまな愛を告白しながらも照がそれに応じて一歩近づくと、哲郎を苦しませてはいけないと自ら知られざる媚談を行使した。

つまり照も次郎も双方が自ら知られざる「媚談」を行使していくことで、事態は昂進し、あの最終局面を迎えることになる。現実と戯れる「愛の遊戯形式」（ゲオルク・ジンメル「コケットリー」円子修平訳『ジンメル著作集』七）である媚談を飼いならすには、次郎は余りにも真面目で不器用だったといえる。

「洋行」の最後には、「どうぞ許して下さい。浅はかな私が、あんな事をあなたに言わせてしまったのです。済まなく済まなく思っています。どうぞかんにんして下さい」と書き添えられている。

次に安倍能成の次郎追悼文をみよう。遺族を怒らせたであろう文言については第12章に示したが、学部長を辞めたのは、次郎の「我が強く、自己中心的な性格」によって学部内がまとまらず、投げ出したとするものである。

このくだりは遺族にとって我慢できなかったであろう。いやそれよりも事実に反することだと憤慨した。そのように思う。

長女和子の左傾事件で次郎が評議員を辞職したことやそのあと昭和十六（一九四一）年七月、学部長に就任したことは第11章でふれたが、それも二年任期のところを半年余りで翌年三月に辞職している。折しも昭和十六年十二月に上京中、発病し、帰宅後は療養につとめたこともあって、病気で辞めたという風評も出た。

「病気のせゐぢやないよ」

千枝子が能成の追悼文に怒りを感じたのは、次郎が学部長職を途中で投げ出したことの真の理由を、後年次郎から聞いていたからかもしれない。次郎から直接に聞いていなくとも弟子などから聞いていたからと思われる。

後者についてはこういうものがある。昭和二十六（一九五一）年に次郎の還暦祝賀行事の一つとして、友人や卒業生、縁者の寄稿からなる『阿部次郎先生の横顔』が刊行された。次郎の弟子で接触も多かった高久田司（昭和四年、東北帝大法文学部美学卒）がそこに「断片」という一文を寄稿している。その中に学部長職辞任について次郎が語った話が出てくる。

次郎が法文学部長を辞職した二年後の昭和十八（一九四三）年、高久田が那須にある次郎の別荘を訪ねたときのこと。夕食後、高久田は次郎とベランダの籐椅子にすわって積る話をした。次郎は病気前後の話をしながら、「僕が部長をやめたのは病気のせゐぢやないよ」といった。そして以下のように続けた。

大学の修業年限を六ヶ月縮めようとする文部省案に対して、三ヶ月位ならまだしも、大学教育を六ヶ月短縮することは出来ないとH（橋田邦彦——引用者）大臣宛に意見書を出したのだが、遂に断行となつた。これではそのまゝ部長の職に居られないではないか。

高久田はこの話を聞いたとき、なんだか次郎の遺言のような調子が感じられてハッとしたと書いている。千枝子がこの高久田の文によって学部長辞職の経緯をはじめて知ったのかどうかはわからないが、後日、千枝子は次郎の学部長辞任理由の重要な傍証として引用している。

卒業期繰上げに反対

大学や旧制高校の修業年限短縮については前章で述べたが、昭和十七（一九四二）年度から大学などの修業期間がそれまでの三カ月短縮から六カ月短縮となる。昭和十六年には繰上げ卒業の内示があった。そんなときに次郎は学部長だった。

千枝子は次郎の日記に該当箇所を探す。九月十一日の日記には「卒業期繰上の件につき総長に談判」とあり、大臣への卒業期繰上げ反対の上申書の件で、臨時教授会をひらき、翌日評議会で上申書が決定された。しかし、文部省は却下する。そこで卒業期繰上げに不服につき学部長辞職を予告する。十一月に教授会決議事項として次郎の辞意があり、十二月十二日に総長会見をし、辞職がかたまったとある。次郎が上京中に病で倒れたのはこの数日後である。正式の辞職は昭和十七（一九四二）年三月三十一日付である。病気のための辞職ではないことが明らかにされる。

千枝子はこの経緯が書いてある次郎の手帳のメモを『阿部次郎全集』月報第五号に「一つの訂正」として披露している。

次郎らしい、筋を通す辞職である。千枝子は自己に忠実であろうとする父にとって学部長という仕事はその任ではなかったかもしれないが、父は決して「親分にされれば平気で親分になっていられるひと」ではなかったと思うと書き添えている。戦後、次々と要職を歴任した安倍能成へのいささかの当てつけが入っていたかもしれない。

終　章

次郎の面目

およそ我らにとつて教養を求むる努力の根本的衝動となるものは普遍的内容を獲得せむとする憧憬である。個体的存在の局限を脱して全体の生命に参加せむとする欲求である。「思想上の民族主義」

第14章で、照との事件については次郎にも言い分があったはずだとしたが、その言い分をしたためた手紙も三女千枝子の執念で発見された。次郎が事件について西郷春子につづった手紙である。春子宛の次郎の手紙はどんな内容だったのか。

第12章に記したように、あの事件の日、原三渓の長女西郷春子は次郎とともに照のところに宿泊する予定だった。ところが春子に急用ができ、宿泊は次郎一人になった。予定どおり春子も宿泊しておれば、少なくともこの日は、事件はおこらなかっただろう。

哲郎が事件のことを話したひとりが春子の兄の原善三郎だったが、春子は兄善三郎だけでなく、照から直接事件の内容について知らされていた。

次郎の春子宛書簡の日付は十二月十八日夜とあるだけ。何年かは書かれていない。しかし、以下に引用する次郎の文面に「昨夏私から誘惑される」とあるから、事件の翌年昭和三年ということになる。「哲郎さんの手紙を見ると照さんが私に誘惑されたといってゐるやうに見えて」とあるから、哲郎のあの激しい手紙を次郎がもらってからのちに書かれたことになる。

また春子宛のこの手紙には「貴方にまでさういふ意味に話したとすると」とあるから、次郎が突然、春子に送った手紙ではない。哲郎や照が事件の顚末を春子に話し、春子が次郎を叱責する手紙を寄越したことに対する返書であることがわかる。

投函されなかった次郎の書簡

この手紙は今となっては貴重な次郎の言い分である。旧仮名と新仮名が混合しているのは、おそらく千枝子が手紙を引き写したときの間違いであろうが、そのまま引用する（一部省略）。

……私は哲郎さんのためにならいくらでも責められます……併し照さんのために責められる責は毛頭ありません。私は哲郎さんが帰って来るまで、同じ思をいだき、同じ断念の運命を負はされている淋しい仲間として照さんのことを考へてゐました。さうして哲郎さんの心をいたはるために一切の苦痛を自分達で背負って哲郎さんには何も言はぬ約束でした。……併し哲郎さんの手紙を見ると照さんが私に誘惑されたといってゐるやうに見えて甚だ心外でした。私の照さんに対する信用（誠実に対する信用）はそれで殆んどこはされました……貴方にまでさういふ意味に話したとすると……本当に私は照さんの誠実を信ずることが出来なくなってしまいます。……結局二人は哲郎さんに対する義務と断念の決心とにひきとめられて断崖の上で踏留ったのです。凡ては二人がしたことで二人で責任を負ふべきこととのみ私は考へてゐました。照さんも又さう考えてゐることのみ信じきってゐました。それが最後になって照さん一人がいゝ子になろうとするやうなことは私の夢にも思はなかったところでした。

この手紙は一読後やいていたゝ《ママ》くつもりで書く手紙ですからこれまで全然誰にも云はなかつたことを貴女の御耳にだけ入れて置きます。二人の愛を認め合ひ告げ合った後、ある時照さんはそれまでの哲郎さんとの間を私に話しました。その中には最も深く一人の人のみを思はなければならぬ瞬間にも、もう一人の人が思はれて苦しかったといふ言葉がありました。出来るだけ哲郎さんに許す機会を避けて来たといふ言葉もありました。これは私が京都に行く前、哲郎さんがまだ日本にゐる時分の照さんの心持ちをあらはす言葉です。かういふ心持ちでゐた人が改めて昨夏私から誘惑されるといふやうなことがあるでせうか。それともあゝ云ったのは私の心を捕へるための照さんの技巧でせうか。……私は哲郎さんを今でも友人として愛してゐますから、哲郎さんの心の最後のよりどころを砕くやうなかういふ真実は自分がどんなに苦しくとも決して耳に入れまいと堅く決心してゐます。……哲郎さんの為に責められることは当然ですから決していといませんがどうぞ照さんの為に責めるといふ言葉をとり消して下さい。……いままでのおつきあひ甲斐にこれだけのことを弁解しますが、これを最後にして私は貴方がたの前をかくれませう。いつまでも和辻夫婦のよい友達としてどうぞ照さんをもっとまっすぐな人にしてあげて下さい。

十二月十八日夜　阿部次郎

西郷春子様

（傍点引用者）

怒りと哀しみの返信である。しかし、この手紙は、封が無理に剝がされて残っていたと千枝子は書いている。書き直しをして投函されたのか、結局、投函されなかったかは不明である。しかし、出されなかったのではないかと思う。そもそも次郎には未投函の書簡がかなりあったことは、全集十六巻の未投函書簡集やその解説によってわかる。

投函されなかったと思うのは次のようなことからである。前章にみたように次郎は事件については、茅野蕭々に話しただけである。しかし、先に示した西郷春子宛の手紙が書かれたときには、文中に「この手紙は一読後やいていただくつもりで書く手紙ですからこれまで全然誰にも云はなかったことを貴女の御耳にだけ入れて置きます」とある。とすれば、茅野にもまだ喋っていなかったことになる。弁解を見苦しいとした次郎だから、茅野に自分の言い分を喋ったのは、昭和十六年に発病したあと、体調がおもわしくなくなり、自分の余命が幾ばくも無いと考える頃だったのではないか。そう思える。

小宮豊隆は知っていた

次郎には、東北帝大法文学部の同僚で心を許していた小宮豊隆がいた。和辻とも親しかった小宮が、事件について知らないと次郎が思うわけはないだろうが、その小宮にもこの事件について次郎は自分の言い分を話していなかったことは前章でみたとおりである。

ところが小宮のほうは、この事件について哲郎や照から詳しく聞いていたふしがある。昭和五

（一九三〇）年四月には知っていたと思われる。この事件の後、哲郎から能成への手紙が出されたことについては第12章と第14章でふれたが、その手紙と同年同月、つまり、昭和五年四月に哲郎と照が小宮宛に手紙を出しているからである。「阿部のこと」「和辻ノ内ノ手紙」という文字が書かれた哲郎と照発信の小宮宛封筒が愛媛県松山市にある愛媛県生涯学習センターの安倍能成関係史料に存在しているのである。

封筒には「豊隆様　御覧の上り京城へ送られたし」とある。小宮が読了後、当時京城帝大教授だった能成に転送してほしいということである。その結果、哲郎と照の小宮宛書簡は転送先の能成の手元に残り、今、安倍能成関係史料として保管されているということになる。しかしファイルには書簡の封筒のみが保管され、中の手紙は紛失している。封筒に書かれた「阿部のこと」からみて事件についての哲郎と照からの書簡である。

小宮豊隆（1884-1966）
『学習院大学の50年　写真と図録』
（学習院大学、1999年）より

とすると、事件について小宮は早くからかなり詳しく知っていたことは間違いない。小宮から事件についての次郎の言い分を誘うこともあったかもしれない。しかし、次郎は何も話さなかった。そのことからみて、西郷春子への先の手紙も書き直して投函されることはなかったように思える。相手が一方的と思うほど自分の言い分を第三者に伝えたくなるものであるが、言い分を自分の胸におさめて、事件について知っていそうな周りの者にいっさい弁解や憤懣をまき散らすようなことをしなかったところに次郎の面目がある。

讒謗

そこで思い出されるのが「秋思」（集・十）に書かれている「讒謗《ざんぼう》」についての短文である。事件の七年あと昭和九（一九三四）年に那須の別荘で書かれたものである。讒謗に対して「自ら弁解して廻る者を私は卑しいと評価する」と書いている。しかし「従来彼に信頼してゐた者が讒謗に動かされて心窃かに疑惑を持ち始める」ときもある。ここらあたり、西郷春子のことなども頭にあったかもしれない。そのときどうするか。「其処に彼の受けなければならぬ実害が始って来る。併しその時と雖も猶自ら弁解して廻る者を卑しいと評価する」と記している。野上彌生子がこの事件を日記に書きとめたのが事件から一年半たっての昭和四（一九二九）年だから、事件をめぐる周囲の噂のほうはむしろ知識人界にはひろがっていただろうことは推測できる。だとしたら、この「讒謗」についてのメモ書きのようなこのエッセイは、事件を念頭において書かれたのではないか。まるで自分に言い聞かすように、さらにこう続けられている。

真底から彼に結ばれたものは、無言の中にその讒謗を無視して動揺することがないであらう。疑惑を持ちつゝ、遠ざかり行く者は遠ざかり行くに任せよ。たとひ多少の疑惑に動かされるにせよ、彼への信頼を本当に必要とする者は、その疑惑を訴へて真実を明らかにすることを求めて来るであらう。そのときこそ彼がその友に向つて心を開くべきときである。心を開くことによつてその友は益々《ますく》堅く彼に結ばれるであらう。かくて讒謗は、真に彼に属する者としからざる者とを鑑別すべき機会を与へる。我々は別にこれを気に病む必要を見ないのである。

（傍点原文）

あとの雁が先になる

次郎の面目を考えるときに、第12章でふれた「あとの雁が先になる」という言葉も思い出される。この言葉は、社会的地位や業績で後輩が先輩を追い越していくことである。このような人生行路の逆転劇はどんな世界にもよくあることだが、そのとき人はどのように振る舞うのか。

とくに先輩のほうが、後輩が仰ぎ見るほどの存在でありながら、時間の経過とともに先輩のほうは忘れ去られ、指導や助言を受けた後輩がはるか高い頂に輝くことになってしまったときの先輩の振る舞い方には人となりがあらわれるだろう。落ち目なときほどその人間の品格が問われるものである。次郎（先輩）と安倍能成・和辻哲郎（後輩）の関係がまさに「あとの雁が先になる」だった。

安倍能成と和辻哲郎、そして次郎を含めた三人の関係については、これまでふれてきたが、簡単に再述しておこう。

次郎は、三十歳の時の作品『三太郎の日記』がベストセラーとなり、岩波書店の看板学者となる。同書店の雑誌『思想』の前身である『思潮』の編集主幹にもなる。次郎は文化界のスターとなった。一方、安倍能成（以下能成）は第一高等学校と東京帝大で次郎の一学年下だったが、留年などで学年は次郎の二学年下。高校のときから二人は親しい友人だった。ともに漱石門下として文筆に切磋琢磨したが、文才でも文名でも次郎がはるかに上で、そのことは能成自身も認めるところだった。次郎はそれでも『思潮』の編集人に能成を指名し、執筆の機会をあたえた。

和辻哲郎は一高と東京帝大で次郎の五学年下。だから高校や大学で次郎と和辻はまみえることはなかったが、和辻が東京帝大卒業の年の大正元（一九一二）年秋から親密な交際を持つようになった。二人が出会ったときの次郎はすでに文筆家として活躍し始めており、数年後に『三太郎の日記』の刊行にいたる。和辻は大学生の頃、小説に手をそめたが、谷崎潤一郎の創作には歯が立たなかった。卒業後、次郎に兄事するようになって、哲学研究や文化史研究に転向する。和辻の『偶像再興』は、次郎の『三太郎の日記』の影響が大きい。日本文化論に軸足を移した和辻は、次郎にしばしば教えを乞うた。次郎は、『思潮』の編集にも安倍能成とともに若い和辻を抜擢した。和辻の名著『古寺巡礼』は、『思潮』に発表されたもので、これが単行本となったあたりから和辻は文壇のスターダムにかけ上がる。

岩波書店の看板学者は次郎から和辻に移っていく。メディアの寵児は和辻になった。執筆では振るわなかった安倍能成は、それでも岩波書店の相談役となるが、次郎は岩波文化の中心からはずれていく。

次郎は和辻については、あとの雁が先になったと思えただろう。しかし安倍能成についてはそう思えたかどうか……。

次郎は和辻の才能は評価しても、ほとんどみるべき学問業績がなかった能成にはその点の評価は低かったろう。ところが人の一生はわからぬもの。能成の戦後の活躍は目覚ましい。貴族院議員から文部大臣と位人臣をきわめた。また平和問題談話会に結集する知識人の要ともなった。そんな戦後の能成の飛ぶ鳥を落とすかのような勢いをみて、学問的業績もないのに学者文相などと持て囃されて、と次郎が思ったとしても不思議はない。

高貴なる落魄

そこで、次郎の日記を辿ってみた。安倍の大臣就任を知った日にははたしてなんと書いてあったか。昭和二十一（一九四六）年一月十三日、安倍能成の文部大臣拝命の報を知り、翌日の日記に次のように書く。

> 御苦労の一言につく。前田（前任の前田多門文相——引用者）よりは気骨あらむ。反撥の根拠となる権利の背景なくして日本を護らんとするには無限の辛抱が必要なり、聯合側が宗教や教育につきて飽くなき専制を企図しつゝ、ある情勢に於いてをや。前田よりは気骨あるだけで

もよからむ。頼むぞ、辛抱しぬけよ。（昭和二十一年一月十四日）

戦後日本の針路を託した「頼むぞ」という激励と「辛抱しぬけよ」という言葉が暖かい。次郎は、晩年、毎年書き直された遺言で、何回も、日記は死後破棄するようにしたためたほどだから公刊を予定したものではない。だから日記の文言は真情の吐露であろう。

能成が帝室博物館総長に就任したことを新聞で読んだときは、その日の日記（昭和二十一年八月十八日）に、能成のような「善良なる野人」は今の宮内庁にもっとも必要で、陛下もこのような臣下を喜び給うべしと書いている。同時に上野直昭の美術学校校長、小宮豊隆の音楽学校校長就任を喜び、「上野の山が余の知人にて占領せられたるも一奇なり」とも書きとめている。和辻哲郎の妻照への横恋慕とされた事件により人格主義の敗北とまでいわれた次郎であるが、さすがその心根は美しい。

このあたりをみてくると、安倍能成が『朝日新聞』に書いた次郎の追悼文は遺族をおこらせたが、仮に次郎が読んだとしたら、激高しないどころか、能成らしいと微苦笑を浮かべたのではないかとさえ思えてくるのである。そもそも能成は、次郎の追悼文だけに毒舌を吐いたわけではない。故人を偲ぶ会で、故人のプライバシーにわたることを長々としゃべることなどはよくあり、広く知られていた。

学問で自分を追い越していった和辻の活躍を次郎がどう思っていたかは、わからない。昭和三

（一九二八）年の和辻と次郎の事実上の絶交から、次郎の日記に和辻が登場することがないからである。しかし、能成に対して先の言葉を書き留める次郎であれば、和辻の活躍をわがことのようにうれしく思っていたのではないだろうか。

次郎は文壇や論壇では過去の人になったが、孜々として研究をつづけた。東北帝大教授として学生の教育に情熱を注ぎ、戦時期の大学修業期間短縮に反対した。放火犯とされた無名の庶民の冤罪を晴らすために特別弁護人として奔走もする。晩年は私財を抛って阿部日本文化研究所の設立にこぎつけた。

敗戦後、満州師道大学教授だった甥の襄が満州から尾羽打ち枯らして山形の実家に戻る。襄は拠り所を失った敗戦後の日本で、自宅を生物研究所にして再び生物学者として生きようとする。それを知って、次郎は日記に書いている。「あらゆる境遇の下に生甲斐を発見し得る能力――これは彼（甥の襄――引用者）の長所にして我等阿部一家の等しく所持するところ、少しは誇としてもよささうなり」（昭和二十一年九月十日）。これはそのまま次郎の自負でもあったろう。高貴なる落魄だが、それに負けぬ不敗の精神を思い起こさせるものである。

落日

戦後の次郎は、健康状態が悪化する一方だった。昭和二十七（一九五二）年十月に白内障の手術を受けたがおもわしくない。一日中目をつぶって、横臥しているほどだった。翌年からは手紙も口述筆記になる。克明につづってきた日記も一日が一行足らずのものになり、やがて日記も書かれなくなる。

そんな中、自分がさらに深めることがかなわなかった日本文化研究を後進に託す阿部日本文化研究所設立の計画が進んだ。昭和二十八年十月に着工される。東北大学片平キャンパスと広瀬川の間の仙台市米ヶ袋の閑静な町の一角に建てられた。現在ある阿部次郎記念館がこれである。費用約三百万円。次郎の私財が中心で、一部は角川源義などの寄付金によっていた。維持費については、次郎の本のこれから入る印税半分を充当することが予定されていた。『合本　三太郎の日記』の毎年の売上見込みは三万部とされていた。

昭和二十九（一九五四）年六月五日、落成式と開所式がおこなわれる。当日は、次郎の古希祝賀会も兼ねていた。天野貞祐、安倍能成、岩波書店社長岩波雄一郎、中村吉右衛門（初世）など著名文化人百人が出席する。次郎はほとんど視力を失っていたが、列席者と手をにぎりあい短い言葉をかわした。その頰には涙が流れっぱなしだった。間もなく命が枯れること、友人や弟子たちとの最後の会合であることを予期した涙だった。

昭和三十三（一九五八）年十月二十六日、東北大学附属病院外科に入院。一年後の昭和三十四年十月二十日、逝去する。死の四カ月ほど前に、仙台市名誉市民に推されたことから、二十六日に仙台市公会堂で市葬がおこなわれた。

次郎の死をテレビが伝えたとき、和辻哲郎は、一言も言わずテレビの前にいた。「今なら私は決してあんなに怒りはしなかった」と深い悲しみをこめて言ったという。事実、哲郎は次郎逝去以前から、事件について次郎に憤怒をぶち当てたことに悔やむところがあり、安倍能成にこのことを言いたがっていた（安倍能成「和辻君のこと」『朝日新聞』昭和三十五年十二月二十七日夕刊）。

哲郎も照の次郎に対する愛が友情や兄妹愛以上のもので、哲郎への照の告白が哲郎と照の関係性の修復と維持のためのものだったことを知らないはずはなかっただろう。次郎への一方的と思われうる哲郎の譴責は自己を鎮めるためだったことも。和辻哲郎の「今なら私は決してあんなに怒りはしなかった」という言葉を伝え聞いた恒は「主人が生きているうちに一言きかせたかったと思います」と涙ぐんで言ったという。その哲郎も次郎逝去の翌年十二月に黄泉の国に旅立った。

阿部次郎、昭和 27（1952）年、仙台の自宅にて。
『阿部次郎全集』第 11 巻（角川書店、1961 年）より。

昭和四十一（一九六六年）五月には小宮豊隆が、六月には安倍能成が逝去した。次郎と付き合いが深かった漱石門下の人々はそろって泉下の人となった。

第13章でふれたように『三太郎の日記』に始まった大正教養主義は、唐木順三によってさまざまな花（古典）から蜜を集め、あれもこれも貯めこむ式の教養であり、行為と鍛錬を欠いた観照的教養であると批判されてきた。その顚末が岩波文庫を何冊読んだかを自慢したり、そんなことも知らないのかという多知多趣味を「ひけらかす」教養のイメージをつくり、教養主義となって批判の対象となる。

しかし、『三太郎の日記』に始まる大正教養派の成り立ちを探ってみると、そんなイメージの教養主義とは異なっていることがわかる。次郎は明治十六（一八八三）年生まれ。子どもの頃から四書五経などの漢籍に親しんでいた世代である。『南洲遺訓』（西郷隆盛）を愛読し、「聖人になりたい」と思っていた。ここでいう聖人は儒教の理想的人間像で、知徳にすぐれた人の謂である。しかし、同時に次郎は明治の子だった。聖人になるためには西洋哲学を修めなければならないと思ったのである。次郎は自分の哲学志望は「聖人志望の随伴者」である、と述べている。

ここらあたりのことを知れば、次郎が教養という言葉よりも修養や修行のほうを使ったことがわかるはずである。次郎が強調したのは聖人への道を示唆する人格主義である。教養とは「自分をつくりあげること」（「若きゲーテにおける教養と恋愛」集・九）、つまり人格を鍛えることだった。

書を読むことや他人の思想を研究することは大事だが、それによって自ら生き、自らを省みることを怠るのであれば、何の意味もないとする。書を読むことも他人の思想を研究することも自ら生き、自らを省みるひとつの途であるとされている。教養とは自らを省みることで力を内に貯め、それによって他日の出力を大きくするものなのである。

教養とは自己を作り上げることであるから、「実践の意志によつて貫かれるがゆゑに、知は活かされもし教養ともなる」(「教養の問題」集・十)ことが強調されている。

次郎の人格主義はあれもこれもの知識を「ひけらかす」教養ではなく「身を修める」、つまり人格＝教養主義だった。

とみてくると、大正教養主義は、次郎などの始祖たちの考えから離れて似て非なるものに変形したということになる。知識によって大衆を差異化する教養主義になってしまったということになるだろう。人格＝教養主義から人格を削ぎ落とした教養となってしまったきらいがある。

ここで思い出されるのが、儒学研究の泰斗加地伸行が『論語』の「小人」(つまらない人)を「知識人」、「君子」(学徳のある立派な人)を「教養人」とする名訳をほどこしていることだ。「知識人」とは、知識だけをつけた人、「教養人」とは知識に加えて徳性、判断力、決断力、構想力などを身につけている人(『論語 全訳注』)である。人格主義を切り離した教養主義は教養人ではなく、口舌の徒でしかない知識人という小人を生んだ。君子＝教養人とはまさに「身を修める」教養の持ち主ということである。

加地の言う小人＝知識人、君子＝教養人の類型のそれぞれは、くしくも近年いわれる「近代型能力」と「ポスト近代型能力」にそれぞれが重なる。「近代型能力」は多くの知識の習得と操作であり、「ポスト近代型能力」といわれるものは知識の習得と操作が意欲や創造性、交渉力などとつながったものである。とすれば、現代の教育における課題であるポスト近代型能力を考える際に次郎たちの大正教養派の営みが意外な手がかりを与えてくれるのではないだろうか。

あとがき

阿部次郎については、『教養主義の没落』（中公新書）をまとめたときから気になっていた。教養主義のルーツとして、いつか詳しく調べてみたい、いや調べなければいけないと思っていた。しかし、次郎の専門は哲学・美学であり、私が学んできた教育社会学とは遠い学問である。そんなことから、気にはなっていても踏ん切りがつかなかった。その後『学歴貴族の栄光と挫折』をまとめるときに、もう一度阿部次郎の日記に目を通し、また唯一の評伝である『光と影　ある阿部次郎伝』（新関岳雄）を精読し、どんな人で、どんな人生だったかをいくらか知ることになった。

学者の人生については、西田幾多郎の言が有名である。前半は黒板を前に座し、後半は黒板を後にして立つ、つまり「黒板に向かって一回転をなした」ことで尽きるというもの。たしかに、政治家や実業家の波乱万丈の人生と比べれば、学者の人生は単調なものかもしれない。だが、そう言った西田も「しかし」と言って、こう書き継いでいる。「明日ストーヴに焼《く》べられる一本の草にも、それ相応の来歴があり、思出がなければならない。平凡なる私の如きものも六十年の生涯を回顧して、転《うた》た水の流と人の行末という如き感慨に堪えない」（「或教授の退職の辞」）。

人の一生は遠目では平坦のようにみえてもその人に少し近づいてみれば、山あり谷ありの実に起伏に富んだものである。阿部次郎も例外ではない。例外ではないというより、中学校時代の学校騒動による放校、婚約の解消、それにともなって学資の手づるが失われたことなど波乱に満ちている。大学卒業後も自ら選んだ道とはいえ、経済的に困難な生活を送る。貧乏が身に沁みる生活が続く。失恋も重なった。『三太郎の日記』がベストセラーとなるとともに経済的苦境からは脱するが、二児がいる女性との結婚にいたるまでの父の反対などの紆余曲折。長男の夭折。長女の左傾と退学、逮捕、起訴、服役。和辻照との恋愛事件による刎頸《ふんけい》の友和辻哲郎との絶縁。こう並べれば阿部次郎の学者人生は、平坦どころではない。何度も大波にみまわれた。

たしかに阿部次郎は三十歳のときの著作『三太郎の日記』で世間に有名になった。しかし、そのあとの研究業績は、『三太郎の日記』に匹敵するほどの評判を得ることはかなわなかった。後半生にいくつも著作を発表しながらも、自身「『三太郎の日記』だけが売れる」とぼやいた。マルキストからのバッシングも激しいものだった。そんなことから、東北帝大法文学部教授就任で東京を離れたときには「中央論壇から仙台へ失踪した」とまでいわれた。後半生では学問的にも社会的にも後輩の和辻哲郎や安倍能成のほうがはるかに有名になる。フェイムの絶頂から翳りの人生への落下だった。どのような気持ちで後半生を送ったのか。

阿部次郎というひとりの学者に寄り添い、かつ知識人界と知識人が組み込まれている高等教育制度との関連を考慮しつつ近代日本の教養主義を見ていくことで、抽象的な思想としてではない、教養に対する共感、反撥、変容などの動きがわかりやすくなると思った。とすれば哲学や美学が専門ではない教育社会学からのアプローチも可能かもしれない。こうして執筆への弾みがつき、本書をまとめるにいたった。こうした目論見がいくらかでも達し得たかどうかは読者のご判断に任せる以外ない。なお、第3章など本書の一部で旧著（『学歴貴族の栄光と挫折』『教養主義の没落』など）の記述と重複するところがあるが、トピックが重なったことによるものである。読者の御海容を乞いたい。

本書の執筆過程では、聴き取りをはじめ多くの人々のご協力を得ている。そのお名前をすべて書き留める紙幅がないので、以下の人々を代表とすることでお許しをいただくことにしたい。

阿部記念館（酒田市）の佐々木亨さん、佐藤春子さん、「阿部次郎先生を偲ぶ会」の元会長土田貞典先生には、数度にわたる訪問や手紙や電話による質問に懇切に応じていただいた。阿部次郎記念館（仙台市）でも係員の方に大変お世話になった。仙台や山形に足を運んだ折には、畏友久慈利武東北学院大学名誉教授に便宜をはかっていただいた。また山形県に住んで、阿部次郎の莫逆の友藤原正について長年研究されている猪股忠先生とは頻繁に情報の交換をすることができた。阿部次郎にゆかりのある西光寺や赤湯駅などを車で案内もしていただいた。本書第1章と第2章でふれた山形中学校の学校騒動とその結末にいたる細部については、猪股先生のご教示に負うところが少なくない。また生前の阿部次郎とその御家族に面識があった元日本女子大学学長（国文学）青木生子先生にはご自宅で、お話を長時間伺うことができた。感謝したい。

筑摩書房編集部の北村善洋さんには、『ちくま』連載の「教養派知識人の運命――阿部次郎とその時代」（二〇一四年十月号～二〇一五年十二月号）から本書にいたるまで長期にわたり伴走していただいた。ときに行きづまってしまうこともあったが、北村さんとの会話で抜け出ることができ、本書刊行にいたることができた。記して深くお礼申し上げたい。

最後になりましたが、本書が読者の知的関心にいくらかでも適うところがあれば執筆者としてこれに過ぎる喜びはありません。

二〇一八年八月

竹内　洋

集・十七の年譜、『阿部先生の横顔』巻末年譜などを参考（数カ所間違いと思われるものは訂正）に著者作成

阿部次郎略年譜

年号（西暦）	（満）年齢	事柄
明治十六（一八八三）年	○	八月二十七日、山形県飽海《あくみ》郡上郷村大字山寺に阿部富太郎・ゆき（お雪）の次男として生まれる。
明治二十二（一八八九）年	五～六	七月、山寺尋常小学校入学。
明治二十八（一八九五）年	十一～十二	五月、松嶺《まつみね》町尋常高等小学校高等科三年に転編入。
明治二十九（一八九六）年	十二～十三	八月、荘内尋常中学校入学。
明治三十一（一八九八）年	十四～十五	九月、父が余目尋常高等小学校校長から山形県視学に就任していたことで、山形県尋常中学校に転編入。
明治三十三（一九〇〇）年	十六～十七	十一月、学校騒動首謀者として藤原正、石塚庄五郎などともに放校処分を受ける。年末上京する。
明治三十四（一九〇一）年	十七～十八	一月、京北中学校に転編入。六月、同中学校卒業。九月、第一高等学校入学。同級生に鳩山秀夫、岩

		波茂雄など。
明治三十五（一九〇二）年	十八〜十九	八月、従妹堀九重と婚約。
明治三十六（一九〇三）年	十九〜二十	一月、文藝部委員に選出される。
明治三十七（一九〇四）年	二十〜二十一	九月、東京帝国大学文科大学哲学科に入学
明治三十八（一九〇五）年	二十一〜二十二	一月、従妹九重との婚約を破棄する。十一月、校風問題演説会で魚住影雄を弁護する。
明治三十九（一九〇六）年	二十二〜二十三	四月、『帝国文学』編集員に選出される。芝居見物の道楽始まる。
明治四十（一九〇七）年	二十三〜二十四	七月、東京帝国大学文科大学哲学科卒業、卒業論文「スピノーザの本体論」。秋、長沢、宿南、魚住などと信州・飛驒に旅行。
明治四十二（一九〇九）年	二十五〜二十六	十一月、漱石の門に出入りするようになる。十二月、「東京朝日新聞」文芸欄に執筆を始める。
明治四十四（一九一一）年	二十七〜二十八	三月、『影と声』（森田草平、小宮豊隆、安倍能成と合著）（春陽堂）出版。十月、『読売新聞』客員となる。
明治四十五・大正元（一九一二）年	二十八〜二十九	五月、「スバル」に「断片」を寄稿。のちの『三太郎の日記』の巻頭エッセイになる。秋、和辻

大正二（一九一三）年　二十九～三十
哲郎夫婦と知り合い、頻繁に往来する。四月、慶応義塾大学嘱託講師（美学）。十二月、長女和子誕生（戸籍では翌年二月）。

大正三（一九一四）年　三十～三十一
二月、竹沢恒と結婚。四月、『三太郎の日記』（東雲堂）出版。

大正四（一九一五）年　三十一～三十二
二月、『三太郎の日記　第弐』（岩波書店）出版。春、『哲学叢書』（岩波書店）を安倍能成・上野直昭とともに企画編集。五月『阿部次郎論集』（新潮社）出版。九月、長男晃誕生。

大正五（一九一六）年　三十二～三十三
三月、義母竹沢里逝去。七月、『倫理学の根本問題』（岩波書店）出版。十二月、夏目漱石逝去。

大正六（一九一七）年　三十三～三十四
四月『美学』（岩波書店）出版。日本女子大学校出講（文学原理論）。五月『思潮』創刊（主幹）。九月、次女美知子誕生。

大正七（一九一八）年　三十四～三十五
六月、『合本　三太郎の日記』（岩波書店）出版。

大正八（一九一九）年　三十五～三十六
一月、一月号をもって『思潮』休刊。十一月、長男晃逝去。

大正九（一九二〇）年　三十六～三十七
二月新人会講演会で森戸辰男の筆禍事件弁護。

大正十（一九二一）年　三十七～三十八
三～五月、満州・朝鮮にて「人格主義の思潮」を講演。七月、三女千枝子誕生。

大正十一（一九二二）年　三十八～三十九
一月、「人生批評の原理としての人格主義的見地」（『中央公論』一月号）。五月、東北帝大に新設される法文学部への招聘を承諾。
三月、次男敬吾誕生。五月、文部省在外研究員として欧州に渡航。六月、『人格主義』（岩波書店）出版。

大正十二（一九二三）年　三十九～四十
十月、留学から帰国。東北帝大法文学部教授（美学講座）就任。

大正十三（一九二四）年　四十～四十一
三月、仙台に移住。

大正十四（一九二五）年　四十一～四十二
春、仙台市土樋二四五番地に転居。

大正十五・昭和元（一九二六）年　四十二～四十三
五月、東北帝大評議員を命ぜらる。芭蕉会（山田孝雄、村岡典嗣、小宮豊隆などと）を興す。九月、祖父七郎右ヱ門逝去。

昭和二（一九二七）年　四十三～四十四
五月、母ゆき逝去。

昭和三（一九二八）年　四十四～四十五
十一月、父富太郎逝去。

昭和五（一九三〇）年　四十六～四十七
六月、西鶴俳諧、連歌、記紀歌謡の研究を始める。

昭和六（一九三一）年　四十七～四十八　六月、『徳川時代の芸術と社会』（改造社）出版。

昭和七（一九三二）年　四十八～四十九　一月、東北帝大評議員を辞任。

昭和九（一九三四）年　五十～五十一　二月、『世界文化と日本文化』（岩波書店）出版。
三月、日本学術振興会日本古典英訳小委員会委員を嘱託。

昭和十（一九三五）年　五十一～五十二　九月、祖母わかの逝去

昭和十二（一九三七）年　五十三～五十四　十月、『秋窓記』（岩波書店）出版。

昭和十三（一九三八）年　五十四～五十五　十二月、『日本の文化的責任』（文部省教学局）出版。

昭和十六（一九四一）年　五十七～五十八　七月、東北帝大法文学部長に補せられる。十二月、上京中に軽度の脳溢血発病。

昭和十七（一九四二）年　五十八～五十九　三月、法文学部長を辞任。

昭和二十（一九四五）年　六十一～六十二　三月末、東北帝大教授を定年退職。七月、仙台空襲により山形県東村山郡大郷村に疎開。九月帰仙。

昭和二十一（一九四六）年　六十二～六十三　三月、東北大学名誉教授の称号を受ける。

昭和二十二（一九四七）年　六十三～六十四　六月、日本学士院会員となる。

昭和二十三（一九四八）年　六十四～六十五　二月、『根芹』（弟阿部余四男、竹岡勝也、阿倍六郎と合著、金文堂）出版。

昭和二十七（一九五二）年　六十八～六十九　五月、東北大学病院に入院。以後、入退院を繰り返す。

昭和二十八（一九五三）年　六十九～七十　一月、以後書簡は口述となる。

昭和二十九（一九五四）年　七十～七十一　二月、阿部日本文化研究所の上棟式が行われる。六月、阿部日本文化研究所落成式・開所式

昭和三十三（一九五八）年　七十四～七十五　十月、東北大学附属病院に入院。

昭和三十四（一九五九）年　七十五　六月、仙台市名誉市民に推される。十月二十日逝去。同月二十六日、仙台市公会堂で仙台市葬が行われる。

昭和三十五（一九六〇）年　十月、一周忌に『阿部次郎全集』第十巻が霊前に供えられる。

昭和四十一（一九六六）年　二月、『阿部次郎全集』最終配本第十七巻刊行。

主要参考文献

全章にわたるもの

青木生子・原田夏子・岩淵宏子編『日本女子大学叢書5　阿部次郎をめぐる手紙』翰林書房、二〇一〇
『阿部次郎全集』全十七巻、角川書店、一九六〇〜六六
阿部次郎・竹岡勝也・阿倍余四男『根芹』金文堂、一九四八
阿部次郎先生還暦祝賀記念刊行会『阿部先生の横顔』一九五一
阿部次郎先生を偲ぶ会編『阿部次郎先生宛の書簡集』一九八三
安倍能成『我が生ひ立ち』岩波書店、一九六六
飯田泰三『大正知識人の思想風景』法政大学出版局、二〇一七
生松敬三『思想史の道標』勁草書房、一九六五
一高同窓会編『第一高等学校同窓生名簿（平成七年版）』一高同窓会、一九九四
出隆『出隆著作集第7巻 出隆自伝』勁草書房、一九六三
伊藤整『日本文壇史』一〜十八、講談社文芸文庫、一九九四〜九七
猪股忠『明治の青春　山形県出身「藤原正」を中心に』藤庄印刷、二〇一八
上野直昭『邂逅』岩波書店、一九六九
上山春平「阿部次郎の思想史的位置——大正教養主義の検討」『思想』一九六〇年三月号
魚住影雄『折蘆書簡集』岩波書店、一九七七

臼井吉見『大正文学史』筑摩書房、一九六三
江口渙『わが文学半世紀』講談社文芸文庫、一九九五
大澤聡『教養主義のリハビリテーション』筑摩選書、二〇一八
大島康正「明治三十年代の哲学青年たち」『現代日本文学大系』第四〇巻、筑摩書房、一九七三
荻原泉「松山町の『阿部家』の人々を巡って」『神の子羊 鶴岡カトリック教会略史』鶴岡カトリック教会、一九九六
勝部真長『青春の和辻哲郎』中公新書、一九八七
亀井高孝『葦蘆葉の屑籠』時事通信社、一九六九
苅部直『移りゆく「教養」』NTT出版、二〇〇七
北住敏夫『阿部次郎と斎藤茂吉』上・下、桜楓社、一九八四
倉田百三『愛と認識との出発』岩波文庫、二〇〇八
Stephen W. Kohl, "Abe Jiro and Diary of Santarō" in J. Thomas Rimer ed. *Culture and Identity: Japanese Intellectuals During the Interwar Years*, Princeton Univ.Press, 1990
国立教育研究所『日本近代教育百年史（学校教育編）』三〜六、国立教育研究所、一九七四
小宮豊隆『夏目漱石』上・中・下、岩波書店、一九八六〜一九八七
坂本多加雄『知識人――大正・昭和精神史断章』読売新聞社、一九九六
佐々木靖章「阿部次郎『三太郎の日記』の構成――資料を中心にして」『茨城大学教育学部紀要』一九七四
作家の原稿料刊行会編著『作家の原稿料』八木書店、二〇一五
吹田順助『旅人の夜の歌――自伝』講談社、一九五九
瀬沼茂樹『日本文壇史』十九〜二十四、講談社文芸文庫、一九九七〜九八

第一高等学校校友会『校友会雑誌』各号
高橋里美「阿部次郎君の思い出」『思想』一九六〇
高見順『昭和文学盛衰史』一、二、文藝春秋、一九五八
竹内洋『教養主義の没落』中公新書、二〇〇三
竹内洋『立身出世主義――近代日本のロマンと欲望』世界思想社、二〇〇五
竹内洋『大学という病――東大紛擾と教授群像』中公文庫、二〇〇七
竹内洋『学歴貴族の栄光と挫折』講談社学術文庫、二〇一一
竹内洋『立志・苦学・出世――受験生の社会史』講談社学術文庫、二〇一五
竹山道雄ほか「大正昭和の文化人」『心』一九七一年二月号
筒井清忠『日本型「教養」の運命』岩波書店、一九九五
鶴岡市立図書館編『阿部次郎先生を偲ぶ』一九六三
寺崎昌男『東京大学の歴史――大学制度の先駆け』講談社学術文庫、二〇〇七
東京大学百年史編集委員会『東京大学百年史』（部局史・資料編）
東北大学百年史編集委員会編『東北大学百年史』通史一、二〇〇七
新関岳雄『光と影――ある阿部次郎伝』三省堂、一九六九
新関岳雄『若き日の阿部次郎』阿部次郎顕彰会、一九八三
McLaughlin, N., "How to Become a Forgotten Intellectual: Intellectual Movements and the Rise and Fall of Erich Fromm", *Sociological Forum*, Vol.13, No. 2, 1998
西田幾多郎『善の研究』岩波文庫、一九五〇
『野上彌生子全集　第Ⅱ期』一〜十五巻、岩波書店、一九八六〜八九

野田宣雄『ドイツ教養市民層の歴史』講談社学術文庫、一九九七
秦郁彦編『日本近現代人物履歴事典』（第2版）東京大学出版会、二〇一三
林原耕三『漱石山房の人々』講談社、一九七一
原武哲ほか編『夏目漱石周辺人物事典』笠間書院、二〇一四
平野謙『昭和文学史』筑摩書房、一九六三
P・ブルデュー（石井洋二郎訳）『ディスタンクシオン』Ⅰ・Ⅱ、藤原書店、一九九〇
P・ブルデュー（石井洋二郎訳）『芸術の規則』Ⅰ・Ⅱ、藤原書店、一九九五〜一九九六
三木清『読書と人生』講談社文芸文庫、二〇一三
三木清（大澤聡編）『三木清 教養論集』講談社文芸文庫、二〇一七
源了圓『徳川思想小史』中公新書、一九七三
森銑三編『大正人物逸話辞典』東京堂出版、一九六六
文部省『日本の成長と教育』一九六二
文部省『わが国の高等教育』一九六四
柳田泉ほか編『座談会 明治・大正文学史』全六巻、岩波現代文庫、二〇〇〇
山口輝臣「竹岡勝也の肖像」上・中・下、『史淵』第百四十三〜百四十五集、二〇〇六〜二〇〇八
山口輝臣編『日記に読む近代日本3 大正』吉川弘文館、二〇一二
山本芳明『カネと文学 日本近代文学の経済史』新潮社、二〇一三
F・リンガー（西村稔訳）『読書人の没落』名古屋大学出版会、一九九一
D・ローデン（森敦監訳）『友の憂いに吾は泣く――旧制高等学校物語』上・下、講談社、一九八三
和田善一「文官銓衡制度の変遷」Ⅰ〜Ⅴ、『試験研究』十一〜十五号、一九五五〜五六

和辻哲郎『自叙伝の試み』『和辻哲郎全集』十八、岩波書店、一九六一
和辻哲郎『偶像再興・面とペルソナ』講談社文芸文庫、二〇〇七
『日本近代文学大系第三十五巻　阿部次郎・和辻哲郎集』角川書店、一九七四
『中学世界』各号
「年譜」（阿部次郎）『現代日本文学全集第二十篇』改造社、一九二九
「年譜」『和辻哲郎全集』第二十巻、一九六三

序章

青木栄一「鉄道忌避伝説の謎――汽車が来た町、来なかった町」吉川弘文館、二〇〇六
関西大学『関西大学学生生活実態調査報告書　昭和三八年度』一九六五
サトウサンペイ「フジ三太郎　作者のことば」『朝日新聞』一九六五年三月三十一日夕刊
保科龍朗「サザエさんをさがして「フジ三太郎」」『朝日新聞』一九七二年十月十五日
『日本教養全集1』角川書店、一九七四

第1章

阿部襄『庄内の四季』農山漁村文化協会、一九七九
余目町編纂『余目町史』上巻、一九九〇
余目町教育委員会『余目町の中世城館址』一九九四
余目町総務課『余目安保氏関係資料』一九七九
伊藤清郎『最上義光』吉川弘文館、二〇一六

大瀬欽哉ほか『山形県立鶴岡南高等学校鶴翔同窓会百年史』一九九四
上倉裕二編『山形県教育史』山形県教育研究所、一九五二
斎藤悟郎「人間哲学者 阿部次郎兄弟とその郷土」『観賞』第十二号、一九九〇
斉藤利彦『競争と管理の学校史――明治後期中学校教育の展開』東京大学出版会、一九九五
斉藤美澄編『飽海郡誌』巻之五、一九二三
坂井栄八郎『ゲーテとその時代』朝日新聞社、一九九六
櫻井役『中学教育史稿』受験研究社増進堂、一九四二
佐藤東一編「余目町史年表」一九六九
陣内靖彦『日本の教員社会』東洋館出版社、一九八八
鶴岡市史編纂会編纂『荘内史要覧』一九八五
ディルタイ（甘粕石介訳）『青年時代のヘーゲル』三笠書房、一九三八
土岐田正勝『忘れ残りの記』地誌編・文化編、メディア・パブリッシング、二〇一二
Hans-Henning Bunge, "GERMANY'S CULTURAL IDEOLOGY OF *BILDUNG 1870-1945*", Ph. D. diss., Kent State University, 2015
二葉亭四迷『浮雲』新潮文庫、一九五一
W・H・ブリュフォード（上西川原章訳）『一八世紀のドイツ――ゲーテ時代の社会的背景』三修社、二〇〇一
松山町編纂『松山町史』下巻、一九八九
松山町史編纂[illegible]『松山町史年表』二〇〇五
Hans-Eberhard Mueller, *Bureaucracy, Education, and Monopoly Civil Service Reforms in Prussia and En-*

gland, University of California Press, 1984
文部省普通学務局『全国中学校ニ関スル諸調査』一九〇四
山形県教育委員会編『山形県教育史資料』統計篇 第六巻、一九八五
山形県教育委員会編『山形県教育史』通史編 上巻、一九九一
山形東高等学校編『山形東高等学校百年史』一九八七
山形東高等学校校史編纂委員会編『山形県立山形東高等学校校史編纂資料』一九七四
山田済斎編『西郷南洲遺訓』岩波文庫、一九三九
フリッツ・K・リンガー（筒井清忠ほか訳）『知の歴史社会学』名古屋大学出版会、一九九六
J・M・R・レンツ（佐藤研一訳）『家庭教師／軍人たち』鳥影社・ロゴス企画、二〇一三
『荘内中学校沿革史』
「白眼録」『山形自由新聞』一九〇〇年十一月三日

第2章

伊藤隆ほかインタビュー『渡邉恒雄回顧録』中央公論新社、二〇〇〇
茅野良男「井上円了と哲学館事件」『井上円了センター年報』八号、一九九九
京北学園八十年史編集委員会編『京北学園八十年史』一九七八
京北学園九十年史編纂委員会編『京北学園九十年史』一九八八
佐藤秀夫「哲学館事件・新説」『サティア』四十七号、二〇〇二
渋谷章『牧野富太郎——私は草木の精である』平凡社ライブラリー、二〇〇一
島溪生「東京の中学と地方の中学」『中学世界』第十巻八号、一九〇七

少年園編纂『東京遊学案内』内外出版協会、一九〇二
高山林次郎「学校騒動論」『太陽』第四巻十四号、一八九八
第一高等学校『第一高等学校一覧』各年版
寺崎昌男「明治学校史の一断片——学校紛擾をめぐって」『日本の教育史学』第十四集、一九七一
日本近代史料研究会・伊藤隆編『日本陸海軍の制度・組織・人事』東京大学出版会、一九七一
沼波瓊音「同盟休校」上・下、『中学世界』第二巻二十号、二十一号、一九〇八
深谷昌志『学歴社会の系譜』黎明書房、一九六九
牧野富太郎『牧野富太郎自叙伝』講談社学術文庫、二〇〇四
松本清張『小説東京帝国大学』新潮文庫、一九七五
三島定之助編『京北中学校生徒及鶏声会会員名簿』京北中学校、一九三四
三輪政一編『井上円了先生』大空社、一九九三
山形県教育委員会『山形県教育史』通史編上巻、一九九一
山本常雄『阿片と大砲』ＰＭＣ出版、一九八五
「年譜」『鈴木宗忠著作集』第八巻、巖南堂書店、一九七八
「遊学の栞」『少年園』十六号、一八九九

第３章

安倍能成ほか「座談会　大正の精神史」上『自由』一九六一年九月号
一高自治寮立寮百年委員会編『第一高等学校自治寮六十年史』一高同窓会、一九九四
島内龍起「皆寄宿制度廃止論に及ぶ思想の争と校風」『向陵』一九八三年四月号

小林俊三『わが向陵三年の記』実業之日本社、一九七八
第一高等学校寄宿寮編『向陵誌』一九三〇
筧田知義『旧制高等学校教育の成立』ミネルヴァ書房、一九七五
筧田知義『旧制高等学校教育の展開』ミネルヴァ書房、一九八二
永井荷風『すみだ川・新橋夜話 他一篇』岩波文庫、一九八七
橋本鉱市「近代日本における「文学部」の機能と構造」『教育社会学研究』五十九集、一九九六
T・パーソンズ（佐藤勉訳）『社会体系論』〈現代社会学〉十四、青木書店、一九七四
林達夫・久野収「教養派？ 鍛錬派？」『思想のドラマトゥルギー』平凡社ライブラリー、一九九三
日比嘉高「日露戦後の〈自己〉をめぐる言説――〈自己表象〉の問題につなげて」『日本語と日本文学』第三十号、二〇〇〇
平岩昭三『検証 藤村操――華厳の滝投身自殺事件』不二出版、二〇〇三
ロバート・K・マートン（森東吾ほか訳）『社会理論と社会構造』みすず書房、一九六一
森田草平「向陵の想出」『中央公論』一九三五年八月号
文部省『高等学校関係法令の沿革』一九四〇
弥生ヶ岡草人『向陵生活』牧民社、一九一五

第4章

上野直昭「安倍能成追憶」『心』一九六六年八月号
大町桂月「大学三年　冷汗の記第十一」『学生』一九一四年十月号
小山内薫「高等学校時代」『文章世界』第四巻四号、一九〇九

亀井高孝「明治末期の東大生」『自由』一九七一年七月号
木村洋『文学熱の時代』名古屋大学出版会、二〇一五
鳩笛子「大学生の生活」『中学世界』九巻四号、一九〇六
久保天随「赤門派の文士を評す」『新文藝』一九〇一年七月号
久保勉訳編『ケーベル博士随筆集』岩波文庫、一九二八
久保勉「ケーベル先生を語る」『図書』一九七一年七月号
後藤宙外「過渡期の犠牲」『新小説』七巻七号、一九〇二
小宮豊隆「学究生活の想ひ出」『思想』一九五五年四月号
チャールズ・ジャレット（石垣憲一訳）『知の教科書　スピノザ』講談社選書メチエ、二〇一五
スピノザ（畠中尚志訳）『エチカ 倫理学』上・下、岩波文庫、一九五一
高須梅溪「文藝の東京」『文章世界』十五巻八号、一九二〇
高須梅溪「無産階級に生れて（下篇）『暴風の世界へ』」『中央公論』一九二二年六月号
谷崎潤一郎『青春物語』中公文庫、一九八四
鳥井博郎「明治哲学用語の創生」『セルパン』一九三六年四月号
平山洋『大西祝とその時代』日本図書センター、一九八九
古野屋素材「東京帝国大学大学院・考」『大学史研究通信』第十一号、一九七八
正宗白鳥「大学派の文章家」『文章世界』一巻二号、一九〇六
町田祐一『近代日本と「高等遊民」』吉川弘文館、二〇一〇
森田草平「赤門派と『帝国大学』」『日本文学講座第十一巻　明治文学篇』改造社、一九三五
湯浅泰雄編『人と思想 和辻哲郎』三一書房、一九七三

『東京帝国大学一覧』一九〇三〜一九〇八
「ケーベル先生追悼号」『思想』一九二三年八月号
「学士とパン」『教育時論』一九〇五年八月二十五日号

第5章

青柳いづみこ『無邪気と悪魔は紙一重』文春文庫、二〇一〇
青柳昌子「宿南八重の生涯」『楠』一九七八年七月号
天野茂『明治の青年宿南昌吉評伝』私家版、一九九八
大島康正「井上哲次郎〈知識と思索の分離〉」『新版 日本の思想家 中』朝日選書、一九七五
神田女学園史編纂委員会編『神田女学園史 資料編』一九九五
神田女学園創立90周年記念出版編集委員会編『竹水の流れ 神田女学園の九十年』一九八〇
R. Collins, *The Sociology of Philosophies*, Harvard Univ. Press, 1998
佐々木靖章「『三太郎の日記』の世界――「姦淫」と「裏切り」と」東北大学文学部国文学研究室編『北住敏夫教授退官記念　日本文芸論叢』笠間書院、一九七六
坂上博一「阿部次郎の「彷徨」」『文学』一九七二年十二月号
東京帝国大学文学部学友会『卒業者名簿』一九三一
早稲田文学記者「推讃之辞」『早稲田文学』第五十一号、一九一〇
「文芸界」『太陽臨時増刊』第十四巻三号、一九〇八
「文壇十傑得点発表」『文章世界』一九一一年七月号
「帝国大学派文士の長短」『太陽』第十五巻一六号、一九〇九

「明治時代の文豪とその生活を語る」『新潮』一九三二年六月号

第6章

安倍能成「「三太郎の日記」を読む」『時事新報』一～三、一九一四年七月十二日～十四日
天野貞祐「大学卒業の頃」『丸』一九五五年一月号
生田春月「十二月文壇の一瞥」『反響』一巻八号、一九一五
臼井吉見『近代文学論争』筑摩書房、一九五六
レイモンド・ウィリアムズ（小池民雄訳）『文化とは』晶文社、一九八五
江馬修『一作家の歩み』近代作家研究叢書65、日本図書センター、一九八九
河合栄治郎「若き日の読書ノート（7）」『社会思想研究』二十巻十二号、一九六八
斉藤英子『啄木と西村陽吉』短歌新聞社、一九九三
杉山平助『文芸五十年史』鱒書房、一九四二
鈴木貞美『「日記」と「随筆」――ジャンル概念の日本史』臨川書店、二〇一六
相馬御風「一家言」『読売新聞』一九一〇年二月十三日
谷川徹三「阿部次郎氏の「地獄の征服」」『帝大新聞』一九三四年三月十九日
谷川徹三「百年の名著　思索する青春の苦闘」『朝日新聞』一九六九年六月二十三日
大日本百科辞書編集所編『哲学大辞書』同文館、一九一二
西村陽吉「東雲堂時代」Ⅰ・Ⅱ・Ⅲ『短歌』一九五六年十月号～十二月号
樋渡隆浩「「文学士」から「文士」へ」『語文』第百三十集、二〇〇八
正宗白鳥『自然主義文学盛衰史』講談社文芸文庫、二〇〇二

「寸鉄」『新小説』一九一〇年三月号

第7章

安倍能成『岩波茂雄伝』岩波書店、一九五七
生松敬三「雑誌「思潮」解題」『「思潮」復刻版 別冊』岩波書店、一九八一
石原謙「『思想』のころの回想」『思想』一九六六年二月号
石原謙「岩波茂雄の思ひ出」『石原謙著作集 第十一巻』岩波書店、一九七九
紅野謙介『物語 岩波書店百年史1「教養」の誕生』岩波書店、二〇一三
小林勇『惜櫟荘主人——一つの岩波茂雄伝』講談社文芸文庫、一九九三
佐藤卓巳『『図書』のメディア史——「教養主義」の広報戦略』岩波書店、二〇一五
『思想』編集部編『『思想』の軌跡——1921-2011』岩波書店、二〇一二
十重田裕一『岩波茂雄』ミネルヴァ書房、二〇一三
フランソワ・デュベ（山下雅之監訳）『経験の社会学』新泉社、二〇一一
村上一郎（竹内洋解説）『岩波茂雄と出版文化』講談社学術文庫、二〇一三
森田草平「物質上より見たる文学者の生活」『文藝雑誌』一九一六年五月号
山崎安雄『岩波茂雄』時事通信社、一九六一
山田浩之『教師の歴史社会学』晃洋書房、二〇〇二
与謝野晶子「婦人界評論」『太陽』一九一六年十一月号
和辻哲郎『和辻哲郎全集』第二十四巻、岩波書店、一九九一
『思潮』一九一七年五月号〜一九一九年一月号

「現代文士録」『文章世界』一九一五年四月号
「原稿料を当にせぬ文士」『スコブル』一九一七年十二月号

第8章

井上哲次郎『井上哲次郎自伝』冨山房、一九七三
太田雅夫『大正デモクラシー研究』新泉社、一九七五
太田雅夫編『吉野作造『試験成功法』』青山社、二〇〇〇
小林花眠編『新しい用語の泉』帝国実業学会、一九二一年
佐古純一郎『近代日本思想史における人格観念の成立』朝文社、一九九五
杉森久英『滝田樗陰』中公文庫、二〇一七
滝田樗陰「作家の原稿の書振りと私の原稿居催促」『新潮』一九一〇年十月号
中山弘明「満鉄の阿部次郎」『日本文学』五十三巻九号、二〇〇四
広岡守穂「市民社会と人格主義——左右田喜一郎、阿部次郎、河合栄治郎の思想について」『法学新報』第百十九巻十一・十二号、二〇一三
三谷太一郎『吉野作造』『日本の名著48』中央公論社、一九八四
山本芳明『文学者はつくられる』ひつじ書房、二〇〇〇
吉野作造「人格中心主義」『基督教世界』一九一三年十二月十一日
吉野作造「理想主義の立場の鼓吹——阿部次郎君の『人格主義』を読みて」『文化生活』一九二二年九月号
吉野作造「滝田君と私」『中央公論』一九二五年一月号
吉野作造「民本主義鼓吹時代の回顧」『社会科学』一九二八

「民本主義の解釈」『萬朝報』一九一二年五月二十七日

第9章

相田隆太郎「本年の評論界　文藝評論の左傾」『新潮』一九二二年十二月号
伊藤隆『大正期「革新」派の成立』塙書房、一九七八
伊藤靖「竹内仁君の印象」『新潮』一九二三年十二月号
栄沢幸二『大正デモクラシー期の政治思想』研文出版、一九八一
遠藤湘吉「阿部次郎と『三太郎の日記』」『図書新聞』一九五九年十月三十一日
大杉栄「武者小路実篤氏と新しき村の事業」『新潮』一九二三年五月号
大野亮司「神話の生成――志賀直哉・大正五年前後」『日本近代文学』五二集、一九九四
大庭柯公「読書界を支配する力」『太陽』二十五巻九号、一九一九
大宅壮一「大正批評壇大観」『日本文学講座』第十三巻、改造社、一九三四
大宅壮一「文士争闘の歴史」『新潮』一九五〇年六～八月号
賀川豊彦記念松沢資料館『日本キリスト教史における賀川豊彦――その思想と実践』新教出版社、二〇一一
河上肇『貧乏物語』岩波文庫、一九四七
菊川忠雄『学生社会運動史』中央公論社、一九三一
桑原武夫「大正五十年」『文藝春秋』一九六二年一月号
塩尻公明『人格主義と社会主義』社会思想研究会出版部、一九五七
清水幾太郎『本はどう読むか』講談社現代新書、一九七二
新明正道「師の影を踏むもの」『中央公論』一九三四年二月号

新明正道「遥かなる追憶」『自由』一九六七年十一月号
杉山謙治『日本学生思想運動史』学生運動出版部、一九三〇
H・スミス（松尾尊兊・森史子訳）『新人会の研究――日本学生運動の源流』東京大学出版会、一九七八
関忠果・小林英三郎・松浦総三・大悟法進編著『雑誌『改造』の四十年』光和堂、一九七七
竹内仁「阿部次郎氏の人格主義を難ず」『新潮』一九二二年一月号
竹内仁「再び阿部次郎氏に」『新潮』一九二二年四月号
竹内洋・稲垣恭子・佐藤卓己『日本の論壇雑誌――教養メディアの盛衰』創元社、二〇一四
田中祐介「〈社会〉の発見は文壇に何をもたらしたか：一九二〇年の「文芸の社会化」論議と〈人格主義的パラダイム〉の行末」『日本近代文学』八十七、二〇一二
東北大学文学部国文学研究室編「北住敏夫教授略歴」『北住敏夫教授退官記念 日本文芸論叢』笠間書院、一九七六
留岡清男編纂『竹内仁遺稿』竹内仁遺稿刊行会・イデア書院、一九二八
Couldry, Nick, "Media meta-captital: Extending the range of Bourdieu's field theory", *Theory and Society*, Vol. 32, 2003
新居格「人格主義の問題」『東京朝日新聞』一九二一年十二月十六日
林房雄『文学的回想』新潮社、一九五五
坂野潤治『日本近代史』ちくま新書、二〇一二
Patrick Baert, "The sudden rise of French existentialism: a case-sutdy in the sociology of intellectual life", *Theory and Society*, Vol.40, 2011
平野謙『さまざまな青春』講談社文芸文庫、一九九一

平林初之輔「文壇月評 藝術品としての完璧」『読売新聞』一九二一年五月十一日
平林初之輔「人格主義を駁す其他」『新文学』一九二一年六月号
平林初之輔「大正十年の文壇」『解放』一九二一年十二月号
平林初之輔「竹内君の死に就いて」『文學世界』一九二二年十二月号
藤崎俊茂「デモクラート吉野作造」『セルパン』一九三三年六月号
俸給者組合SMU調査部・新井春夫編『会社員待遇集』朱文堂、一九二三
松尾尊兊「解説 民本主義鼓吹時代の日常生活」『吉野作造選集』十四巻、岩波書店、一九九六
三井甲之「評論界の学術化」『文章世界』一九一七年八月号
村松正俊「阿部次郎氏と社会問題」『新小説』一九二一年五月号
山川均「デモクラシーの煩悶」『新日本』一九一八年四月号
山本実彦「創刊前後の思出」『改造』一九五〇年四月号
吉野作造「日本学生運動史」『岩波講座　教育科学』第十五冊、岩波書店、一九三二
ベルナール・ライール（村井重樹訳）『複数的世界』青弓社、二〇一六
「角笛 秀才と學問」『東京日日新聞』一九二六年九月二十日

第10章

赤堀又次郎「法科万能主義の根底」『帝国文学』一九一八年十一月号
天野郁夫『高等教育の時代――戦間期日本の大学』上、中公叢書、二〇一三
天野郁夫『帝国大学――近代日本のエリート育成装置』中公新書、二〇一七
岩橋邦枝『評伝 野上彌生子――迷路を抜けて森へ』新潮社、二〇一一

上田万年「文科大学につきての感想」『帝国大学』一九一六年八月号
潮木守一『近代大学の形成と変容』東京大学出版会、一九七三
加藤哲郎『ワイマール期ベルリンの日本人――洋行知識人の反帝ネットワーク』岩波書店、二〇〇八
香原一勢「大学の清算期」『祖国』一九三〇年九月号
九州大学創立五十周年記念会編『九州大学五十年史』通史、一九六七
小宮豊隆『ベルリン日記』角川書店、一九六六
戸陵隠士「官僚臭に包まるる大学制度改革」『大学評論』一九一八年七月号
佐藤丑次郎「法文学部の創立の思い出」東北大学法文学部略史編纂委員会『東北大学法文学部略史』一九五三
鈴木広「清水幾太郎私論」『社会学評論』一六〇号、一九九〇
東北大学法文学部略史編纂委員会編『東北大学法文学部略史』一九五三
東北帝国大学庶務課編『創立二十五周年記念 東北帝国大学ノ昔ト今』一九三六
古川学人（吉野作造）「所謂法科万能主義によって暗示せられたる三大通弊」『中央公論』一九一七年十二月号
山田浩之「帝国大学文学部卒業生のキャリア」『松山大学創立七〇周年　記念論文集』一九九四
芳賀矢一「法科万能主義を排す」『帝国文学』一九一七年十月号
芳賀矢一「大学改善問題」『帝国文学』一九一八年八月号
法政大学百年史編纂委員会編『法政大学百年史』一九八〇
渡邊吉治「文科大学の為に非ず」『帝国文学』一九一八年十二月号
「和辻哲郎書簡」『和辻哲郎全集』第二十五巻（第三次）、岩波書店、一九九二
「九大と法文学部変更の理由」『東京朝日新聞』一九一九年十二月二日
「永年の願望が叶って阿部次郎氏が洋行」「読売新聞」一九二二年六月二十二日

第11章

阿部和子遺稿・追悼集刊行会編『子どもたちを主人公に　親たちと歩んだ道』ドメス出版、一九九一
岩田弘三『近代日本の大学教授職』玉川大学出版部、二〇一一
大島清次『ジャポニスム――印象派と浮世絵の周辺』講談社学術文庫、一九九二
荻野富士夫『思想検事』岩波新書、二〇〇〇
片山杜秀『近代日本の右翼思想』講談社選書メチエ、二〇〇七
河合栄治郎『学生と読書』日本評論社、一九三八
北住敏夫「広瀬河畔の家」『昭和文学全集』二十五、角川書店、一九五三
倉田善弘編『江戸端唄集』岩波文庫、二〇一四
小宮豊隆「『阿部次郎の一面』・阿部次郎著『徳川時代の芸術と社会』」『人と作品』小山書店、一九四三
左右田宗太「帝大教授の懐工合を探る――金持でなければ学者は勤まらん」『話』一九三五年三月号
佐藤明「仙台の阿部次郎コレクション」『芸術新潮』一九七一年五月号
竹内洋「『左傾学生』の群像」稲垣恭子・竹内洋編『不良・ヒーロー・左傾』人文書院、二〇〇二
竹内洋・佐藤卓己編『日本主義的教養の時代――大学批判の古層』柏書房、二〇〇六
田中祐介「教養主義とノスタルジア　阿部次郎『徳川時代の芸術と社会』における江戸郷愁との訣別」『季刊日本思想史』七十七号、二〇一〇
手塚富雄『一青年の思想の歩み』河出書房、一九五四
東京帝国大学学生課『東京帝国大学学生生活調査報告』一九三五・一九三九
永井荷風『江戸芸術論』岩波文庫、二〇〇〇

野間光辰編著『完本 色道大鏡』友山文庫蔵版、一九六一
野間光辰「一冊の本（116）阿部次郎「徳川時代の芸術と社会」」『朝日新聞』、一九六三年五月十九日
原田夏子・原田隆吉『回想 東北帝国大学――戦中戦後の文科の学生の記』東北大学出版会、二〇〇七
広末保『悪場所の発想』三省堂、一九七〇
広末保「辺界の悪所」『文学』一九七三年一月号
福田秀一「文人学者の留学日記　大正篇」『国際基督教大学学報　Ⅳ‐B　人文科学研究』二十八、一九九七
古川久「四十年前」『日本近代文学大系』月報五十七、第三十五巻付録、角川書店、一九七四
Roger H.Brown, "Shepherds of the People: Yasuoka Masahiro and the New Bureaucrats in Early Showa Japan" *Journal of Japanese Studies*, Vol. 35, No. 2, 2009
美作太郎『戦前戦中を歩む――編集者として』日本評論社、一九八五
文部省思想局『思想調査資料集成』第一～七巻、日本図書センター、一九八一
安岡正篤『日本精神の研究』致知出版社、二〇〇五
安岡正篤先生年譜編纂委員会編『安岡正篤先生年譜』郷学研修所・安岡正篤記念館、一九九七
安田常雄「マルクス主義と知識人」『岩波講座 日本通史 第18巻　近代3』岩波書店、一九九四
吉田秀三「阿部次郎の精神生活を支えた仙台」『白い国の詩』二〇〇五
「学生の左翼運動著しく表面化」『東京日日新聞』一九三一年十一月十八日

第12章

赤木桁平「最近の評論界」『文章世界』一九一六年十月号
安倍能成「思想の対立に苦しむ」『朝日新聞』一九五九年十月二十三日

安倍能成「戦後の自叙伝」』日本図書センター、二〇〇三
上山安敏「「社会科学」と「文化史」の相克——歴史のための感覚論」『岩波講座 世界歴史28 普遍と多元』岩波書店、二〇〇〇
河合栄治郎「時局と自由主義」『河合栄治郎全集』第十二巻、社会思想社、一九六八
樺俊雄「安倍能成——あけっぴろげな教育者」『現代の眼』一九七九年八月号
荘子邦雄『和辻哲郎の実像』良書普及会、一九九八
助川徳是「安倍能成年譜」『香椎潟』十四、一九六八
谷崎潤一郎「若き日の和辻哲郎」『三つの場合』中央公論社、一九六一
西田幾多郎『西田幾多郎全集』第十八巻、岩波書店、一九八〇
山口輝臣「大正時代の「新しい歴史学」——日本文化史という企て、和辻哲郎と竹岡勝也を中心に」『日本思想史』六十七、二〇〇五
湯浅泰雄『和辻哲郎——近代日本哲学の運命』ちくま学芸文庫、一九九五
吉沢伝三郎『和辻哲郎の面目』平凡社ライブラリー、二〇〇六
カアル・ラムプレヒト（和辻哲郎訳）『近代歴史学』岩波書店、一九一九
和辻哲郎『ゼエレン・キエルケゴオル』内田老鶴圃、一九一五
和辻哲郎『新稿 日本古代文化』岩波書店、一九五一
和辻哲郎『妻 和辻照への手紙』上・下、講談社学芸文庫、一九七七
和辻照『和辻哲郎の思い出』岩波書店、一九六三
和辻照『和辻哲郎とともに』新潮社、一九六六
和辻照『夫 和辻哲郎への手紙』講談社、一九七七

第13章

飯田泰三監修『岩波茂雄への手紙』岩波書店、二〇〇三
レイモンド・ウィリアムズ（若松茂信ほか訳）『長い革命』ミネルヴァ書房、一九八三
亀井勝一郎『現代人の研究』角川新書、一九五一
唐木順三『三木清』筑摩書房、一九四七
唐木順三「観想的態度の克服」『新興科学の旗のもとに』一九二九年四月号
唐木順三「型の喪失」『展望』一九四八年三月号
唐木順三「阿部・倉田両氏と大正期」『現代日本文学全集』七四、筑摩書房、一九五六
唐木順三『新版 現代史への試み』筑摩書房、一九七三
小室弘毅「阿部次郎『三太郎の日記』における教養の問題」『東京大学大学院教育学研究科紀要』四十、二〇〇一
瀬沼茂樹「『現代史への試み』をめぐって」『唐木順三全集』第三巻、月報、筑摩書房、一九八一
仙台市民生局『七月十日の記録』一九八一
高田里惠子「人格主義と教養主義」『日本思想史講座4——近代』ペリカン社、二〇一三
田中祐介「思想様式としての大正教養主義——唐木順三による阿部次郎批判の再検討を通じて」『アジア文化研究』三十、国際基督教大学学報3—A、二〇〇四
中野孝次『麦熟るる日に』河出書房新社、一九七八
中野孝次「十八歳の自分に逢う」『図書』二〇〇三年十二月号
中野孝次『ブリューゲルへの旅』文春文庫、二〇〇四

マックス・ホルクハイマー、テオドール・W・アドルノ（三光長治ほか訳）『ゾチオロギカ――フランクフルト学派の社会学論集』平凡社、二〇一二
山室静「理想主義のために――阿部次郎先生への手紙に代えて」『山室静著作集第二巻　文学と倫理の境で』冬樹社、一九五八
「青春の古典」『日本読書新聞』一九五一年一月一日号
「唐木順三年譜（増補改訂）」『唐木順三全集』第十九巻、筑摩書房、一九八二

第14章

大平千枝子『父阿部次郎 愛と死』角川書店、一九六一
大平千枝子「父・阿部次郎と和辻哲郎とひとりの女」『文藝春秋』一九六六年十月号
大平千枝子『阿部次郎とその家族』東北大学出版会、二〇〇四
大宅壮一「放蕩人格四兄弟　阿部次郎、安倍能成、小宮豊隆、和辻哲郎の仮面を剝ぐ」『人物評論』一九三三年六月号
ゲオルク・ジンメル（円子修平訳）「コケットリー」『ジンメル著作集』七、白水社、一九七六

終章

青木一平「安倍能成関係史料の全体像」（下）『近代史料研究』十号、二〇一〇
円地与四松「小宮豊隆と小泉信三と安倍能成」『向陵駒場』第八巻二号、一九六六
木村健康「安倍能成と小泉信三」『自由』一九六六年八月号
小宮豊隆「阿部次郎の思ひ出――阿部次郎の追悼講演」『俳句』一九六〇年二月号

角田文衛「あとがき」阿部次郎・竹岡勝也・阿部余四男・阿部六郎『根芹』角川書店、一九八二
新関岳雄「熱い肌と醒めた心——阿部次郎」『中央公論 歴史と人物』一九七六年五月号
野田宣雄「「私」を忘れた戦後知識人——塩尻公明氏の死に思うこと」『諸君！』一九六九年十月号
林達夫「『草野集』の不協和音」『思想の運命』岩波書店、一九三九
鎗田清太郎『角川源義の時代』角川書店、一九九五
吉沢良太郎「噫 阿部次郎先生——面会日より見たる俤」『向陵』一九九〇年十月号
「荷馬車挽の放火に阿部次郎教授が特別弁護人として控訴院に出廷する」『河北新報』一九二七年一月二十八日
「現実となった三太郎の夢 独力で完成した「阿部研究所」」『週刊読売』一九五四年七月四日号
『論語（全訳注加地伸行）』講談社学術文庫、二〇〇四

竹内 洋 たけうち・よう
一九四二年、東京都生まれ。京都大学教育学部卒業。同大学院教育学研究科博士課程単位取得満期退学。京都大学大学院教育学研究科教授などを経て、現在、関西大学東京センター長。関西大学名誉教授・京都大学名誉教授。教育社会学・歴史社会学専攻。著書に『日本のメリトクラシー』(東京大学出版会、第三九回日経経済図書文化賞)、『革新幻想の戦後史』(第一三回読売・吉野作造賞)『清水幾太郎の覇権と忘却』(ともに、中公文庫)、『社会学の名著30』(ちくま新書)、『教養主義の没落』『丸山眞男の時代』(ともに、中公新書)、『大衆の幻像』(中央公論新社)、『立志・苦学・出世』(講談社学術文庫)など。

筑摩選書 0165

教養派知識人《きょうようはちしきじん》の運命《うんめい》 阿部次郎《あべじろう》とその時代《じだい》

二〇一八年九月一五日 初版第一刷発行

著 者 竹内《たけうち》 洋《よう》
発行者 喜入冬子
発 行 株式会社筑摩書房
東京都台東区蔵前二-五-三 郵便番号 一一一-八七五五
電話番号 〇三-五六八七-二六〇一(代表)
装幀者 神田昇和
印刷 製本 中央精版印刷株式会社

 ISBN978-4-480-01672-0 C0336

筑摩選書
0001
武道的思考
内田 樹
武道は学ぶ人を深い困惑のうちに叩きこむ。あらゆる術は「謎」をはらむがゆえに生産的なのである。今こそわれわれが武道に参照すべき「よく生きる」ためのヒント。

筑摩選書
0002
江戸絵画の不都合な真実
狩野博幸
近世絵画にはまだまだ謎が潜んでいる。若冲、芦雪、写楽など、作品を虚心に見つめ、文献資料を丹念に読み解くことで、これまで見逃されてきた〝真実〟を掘り起こす。

筑摩選書
0004
現代文学論争
小谷野 敦
かつて「論争」がジャーナリズムの華だった時代があった。本書は、臼井吉見『近代文学論争』の後を受け、主として七〇年以降の論争を取り上げ、どう戦われたか詳説する。

筑摩選書
0006
我的日本語
The World in Japanese
リービ英雄
日本語を一行でも書けば、誰もがその歴史を体現する。異言語との往還からみえる日本語の本質とは。日本語を母語とせずに日本語で創作を続ける著者の自伝的日本語論。

筑摩選書
0007
日本人の信仰心
前田英樹
日本人は無宗教だと言われる。だが、列島の文化・民俗には古来、純粋で普遍的な信仰の命が見てとれる。大和心の古層を掘りおこし、「日本」を根底からとらえなおす。

筑摩選書
0009
日本人の暦　今週の歳時記
長谷川 櫂
日本人は三つの暦時間を生きている。本書では、季節感豊かな日本文化固有の時間を歳時記をもとに再構成。四季の移ろいを慈しみ、古来のしきたりを見直す一冊。

筑摩選書
0012

フルトヴェングラー

奥波一秀

二十世紀を代表する巨匠、フルトヴェングラー。変動してゆく政治の相や同時代の人物たちとの関係を通し、音楽家の再定位と思想の再解釈に挑んだ著者渾身の作品。

筑摩選書
0013

甲骨文字小字典

落合淳思

漢字の源流「甲骨文字」のうち、現代日本語の基礎となっている教育漢字中の三百余字を収録。最新の研究でその成り立ちと意味の古層を探る。漢字文化を愛する人の必携書。

筑摩選書
0014

瞬間を生きる哲学
〈今ここ〉に佇む技法

古東哲明

私たちは、いつも先のことばかり考えて生きている。だが、本当に大切なのは、今この瞬間の充溢なのではないだろうか。刹那に存在のかがやきを見出す哲学。

筑摩選書
0016

最後の吉本隆明

勢古浩爾

「戦後最大の思想家」「思想界の巨人」と冠される吉本隆明。その吉本がこだわった「最後の親鸞」の思考に倣い、「最後の吉本隆明」の思想の本質を追究する。

筑摩選書
0021

贈答の日本文化

伊藤幹治

モース『贈与論』などの民族誌的研究の成果を踏まえ、贈与・交換・互酬性のキーワードと概念を手がかりに、日本文化における贈答の世界のメカニズムを読み解く。

筑摩選書
0022

日本語の深層
〈話者のイマ・ココ〉を生きることば

熊倉千之

日本語の助動詞「た」は客観的過去を示さない。文中に遍在する「あり」の分析を通して日本語の発話の「イマ・ココ」性を究明し、西洋語との違いを明らかにする。

筑摩選書
0023

天皇陵古墳への招待

森浩一

いまだ発掘が許されない天皇陵古墳。本書では、天皇陵古墳をめぐる考古学の歩みを振り返りつつ、古墳の地理的位置・形状、文献資料を駆使し総合的に考察する。

筑摩選書
0025

芭蕉 最後の一句
生命の流れに還る

魚住孝至

清滝や波に散り込む青松葉――この辞世の句に、どのような思いが籠められているのか。不易流行から軽みへ、境涯深まる最晩年に焦点を当て、芭蕉の実像を追う。

筑摩選書
0031

日本の伏流
時評に歴史と文化を刻む

伊東光晴

通貨危機、政権交代、大震災・原発事故を経ても、日本は変わらない。現在の閉塞状況は、いつ、いかにして始まったのか。変動著しい時代の深層を経済学の泰斗が斬る!

筑摩選書
0034

反原発の思想史
冷戦からフクシマへ

絓秀実

中ソ論争から「68年」やエコロジー、サブカルチャーを経てフクシマへ。複雑に交差する反核運動や「原子力の平和利用」などの論点から、3・11が顕在化させた現代史を描く。

筑摩選書
0035

生老病死の図像学
仏教説話画を読む

加須屋誠

仏教の教理を絵で伝える説話画をイコノロジーの手法で読み解くと、中世日本人の死生観が浮かび上がる。生活史・民俗史をも視野に入れた日本美術史の画期的論考。

筑摩選書
0038

救いとは何か

森岡正博
山折哲雄

この時代の生と死について、救いについて、人間の幸福について、信仰をもつ宗教学者と、宗教をもたない哲学者が鋭く言葉を交わした、比類なき思考の記録。

筑摩選書 0040

100のモノが語る世界の歴史1
文明の誕生

N・マクレガー
東郷えりか 訳

大英博物館が所蔵する古今東西の名品を精選。遺されたモノに刻まれた人類の記憶を読み解き、今日までの文明の歩みを辿る。新たな世界史へ挑む壮大なプロジェクト。

筑摩選書 0041

100のモノが語る世界の歴史2
帝国の興亡

N・マクレガー
東郷えりか 訳

紀元前後、人類は帝国の時代を迎える。多くの文明が姿を消し、遺された物だけが声なき者らの声を伝える——。大英博物館とBBCによる世界史プロジェクト第2巻。

筑摩選書 0042

100のモノが語る世界の歴史3
近代への道

N・マクレガー
東郷えりか 訳

すべての大陸が出会い、発展と数々の悲劇の末にわれわれ人類がたどりついた「近代」とは何だったのか——。大英博物館とBBCによる世界史プロジェクト完結篇。

筑摩選書 0043

悪の哲学
中国哲学の想像力

中島隆博

孔子や孟子、荘子など中国の思想家たちは「悪」について、どのように考えてきたのか。現代にも通じるこの問題と格闘した先人の思考を、斬新な視座から読み解く。

筑摩選書 0044

さまよえる自己
ポストモダンの精神病理

内海 健

「自己」が最も輝いていた近代が終焉した今、時代を映す精神の病態とはなにか。臨床を起点に心や意識の起源に遡り、主体を喪失した現代の病理性を解明する。

筑摩選書 0048

宮沢賢治の世界

吉本隆明

著者が青年期から強い影響を受けてきた宮沢賢治について、機会あるごとに生の声で語り続けてきた三十数年に及ぶ講演のすべてを収録した貴重な一冊。全十一章。

筑摩選書
0049

身体の時間
〈今〉を生きるための精神病理学

野間俊一

加速する現代社会、時間は細切れになって希薄化し、心身に負荷をかける。新型うつや発達障害、解離などの臨床例を検証、生命性を回復するための叡智を探りだす。

筑摩選書
0050

敗戦と戦後のあいだで
遅れて帰りし者たち

五十嵐惠邦

戦争体験をかかえて戦後を生きるとはどういうことか。五味川純平、石原吉郎、横井庄一、小野田寛郎、中村輝夫……。彼らの足跡から戦後日本社会の条件を考察する。

筑摩選書
0054

世界正義論

井上達夫

超大国による「正義」の濫用、世界的な規模で広がりゆく貧富の格差……。こうした中にあって「グローバルな正義」の可能性を原理的に追究する政治哲学の書。

筑摩選書
0055

「加藤周一」という生き方

鷲巣力

鋭い美意識と明晰さを備えた加藤さんは、自らの仕事と人生をどのように措定していったのだろうか。没後に遺された資料も用いて、その「詩と真実」を浮き彫りにする。

筑摩選書
0060

近代という教養
文学が背負った課題

石原千秋

日本の文学にとって近代とは何だったのか？　文学が背負わされた重い課題を捉えなおし、現在にも生きる「教養」の源泉を、時代との格闘の跡にたどる。

筑摩選書
0061

比喩表現の世界
日本語のイメージを読む

中村明

比喩は作者が発見し創作した、イメージの結晶であり世界解釈の手段である。日本近代文学選りすぐりの比喩表現を鑑賞し、その根源的な力と言葉の魔術を堪能する。

筑摩選書 0093
キリストの顔
イメージ人類学序説
水野千依
見てはならないとされる神の肖像は、なぜ、いかにして描かれえたか。キリストの顔をめぐるイメージの地層を掘り起こし、「聖なるもの」が生み出される過程に迫る。

筑摩選書 0094
幕末維新の漢詩
志士たちの人生を読む
林田愼之助
幕末維新期とは、日本の漢詩史上、言志の詩風が確立した時代である。これまで顧みられることの少なかった志士たちの漢詩を読み解き、彼らの人生の真実に迫る。

筑摩選書 0095
境界の現象学
始原の海から流体の存在論へ
河野哲也
境界とは何を隔て、われわれに何を強いるのか。皮膚・家・国家――幾層もの境界を徹底的に問い直し、3・11後の世界の新しいつながり方を提示する、哲学の挑戦。

筑摩選書 0098
日本の思想とは何か
現存の倫理学
佐藤正英
日本に伝承されてきた言葉に根差した理知により、今・ここに現存している己れのよりよい究極の生のための地平を拓く。該博な知に裏打ちされた、著者渾身の論考。

筑摩選書 0099
明治の「性典」を作った男
謎の医学者・千葉繁を追う
赤川学
『解体新書』の生殖器版とも言い得る『造化機論』四部作。明治期の一大ベストセラーとなったこの訳書を手掛けた謎の医学者・千葉繁の生涯とその時代を描く。

筑摩選書 0100
吉本隆明の経済学
中沢新一
吉本隆明の思考には、独自の経済学の体系が存在する。これまでまとめられなかったその全体像を描くことによって、吉本思想の核心と資本主義の本質に迫る。

筑摩選書
0103

マルクスを読みなおす

徳川家広

世界的に貧富の差が広がり、再び注目を集める巨人・マルクス。だが実際、その理論に有効性はあるのか。歴史的視座の下、新たに思想家像を描き出す意欲作。

筑摩選書
0104

映画とは何か
フランス映画思想史

三浦哲哉

映画を見て感動するわれわれのまなざしとは何なのか。本書はフランス映画における〈自動性の美学〉にその答えを求める。映画の力を再発見させる画期的思想史。

筑摩選書
0105

昭和の迷走
「第二満州国」に憑かれて

多田井喜生

破局への分岐点となった華北進出は、陸軍の暴走と勝田主計の朝鮮銀行を軸にした通貨工作によって可能となった。「長城線を越えた」特異な時代を浮き彫りにする。

筑摩選書
0106

現象学という思考
〈自明なもの〉の知へ

田口茂

日常における〈自明なもの〉を精査し、我々の経験の構造を浮き彫りにする営為——現象学。その尽きせぬ魅力と射程を粘り強い思考とともに伝える新しい入門書。

筑摩選書
0108

希望の思想 プラグマティズム入門

大賀祐樹

暫定的で可謬的な「正しさ」を肯定し、誰もが共生できる社会構想を切り拓くプラグマティズム。デューイ、ローティらの軌跡を辿り直し、現代的意義を明らかにする。

筑摩選書
0109

法哲学講義

森村　進

法哲学とは、法と法学の諸問題を根本的・原理的レベルから考察する学問である。多領域と交錯するこの学を、第一人者が法概念論を中心に解説。全法学徒必読の書。

筑摩選書
0138
ローティ
連帯と自己超克の思想
冨田恭彦
プラグマティズムの最重要な哲学者リチャード・ローティ。彼の思想を哲学史の中で明快に一から読み解き、後半生の政治的発言にまで繋げて見せる決定版。

筑摩選書
0141
「働く青年」と教養の戦後史
「人生雑誌」と読者のゆくえ
福間良明
経済的な理由で進学を断念し、仕事に就いた若者たち。知的世界への憧れと反発。孤独な彼ら彼女らを支え、結びつけた昭和の「人生雑誌」。その盛衰を描き出す！

筑摩選書
0142
徹底検証　日本の右傾化
塚田穂高　編著
日本会議、ヘイトスピーチ、改憲、草の根保守、「慰安婦報道」……。現代日本の「右傾化」を、ジャーナリストから研究者まで第一級の著者が多角的に検証！

筑摩選書
0143
アナキスト民俗学
尊皇の官僚・柳田国男
絓秀実
木藤亮太
国民的知識人、柳田国男。その思想の底流にはクロポトキンのアナーキズムが流れ込んでいた！　尊皇の官僚にして民俗学の創始者・柳田国男の思想を徹底検証する！

筑摩選書
0146
帝国軍人の弁明
エリート軍人の自伝・回想録を読む
保阪正康
昭和陸軍の軍人たちは何を考え、どう行動し、それを後世にどう書き残したか。当事者自身の筆による自伝・回想・証言を、多面的に検証しながら読み解く試み。

筑摩選書
0148
新・風景論
哲学的考察
清水真木
なぜ「美しい風景」にスマホのレンズを向けるのか？　風景を眺めるとは何をすることなのか？　西洋精神史をたどり、本当の意味における風景の経験をひらく。

筑摩選書 0149

文明としての徳川日本

一六〇三―一八五三年

芳賀徹

「徳川の平和」はどのような文化的達成を成し遂げたのか。琳派から本草学、蕪村、芭蕉を経て白石や玄白、源内、崋山まで、比較文化史の第一人者が縦横に物語る。

筑摩選書 0150

憲法と世論

戦後日本人は憲法とどう向き合ってきたのか

境家史郎

憲法に対し日本人は、いかなる態度を取ってきただろうか。世論調査を徹底分析することで通説を覆し、憲法観の変遷を鮮明に浮かび上がらせた、比類なき労作!

筑摩選書 0151

神と革命

ロシア革命の知られざる真実

下斗米伸夫

ロシア革命が成就する上で、異端の宗派が大きな役割を果たしていた! 無神論を国是とするソ連時代の封印を解き、革命のダイナミズムを初めて明らかにする。

筑摩選書 0152

陸軍中野学校

「秘密工作員」養成機関の実像

山本武利

日本初のインテリジェンス専門機関を記した公文書が新たに発見された。諜略研究の第一人者が当時の秘密戦工作の全貌に迫り史的意義を検証する、研究書決定版。

筑摩選書 0153

貧困の戦後史

貧困の「かたち」はどう変わったのか

岩田正美

敗戦直後の戦災孤児や浮浪者、経済成長下のスラムや寄せ場、消費社会の中のホームレスやシングルマザーなど、貧困の「かたち」の変容を浮かび上がらせた労作!

筑摩選書 0154

1968〔1〕文化

四方田犬彦 編著

1968～72年の5年間、映画、演劇、音楽、写真、舞踏、流行、図像、雑誌の領域で生じていた現象を前景化し、歴史的記憶として差し出す。写真資料満載。

筑摩選書 0155

1968〔2〕文学

四方田犬彦／福間健二 編著

三島由紀夫、鈴木いづみ、土方巽、澁澤龍彥……。文化の〈異端者〉たちが遺した詩、小説、評論などを収録。反時代的な思想と美学を深く味わうアンソロジー。

筑摩選書 0156

1968〔3〕漫画

四方田犬彦／中条省平 編著

実験的であること、前衛的であること、アンダーグラウンドであること。それが漫画の基準だった――。第3巻では、時代の〈異端者〉たちが遺した漫画群を収録。

筑摩選書 0160

教養主義のリハビリテーション

大澤聡

知の下方修正と歴史感覚の希薄化が進む今、教養のバージョンアップには何が必要か。気鋭の批評家が鷲田清一、竹内洋、吉見俊哉の諸氏と、来るべき教養を探る！

筑摩選書 0161

終わらない「失われた20年」
嗤う日本の「ナショナリズム」・その後

北田暁大

ネトウヨ的世界観・政治が猛威をふるう現代日本。アイロニーに嵌り込む左派知識人。隘路を突破するには何が必要か？ リベラル再起動のための視角を提示する！

筑摩選書 0162

民主政とポピュリズム
ヨーロッパ・アメリカ・日本の比較政治学

佐々木毅 編著

ポピュリズムが台頭し、変調し始めた先進各国の民主政。その背景に何があるのか、どうすればいいのか？ 各国の政治状況を照射し、来るべき民主政の姿を探る！

筑摩選書 X003

明治への視点
『明治文學全集』月報より

筑摩書房編集部 編

明治の文学遺産を網羅した『明治文學全集』月報所収の随筆を集める。当代一流の執筆者たちが、時代の佇まい、作家の面影を自在に綴り、「明治」を立体的に描き出す。